Das große Motorrad-Tourenbuch Alpen

Traumhaft schön:
Sonnenaufgang auf dem Weg
nach Vorarlberg

Heinz E. Studt

DAS GROSSE MOTORRAD-TOURENBUCH ALPEN

Die 100 schönsten Tagestouren zwischen Seealpen und Karawanken

BRUCKMANN

Ein Traum: Die Alpen sind ein Motorrad-Paradies.

INHALT

Ja zugegeben – ich liebe große Reise-Mopeds.

VORWORT

Spontane Motorradtouren um den berühmten Block, also auf gut bekannten Hausstrecken, sind für mich das Salz in der »Suppe« des Lebens. Ja, sie sind wichtiger Bestandteil meines persönlichen Wohlfühlfaktors. Doch der Hauptgrund, warum Motorradfahren für mich das schönste Hobby der Welt ist, das sind all jene ausgiebigen Reisen im Mopedsattel. Jene gut vorbereiteten Touren, die mich in prächtigen Rechts-links-Kombinationen zu den Traumdestinationen unseres Planeten führen.

Die Alpen sind für viele Motorradfahrer eine dieser Traumdestinationen. Sie sind Pflicht und Kür zugleich in unserem Lebens-Roadbook. Sie schenken uns neben atemberaubenden Landschaften, richtig hohen Bergen und anspruchsvollen Passstrecken vor allem auch jenes porentief erhebende Gefühl, wenn wir auf (oder nahe an) der ewig lockenden Ideallinie wieder eine Passlegende erobert haben.

Natürlich eignen sich die Alpen auch für das »Einfach-darauf-los-Fahren«. Doch einen besonders erinnerungswürdigen Genuss entfalten sie erst, wenn man sich vor Reisebeginn Gedanken macht. Wenn wir Routen metergenau planen und Tourenstandorte gezielt auswählen, um unsere Tage im Sattel mit allen Sightseeing- wie auch Boxenstopps gepäckbefreit und intensiv genießen zu können.

Diese sehr zeitintensiven Planungsaufgaben darf ich Ihnen hiermit abnehmen, und zwar für die gesamte Traumdestination »Alpen«. In diesem Buch habe ich Ihnen die schönsten Tagestouren im Alpenraum zusammengestellt: 100 Rundtouren vom deutschen Voralpenland über Österreich, von Norditalien über die Schweiz bis weit hinunter in die Französischen Seealpen.

Fast 22000 Tourenkilometer, garniert mit über 6000 Spitzkehren habe ich hier gesammelt und sie in leichte, mittelschwere und auch anspruchsvolle Genusstouren zwischen 130 und 350 km Länge strukturiert. Immer ausgehend von bequem kombinierbaren Basisorten sowie komplettiert mit allen Highlights und einem umfangreichen Faktencheck. Ach ja, und nicht zu vergessen meine persönlichen Empfehlungen für den leckeren Einkehrschwung zwischendurch sowie das gemütliche Nachtlager in erlebenswerter Umgebung. Denn all das gehört zum perfekten Genuss einfach dazu.

Meine Vorschläge für empfehlenswerte Hotels sind jeweils im Tour-Check angegeben, inklusive geprüften TOURENFAHRER Partnerhäusern (alle Details dazu auf www.tourenfahrer-hotels.de).

Eigentlich benötigen Sie jetzt nur noch zwei Dinge: ein Motorrad und jede Menge Urlaub!
Ganz viel Spaß und allzeit gute Fahrt wünsche ich Ihnen

Heinz E. Studt

Mach mal Pause – am Sylvenstein-Stausee macht das auch ohne Einkehr richtig Laune.

KURZ & BÜNDIG: DIE TOURENÜBERSICHT

Tour	Land	Basisort	Länge km	Schwierigkeit	Kombination mit
1	D	Sonthofen	205	leicht	2, 6–8
2	D	Sonthofen	205	leicht	1, 3
3	D	Garmisch-Partenkirchen	195	leicht	2, 15, 16
4	D	Ruhpolding	175	leicht	5, 17, 18
5	D	Ruhpolding	170	leicht	4, 18, 20
6	A	Dornbirn	160	leicht	1, 7, 8
7	A	Dornbirn	145	leicht	1, 6, 8, 74
8	A	Dornbirn	140	leicht	1, 6, 7, 9, 10, 74
9	A	Bludenz	150	leicht	8, 10, 11
10	A	Bludenz	150	leicht	8, 9, 11
11	A	Bludenz	210	mittelschwer	9, 10, 12, 13
12	A	Imst	195	mittelschwer	11, 13–15, 53
13	A	Imst	295	anspruchsvoll	11, 12, 14, 15, 53
14	A	Imst	165	leicht	12, 13, 15, 16, 53
15	A	Imst	180	leicht	3, 12–14, 53
16	A	Innsbruck	215	leicht	3, 14, 19, 53
17	A	Kitzbühel	180	leicht	4, 18, 19
18	A	Kitzbühel	275	mittelschwer	4, 5, 17, 19, 20, 24, 25, 34
19	A	Kitzbühel	250	anspruchsvoll	16–18, 25, 34
20	A	Bad Ischl	190	mittelschwer	5, 18, 21–23
21	A	Bad Ischl	140	leicht	20, 22, 23
22	A	Bad Ischl	130	leicht	20, 21, 23
23	A	St. Johann	285	mittelschwer	20–22, 24, 25
24	A	St. Johann	225	leicht	18, 23, 25
25	A	St. Johann	260	leicht	18, 19, 23, 24, 34
26	A	Villach	215	leicht	27
27	A	Villach	185	leicht	26, 28–30
28	A	Spittal	160	mittelschwer	27, 29
29	A	Spittal	230	leicht	27, 28, 30–34
30	A	Lienz	230	mittelschwer	27, 29, 31–34
31	A	Lienz	215	mittelschwer	29, 30, 32–37
32	A	Lienz	200	mittelschwer	29–31, 33–37
33	A	Lienz	220	leicht	29–32, 34
34	A	Lienz	200	mittelschwer	18, 19, 25, 29–33
35	I	Dobbiaco/Toblach	160	mittelschwer	31, 32, 36–38
36	I	Dobbiaco/Toblach	260	anspruchsvoll	31, 32, 35, 37–40, 57
37	I	Cortina d'Ampezzo	215	mittelschwer	31, 32, 35–40, 57
38	I	Cortina d'Ampezzo	215	anspruchsvoll	35–37, 39, 40, 47
39	I	Corvara	210	mittelschwer	36–40, 47, 48, 56
40	I	Corvara	180	leicht	36–39, 47, 48, 56, 57
41	I	Levico Terme	220	leicht/teils mittelschwer	42, 47, 48
42	I	Levico Terme	215	anspruchsvoll	41, 45, 46, 48
43	I	Riva del Garda	165	leicht	44–46
44	I	Riva del Garda	210	mittelschwer	43, 45, 46
45	I	Riva del Garda	240	mittelschwer	42–44, 46
46	I	Riva del Garda	225	leicht	42–45, 48, 49
47	I	Bozen	215	leicht	38–41, 48, 55, 56
48	I	Bozen	200	leicht	39–42, 46, 47, 55, 56
49	I	Meran	260	anspruchsvoll	46, 50–52, 55
50	I	Meran	260	leicht	49, 55

Tour	Land	Basisort	Länge km	Schwierigkeit	Kombination mit
51	I	Mals/Vinschgau	150	anspruchsvoll	49, 52, 58, 59
52	I	Mals/Vinschgau	200	mittelschwer	49, 51, 58, 59
53	I	Sterzing/Vipiteno	230	mittelschwer	13–16, 54–56
54	I	Sterzing/Vipiteno	150	leicht	53, 55, 56
55	I	Sterzing/Vipiteno	195	leicht	47–50, 53, 54, 56
56	I	Sterzing/Vipiteno	190	leicht	39, 40, 47, 48, 53–55, 57
57	I	Bruneck/Brunico	250	leicht	36, 37, 40, 56
58	CH	St. Moritz	225	leicht	51, 52, 59–61
59	CH	St. Moritz	190	mittelschwer	51, 52, 58, 60–62
60	CH	St. Moritz	250	leicht	58, 59, 61, 68
61	CH	St. Moritz	240	mittelschwer	58–60, 62, 65, 68
62	CH	Chur	225	leicht	59, 61, 63–65
63	CH	Chur	250	leicht	62, 64, 65
64	CH	Chur	270	mittelschwer	62, 63, 65, 67, 73–75, 81
65	CH	Bellinzona	250	mittelschwer	61–64, 66–68, 81, 82
66	CH	Bellinzona	290	mittelschwer	65, 67, 68, 70, 81, 82
67	CH	Bellinzona	210	anspruchsvoll	64–66, 68, 75, 81, 82
68	CH	Lugano	230	mittelschwer	60, 61, 65–67, 69, 70, 82
69	CH	Lugano	175	leicht	68, 70
70	CH	Lugano	185	leicht	66, 68, 69
71	CH	Luzern	145	leicht	72, 73
72	CH	Luzern	220	leicht	71, 73
73	CH	Einsiedeln	200	leicht	64, 71, 72, 74
74	CH	Einsiedeln	270	mittelschwer	7, 8, 64, 73
75	CH	Meiringen	210	mittelschwer	64, 67, 76–78, 81, 82
76	CH	Meiringen	265	leicht	75, 77–82
77	CH	Meiringen	350	mittelschwer	75, 76, 78–86, 88, 89
78	CH	Thun	195	leicht	75–77, 79, 80
79	CH	Thun	200	leicht/teils anspruchsvoll	76–78, 80
80	CH	Thun	170	leicht	76–79, 86
81	CH	Ulrichen	220	mittelschwer	64–67, 75–77, 82
82	CH	Ulrichen	280	mittelschwer	65–68, 75–77, 81
83	CH	Sion	185	leicht/teils mittelschwer	77, 84–86
84	CH	Sion	220	leicht	77, 83
85	CH	Martigny	290	mittelschwer	77, 83, 86, 89, 91, 92
86	CH	Martigny	265	leicht	77, 80, 83, 85, 87–89
87	F	Thonon-les-Bains	190	leicht	86, 88–90
88	F	Thonon-les-Bains	175	leicht	77, 86, 87, 89, 90
89	F	Thonon-les-Bains	295	mittelschwer	77, 85–88, 90, 91
90	F	Thonon-les-Bains	265	leicht	87–89
91	F	Bourg-Saint-Maurice	235	mittelschwer	85, 89, 92
92	F	Bourg-Saint-Maurice	265	mittelschwer	85, 91, 93, 94
93	F	Briançon	260	mittelschwer	92, 94, 95
94	F	Briançon	245	mittelschwer	92, 93, 95
95	F	Briançon	285	mittelschwer	93, 94, 96, 97
96	F	Digne-les-Bains	295	mittelschwer	95, 97–100
97	F	Digne-les-Bains	260	leicht	95, 96, 98–100
98	F	Digne-les-Bains	370	mittelschwer	96, 97, 99, 100
99	F	Digne-les-Bains	245	leicht	96–98, 100
100	F	Digne-les-Bains	260	leicht	96–99

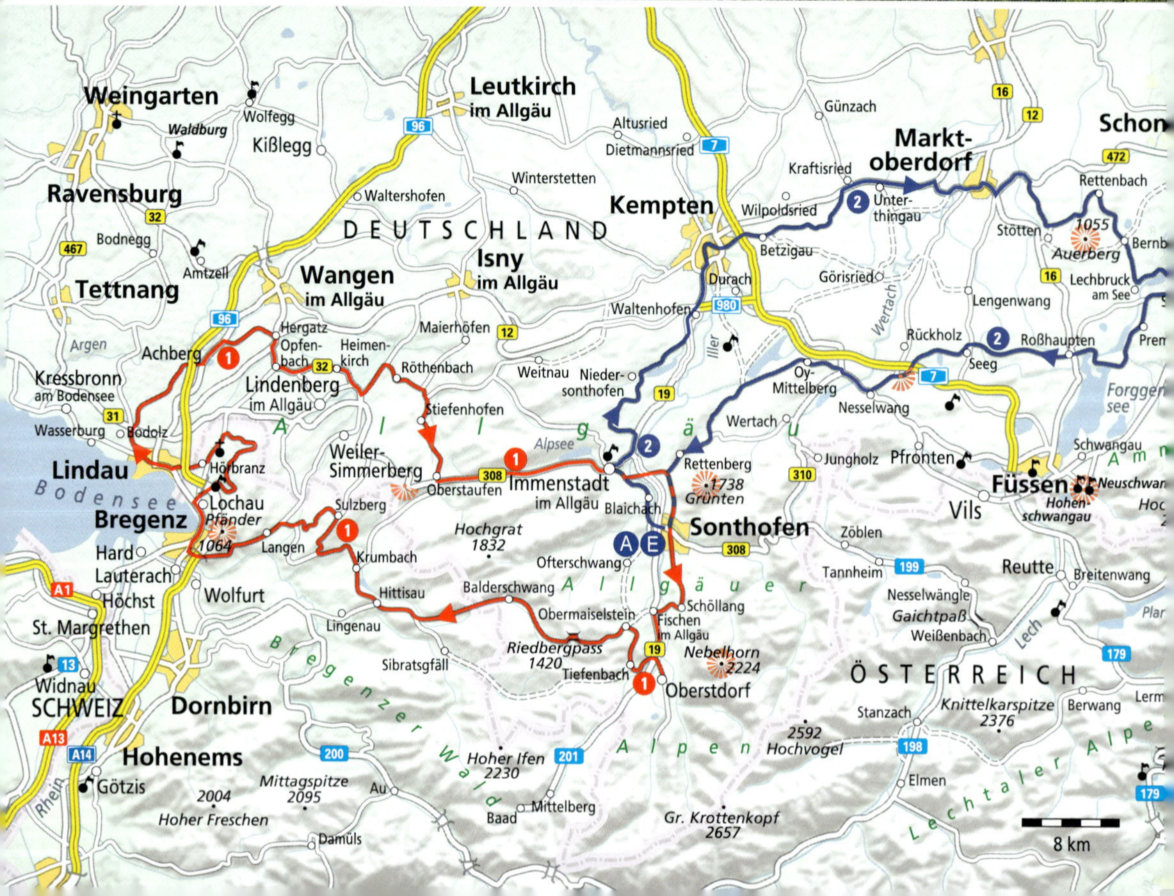

Weingarten
Waldburg
Wolfegg
Kißlegg
Leutkirch im Allgäu
Altusried
Dietmannsried
Günzach
Markt-oberdorf
Schon
Ravensburg
Bodnegg
Amtzell
Waltershofen
Winterstetten
Kempten
Kraftisried
Wilpoldsried
Unter-thingau
Rettenbach
Stötten
1055
Auerberg
Bernb
DEUTSCHLAND
Tettnang
Wangen im Allgäu
Isny im Allgäu
Betzigau
Görisried
Durach
Lechbruck am See
Lengenwang
Waltenhofen
Wertach
Iller
Argen
Kressbronn am Bodensee
Achberg
Hergatz
Opfen-bach
Heimen-kirch
Maierhöfen
Lindenberg im Allgäu
Röthenbach
Weitnau
Nieder-sonthofen
Rückholz
Roßhaupten
Seeg
Oy-Mittelberg
Nesselwang
Forggen see
Wasserburg
Bodolz
Stiefenhofen
Allgäu
Wertach
Jungholz
Pfronten
Schwangau
Lindau
Bodensee
Hörbranz
Weiler-Simmerberg
Alpsee
Oberstaufen
Immenstadt im Allgäu
Rettenberg
1738
Grünten
Füssen
Neuschwan
Hohen-schwangau
Vils
Lochau
Pfänder
1064
Bregenz
Sulzberg
Blaichach
Sonthofen
Zöblen
Hochgrat
1832
Langen
Krumbach
Oberstaufen
Hard
Lauterach
Höchst
Wolfurt
Hittisau
Balderschwang
Ofterschwang
Allgäuer
Tannheim
Reutte
Breitenwang
St. Margrethen
Lingenau
Obermaiselstein
Schöllang
Fischen im Allgäu
Nesselwängle
Gaichtpaß
Weißenbach
Lech
Sibratsgfäll
Riedbergpass
1420
Tiefenbach
Nebelhorn
2224
Oberstdorf
ÖSTERREICH
Widnau
SCHWEIZ
Dornbirn
Bregenzer Wald
Stanzach
Knittelkarspitze
2376
Berwang
Hohenems
Götzis
Mittagspitze
2095
Au
Hoher Ifen
2230
Alpen
2592
Hochvogel
Elmen
2004
Hoher Freschen
Damüls
Baad
Mittelberg
Gr. Krottenkopf
2657
Lechtaler Alpe
8 km
Rhein

AUSGANGSORT

SONTHOFEN

Die südlichste Stadt Deutschlands drapiert sich malerisch zwischen den Flüssen Iller und Ostrach und schmückt sich im Süden mit dem Postkartenpanorama der Allgäuer Alpen. Doch nicht nur deren romantische Täler, einsame Hochmoore und blühende Almwiesen gilt es zu entdecken. Wie wäre es mit einem Besuch der wildromantischen Starzlachklamm oder einem Sonnenuntergang oben auf der Scheidwangalpe? Am Abend begrüßen uns gemütliche Cafés und Gasthäuser im Herzen von Sonthofen zum Einkehrschwung.

Blick zurück am frühen Morgen: Sonthofen und sein voralpines Umland

Warum so zaghaft? Der Asphalt am Riedbergpass erlaubt deutlich mehr Schräglage.

DAS BESTE AUS ZWEI WELTEN

Das Grenzland zwischen Allgäu und Vorarlberg begeistert mit zwei Gegensätzen: den malerischen Hügeln des Alpenvorlandes und den Weiten des Bodensees. Da wird es weder im noch abseits des Mopedsattels langweilig.

Beginnen wir unsere Motorradtouren durch das herrliche Voralpenland ganz gemütlich mit einem ausgiebigen Frühstücksbüfett. Denn der Genuss auch abseits des Mopedsattels steht im Vordergrund dieses Buches. Gen Süden geht es anschließend aus Sonthofen hinaus Richtung Oberstdorf. Der Kurort mit seinen schönen historischen Bauten ist ein beliebtes Urlaubsziel. Wir wenden uns nach Westen Richtung Balderschwang. Fast im Vorbeifahren erobern wir dabei den ersten Pass des Tages, den Riedbergpass. Er gehört mit 1420 Metern zu den wenigen echten Pässen Deutschlands: Entlang der Schönberger Ache windet sich die Passstraße mit prächtigen Ausblicken auf die umliegenden Allgäuer Alpen. Direkt am Scheitelpunkt der Strecke im Weiler Grasgehren liegt der auch bei Bikern beliebte Boxenstopp »Grasgehren-Hütte«.

Über Balderschwang und Hittisau erreichen wir Bregenz. Dass wir dabei die Grenze zu Österreich passiert haben, zeigt sich höchstens an den Benzinpreisen am Wegesrand. Die Landeshauptstadt Vorarlbergs besitzt den bedeutendsten österreichischen Bodenseehafen sowie eine weltberühmte Seebühne. Vom 1064 Meter hohen Hausberg »Pfänder« hat man den schönsten Blick auf das 2000-jährige Bregenz und den Bodensee. Der Berg lässt sich übrigens bequem per Panoramaseilbahn »erobern«.

536 Quadratkilometer groß, geheimnisvolle 250 Meter tief, gut 63 Kilometer lang und maximal 14 Kilometer breit – die nackten Daten des Bodensees spiegeln dessen immense Vielfalt in keiner Weise wider. Richtung Lindau und deutscher Grenze können wir den Ausblick auf den See genießen, zumal die L 190 an dieser Stelle an so manchen Tagen im Verkehr erstickt. Wenn der Stau zu heftig wird, einfach bei Lochau rechts abbiegen und über Eichenberg, Lutzenreute und den Minipass »Rucksteig« nach Lindau huschen. Vor allem die historische Altstadt auf der Insel im See ist ein Lindauer Pflicht-Boxenstopp. Und die weltbekannte Hafeneinfahrt mit Leuchtturm und bayerischem Löwen ist das Lindauer Wahrzeichen. Abschnitte der legendären »Deutschen Alpenstraße« führen uns am Nachmittag weiter nach Oberstaufen, Deutschlands einzigem anerkannten Schrothkurort. Das historische Zentrum lohnt auch dann einen Stopp, wenn uns keinerlei Zipperlein plagt. Dies umso mehr, als der Heimweg nach Sonthofen nur noch ein Katzensprung ist. Vielleicht kombiniert mit einem Badestopp im Großen Alpsee?

TOUR-CHECK

Tourenlänge: 205 km

Reine Fahrzeit: 4 Stunden

Kehren: 19

Schwierigkeit: leicht

Hotel Basisort: Brauereigasthof Hirsch, www.brauereigasthof-hirsch.com

Weitere Hotelempfehlungen: TF Pension Forelle, Obermaiselstein, www.ferienpension-forelle.de; TF Berggasthof St. Ull'r, Oberstaufen-Steibis, www.st-ullr.de

Einkehrtipp: Restaurant im Bayerischen Hof, Bahnhofplatz 2, D-88131 Lindau, www.bayerischerhof-lindau.de

Eine Schau: Die Hafenmeile auf der Lindauer Insel ist immer gut besucht.

Gemütliches Miteinander: Biker, Dosen- und Radfahrer lieben die Pisten am Forggensee.

BEI NYMPHEN UND NIXEN

Der Lech ist einer der sagenreichsten Flüsse Bayerns, auf weiten Strecken durch Stauanlagen und Kraftwerke »vergewaltigt«, doch auch in unseren Tagen mit seinen Auenlandschaften ein echtes Naturparadies. Und seine aufgestauten Seen sind Naherholungsreviere der Extraklasse. Auf dieser Runde sind Badesachen Pflicht!

Vergessen Sie neben den Badesachen bitte auch die Sonnencreme nicht. Denn unsere heutige Region zählt zu den sonnenverwöhntesten des gesamten Alpenvorlandes. Das reicht dann aber auch schon als Vorbereitung: Entlang der Iller pendeln wir genüsslich von Sonthofen nach Immenstadt und weiter gen Norden am Westufer des Niedersonthofer Sees Richtung Kempten. Im Herzen des Allgäus liegt die 2000 Jahre alte Stadt mit ihrem romantischen Rathausplatz, zahlreichen Cafés und Kneipen sowie einer mehr als spannenden Geschichte. Die wird lebendig zum Beispiel in der altehrwürdigen Residenz, dem Archäologischen Park »Cambodunum« oder einem der zahlreichen Museen. Schauen Sie sich ausgiebig um, es wird Ihnen gefallen.

Tunlichst die B12 meidend, geht es weiter nach Marktoberdorf. Bereits im Jahr 1453 erhielt der beschauliche Ort das Marktrecht, das Fürstbischöfliche Schloss mit zwei Kilometer langer Lindenallee oder der Rübezahlbrunnen berichten aus wechselvollen Tagen. Und von der Luitpoldhöhe hat man einen schönen Blick hinüber in die Lechauen, der bereits Prinzregent Luitpold von Bayern begeistert haben soll.

TOUR-CHECK

Tourenlänge: 205 km

Reine Fahrzeit: 4 Stunden

Kehren: 3

Schwierigkeit: leicht

Hotel Basisort: Brauereigasthof Hirsch, www.brauereigasthof-hirsch.com

Weitere Hotelempfehlungen: TF Beim Felderwirt, Unterthingau (Marktoberdorf), www.felderwirt.de; TF Pension Silberdistel, Nesselwang, www.pension-silberdistel.de

Einkehrtipp: Metzgerwirt, Flößerstraße 14, D-86983 Lechbruck am See, www.p-e-t-z.de

Ja, und dann liegt er vor uns – der Lech, inmitten des Pfaffenwinkels: Ungezählte Staustufen und Begradigungen haben ihm bis heute nichts von seiner majestätischen Ausstrahlung rauben können. Nur der Flussgott selbst soll sich mitsamt seinen Nymphen, Nixen und Huimännlein vor vielen, vielen Jahren schon auf- und davongemacht haben, behaupten die Einheimischen. Gleichwohl man am Lechstausee bei Lechbruck ab und an badende Nixen erblicken kann. Über Steingaden, Lechbruck und Rottenbuch wedeln wir durch den malerischen Pfaffenwinkel mit seiner Vielzahl an Kirchen und Klöstern. Ein prächtiges Beispiel ist die Wieskirche bei Steingaden, zurückgehend auf ein »Tränenwunder« an einer Heilandsfigur der Bäuerin Maria Lory vom Wieshof. Mächtig viel Gold und Prunk schmückt das heutige UNESCO-Weltkulturerbe, in dessen schattigem Hof wir eine kleine Pause einlegen können.

Spätestens am herrlichen Forggensee sollte man sich einen Badestopp gönnen. Der gut 16 Quadratmeter große Speichersee ist immerhin der fünftgrößte See Bayerns. Mit einem Unikum: Er wird im Winter komplett trocken gelegt. Dann tauchen an manchen Stellen Reste uralter Gebäude auf, ja, sogar Spuren der Römerstraße Via Claudia Augusta sollen sichtbar werden. Nesselwang lag dereinst an jener legendären Heerstraße, heute rühmt sich die letzte Station unserer Tour vor allem als Heimat erfolgreicher Skisportler.

Endzeitstimmung im Alpenvorland: Das Saisonfinale im Allgäu bleibt in Erinnerung.

Peißenberg
Böbing
Hugfling
Iffeldorf
Antdorf
Penzberg
Bad Heilbrunn
Eglfing
Obersöchering
Rottenbuch
Schönberg
Uffing am Staffelsee
Spatzenhausen
Habach
Sindelsdorf
Bichl
Steingaden
Schöffau
Aidling
Riegsee
Zwieselberg 1348
Wildsteig
Bad Bayersoien
Seehausen am Staffelsee
Benediktbeuern
Prem
Staffelsee
Froschhauser See
Loisach
Wieskirche
Wies
Saulgrub
Bad Kohlgrub
Murnau am Staffelsee
Großweil
Freilichtmuseum
Schlehdorf
Kochelsee
Kochel am See
Benediktenwand 1801
DEUTSCHLAND
Murnauer Moos
Trauchgau
Grafenaschau
Werdenfelser
Hohe Bleick 1638
Hörnle 1548
Ammer
Halblech
Ohlstadt
Herzogstand 1731
850 Kesselberg-straße
Buching
Unterammergau
Oberammergau
Jachenau
Ammergebirge
Eschenlohe
Walchensee
Laber 1686
Linderhof
Graswang
Land
Jachen
Hochplatte 2082
Ettal
Oberau
Vorderriß
Kreuzspitze 2184
Farchant
Krottenkopf 2086
Estergebirge
Wallgau
Garmisch-Partenkirchen
1780 Wank
Schafreuter 2102
Barmsee
Krün
Am Plansee
Griesen
Gerold
Barmsee
Isar
Soiernspitze 2259
ÖSTE
Plansee
5 km
Grainau
Deutsche Alpenstraße
Hinterriß

AUSGANGSORT

GARMISCH-PARTENKIRCHEN

Zu Füßen von Deutschlands höchstem Berg, der 2962 Meter hohen Zugspitze, räkelt sich Garmisch-Partenkirchen im Sonnenschein und bietet Urlaubsgenuss mit enormer Bandbreite: historische Sehenswürdigkeiten, attraktive Ausflugsziele, Kunst und Kultur, spannende Veranstaltungen und natürlich jede Menge Sport und Natur. Garmisch-Partenkirchen und das umliegende »Goldene Landl« gehören alljährlich im Juli vor allem auch uns Bikern, denn Anfang Juli finden die weithin bekannten BMW Motorrad Days statt.

Highlight gleich westlich von GAP: der Walchensee im Werdenfelser Land

Ein blickscheuer »Geselle«: Der Staffelsee bei Murnau hat auch einsame Badeplätze.

ZU HÖCHST GEHEIMNISVOLLEN SEEN

Für Kaltduscher empfiehlt sich der geheimnisvolle Walchensee als Badewanne, für Warmduscher hingegen Staffel-, Rieg- und Froschhauser See. Und für uns alle diese tagesfüllende Rundreise durch die schönsten Landschaften des »Goldenen Landls«, des Werdenfelser Landes.

Wir verlassen Garmisch-Partenkirchen Richtung Mittenwald. Wer diese Tour ohne ausgiebigen Badestopp erfahren möchte, dem empfehle ich gleich jetzt und bereits nach wenigen Kilometern Fahrt einen Boxenstopp im höchstgelegenen Luftkurort der bayerischen Alpen einzubauen. Parken Sie das Motorrad im historischen Zentrum von Mittenwald und schauen Sie sich um. Es lohnt sich: Eng schmiegen sich im historischen Stadtkern die alten Bauernhäuser aneinander, und in so manchem Vorgarten hängen an warmen Sommertagen statt frischer Wäsche Teile von Geigen zum Trocknen im Wind. Zehn Geigenbauer existieren heute noch im Ort, einigen kann man auch bei der Arbeit über die Schulter schauen.

Über Krün und Wallgau pendeln wir dann hinüber zum malerischen Walchensee. Dessen Uferstraße zählt zu den schönsten Bayerns, zahlreiche Einkehrmöglichkeiten besitzen herrliche Seeterrassen mit grandiosen Ausblicken auf einen der tiefsten Bergseen Deutschlands. Bis heute hält sich hartnäckig das Gerücht, dass 1945 Teile der Nazi-Goldreserven irgendwo im See versenkt wurden. Über 600 Goldbarren, dazu kistenweise Münzen sollen es sein – viel Erfolg beim Schnorcheln nach dem Gold.

Das prächtige Bad Tölz holt uns dann aus unseren »goldenen Träumen«. Die Flößerei auf der Isar machte die Heimat des berühmtesten und gewichtigsten Polizeikommissars Deutschlands einstmals wohlhabend. Bis nach Wien und Budapest schwammen die Flöße aus dem Isarwinkel. Heute ist Bad Tölz als heilklimatischer Kurort bekannt.

Der idyllische Kochelsee ist vor allem auch als Bikertreff bekannt und beliebt, denn hier lockt die legendäre Kesselbergstraße hinauf zum Walchensee. Achtung: An Wochenenden und Feiertagen ist die Piste bergauf explizit für uns tabu. Diskriminierend zwar, aber aufregen lohnt sich nicht. Zumal uns bald darauf das quirlige Städtchen Murnau inmitten von Staffel-, Rieg- und Froschhauser See begrüßt. Dieses »Seen-Dreigestirn« zählt zu den wärmsten Gewässern Bayerns, also raus aus der Kutte und ab ins Wasser. Wer die »Wies« auf Tour 2 noch nicht besucht hat – jetzt ist nochmals Gelegenheit, bevor wir in Oberammergau den Nachmittag ausklingen lassen. Weltberühmt für seine Passionsspiele bietet der historische Ort aber auch außerhalb der Festspielzeit viel Sehenswertes. Und in der Ferne ist unser Ausgangspunkt Garmisch-Partenkirchen bereits zu erahnen.

TOUR-CHECK

Tourenlänge: 195 km

Reine Fahrzeit: 4 Stunden

Kehren: 3

Schwierigkeit: leicht

Hotel Basisort: TF Gästehaus Alpenkranz, www.alpenkranz.net

Einkehrtipp: Restaurant Grissini da Alfredo, Postgasse 5, D-82418 Murnau am Staffelsee, www.grissini-da-alfredo.de

Echt goldig: Ob im Walchensee tatsächlich Nazigold liegt, ist umstritten.

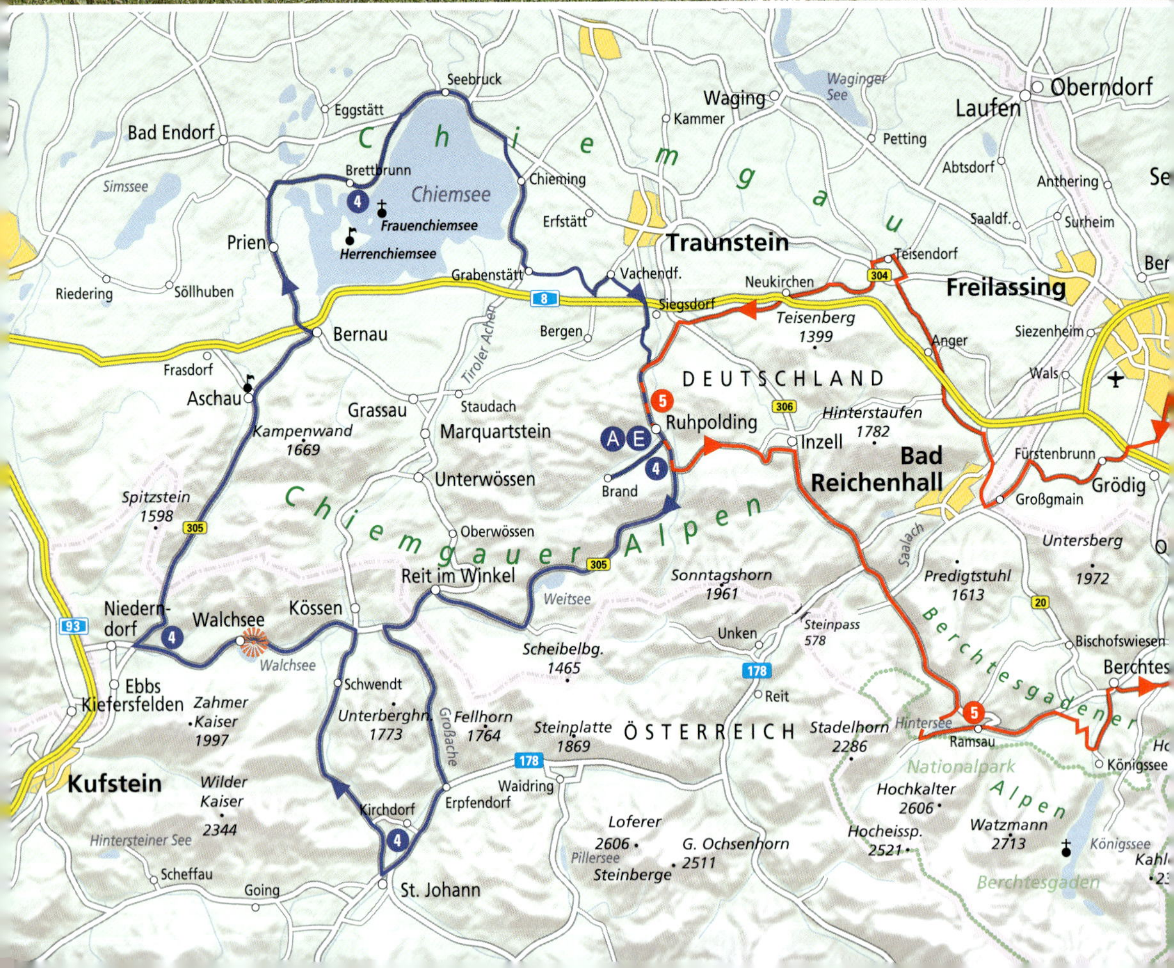

Seebruck
Eggstätt
Waging
Waginger See
Oberndorf
Laufen
Kammer
Petting
Bad Endorf
Chiemgau
Brettbrunn
Chieming
Abtsdorf
Anthering
Simssee
Chiemsee
Frauenchiemsee
Herrenchiemsee
Erfstätt
Traunstein
Saaldf.
Surheim
Prien
Grabenstätt
Vachendf.
Teisendorf
Neukirchen
Freilassing
Riedering
Söllhuben
Siegsdorf
Teisenberg
1399
Bernau
Bergen
Anger
Siezenheim
Frasdorf
Tiroler Achen
Wals
Aschau
Grassau
Staudach
DEUTSCHLAND
Ruhpolding
Marquartstein
Hinterstaufen
1782
Inzell
Kampenwand
1669
Bad Reichenhall
Fürstenbrunn
Unterwössen
Brand
Grödig
Großgmain
Spitzstein
1598
Chiemgauer Alpen
Oberwössen
Untersberg
1972
Saalach
Reit im Winkel
Sonntagshorn
1961
Predigtstuhl
1613
Weitsee
Niedern-dorf
Walchsee
Kössen
Steinpass
578
Unken
Scheibelbg.
1465
Berchtesgadener Alpen
Bischofswiesen
Walchsee
Ebbs
Schwendt
Reit
Kiefersfelden
Zahmer Kaiser
1997
Unterberghn.
1773
Fellhorn
1764
Großache
Steinplatte
1869
ÖSTERREICH
Stadelhorn
2286
Hintersee
Ramsau
Königssee
Kufstein
Wilder Kaiser
2344
Waidring
Nationalpark
Hochkalter
2606
Kirchdorf
Erpfendorf
Hocheissp.
2521
Watzmann
2713
Hintersteiner See
Loferer
2606
G. Ochsenhorn
2511
Pillersee
Steinberge
Königssee
Berchtesgaden
Scheffau
Going
St. Johann

AUSGANGSORT

RUHPOLDING

Der romantisch-verträumte Ort Ruhpolding liegt am Rande des Berchtesgadener Landes. Er ist das bekannteste Biathlon-Leistungszentrum Deutschlands, in einem unscheinbaren Kuhstall am Ortsrand versteckt sich aber ein Highlight, das uns Biker noch wesentlich mehr interessieren wird: das »Schnauferl-Museum« des verstorbenen Georg Hollweger. Fast 80 Motorräder, davon mehr als die Hälfte in originalem und vor allem fahrbereitem Zustand warten darauf, von uns entdeckt zu werden: NSU, Norton, Zündapp, BMW, Horex, DKW und Herkules.

Weites Land: Der Norden von Ruhpolding lädt zur ausgiebigen Hatz.

Schroffe Felsen und einsame Pisten – der Chiemgau bietet Abwechslung pur.

DURCH DIE CHIEMGAUER ALPEN

Der Chiemsee als landschaftliche Perle des Chiemgau ist berühmt, die Chiemgauer Alpen hingegen mit ihren richtig hohen Bergen sind immer noch ein bayerischer Geheimtipp – insbesondere für den Genuss-Motorradfahrer. Deshalb lassen wir diese Runde auch mit einem Sundowner am Chiemsee enden.

Auf kurvenreicher Strecke geht es zunächst über den Löden-, Mitter- und Weitsee und das idyllische Schwarzlofertal. Entlang der gesamten Strecke liegen herrliche Pausenplätze, die es uns erlauben, den Blick in aller Ruhe schweifen zu lassen. Dann geht es weiter nach Reit im Winkl, einem ehemaligen Bergdorf, das eine lange und recht spannende Geschichte zu erzählen hat. Von Kelten und Römern, von Holzreichtum und Wohlstand, aber auch von der Pest, Kriegsgräuel und Feuersbrünsten weiß die Ortschronik zu berichten. Heutzutage lebt man hier in grandioser Aussichtslage vom Tourismus … und das augenscheinlich nicht schlecht.

Bevor wir uns nun dem österreichischen Teil der Chiemgauer Alpen widmen, gönnen wir uns einen Abstecher nach Sankt Johann in Tirol, drapiert zwischen Wildem Kaiser und Kitzbüheler Horn. Hier schließt übrigens Tour Nr. 17 nahtlos an. Alle Kombinationsmöglichkeiten gibt es übersichtlich auf S. 8/9. Kössen zu Füßen des Unterberghorns ist unser nächstes Ziel. Auch eine mehr als prächtige Art des

Genusses praktizieren dort die Gleitschirmflieger der Region – und bieten uns die Möglichkeit zu Tandemflügen (www.fly-koessen.at). Am schmalen Uferstreifen des nahe liegenden Walchsees ist an Sommerwochenenden kaum ein Lande-, geschweige denn Liegeplätzchen frei. Die Ausblicke auf die Felsen des Zahmen Kaisers sind derart atemberaubend, dass man die frostigen Temperaturen des Bergsees beinahe vergisst.

Das schmucke Aschau mit einer der schönsten Burgen Deutschlands bremst unsere Kurvenhatz pünktlich am Mittag und animiert mit seinen Biergärten und Kneipen zur ausgiebigen Einkehr. Denn die anstehende Umrundung des Chiemsees ist zwar nicht anstrengend, aber gut gestärkt macht sie mehr Spaß. Das »Bayerische Meer« mit seinen gut 80 Quadratkilometern Fläche und maximal 70 Metern Tiefe ist ein Badeparadies vom Feinsten. Nach Gstadt am Nordufer kommen seit mehr als 150 Jahren ganz berühmte, aber auch unbekannte Maler, um in Öl und Aquarell all die faszinierenden Stimmungen des Sees und sein ständiges Wechselspiel des Lichtes zu verewigen. Oder den Blick auf Frauen- und Herrenchiemsee, der »Traumfabrik« des legendären Bayernkönigs Ludwig II.

TOUR-CHECK

Tourenlänge: 175 km

Reine Fahrzeit: 4 Stunden

Kehren: 5

Schwierigkeit: leicht

Hotel Basisort: Gästehaus/Apartments Poldi, www.hauspoldi.de

Weitere Hotelempfehlungen: TF Hotel-Restaurant Theresenhof, Reit im Winkl, www.hotel-theresenhof.de; TF Gasthof-Hotel Zur Post, Samerberg, www.hotel-post-samerberg.de

Einkehrtipp: Gasthaus »Zum Wildschütz«, Kampenwandstraße 26, D-83229 Aschau im Chiemgau, Tel. 08052/1365

Falls der eingangs »versprochene« Sundowner am Chiemsee-Ostufer durch Wolken verhüllt wird, empfehle ich noch einen Besuch im nahe liegenden Traunstein. Als einstmals ein Fuhrmann mit schwerer Fracht beim Queren der Traun stecken blieb und laut fluchend ausrief: »Möge doch alles zu Stein werden!«, wurde ihm der Wunsch augenblicklich erfüllt. Er versteinerte mitsamt Pferden und Wagen. Ein gewaltiger Felsbrocken östlich des Ortes erinnert bis heute an diese Sage.

Des Sommers schönste Pracht: Morgenstimmung am Chiemsee

Im Mautpreis inkludiert: Kurventraining auf der Rossfeld Panoramastraße

SÜSSES UND SALZIGES

Das Berchtesgadener Land im Südostzipfel Deutschlands gleicht einer Aneinanderreihung von Ansichtskarten. Und nicht nur der krönende Abschluss der »Deutschen Alpenstraße« bietet eine perfekte Gelegenheit, schon einmal einen Blick hinüber in Mozarts Heimat zu werfen.

Über die B 305 – übrigens eine der idyllischsten Bundesstraßen Deutschlands, wie ich finde – geht es nach Inzell mit seiner fast 900-jährigen Geschichte, die natürlich eng verknüpft ist mit dem Wintersport, insbesondere dem Eislaufen. Die ersten Kilometer des noch jungen Tages sind allerdings nur die Aufwärmrunde, geschichtlich wie auch fahrerisch. Denn bald darauf begrüßen uns Berchtesgaden und der Königssee. »Und da Herrgott hat g'lacht, wia Berchtesgad'n hat g'macht«, sagen die Einheimischen und wahrlich, es ist etwas dran. Gönnen Sie sich eine Kaffeepause beim Tortenmacher Grassl in der Maximilianstraße. Sie glauben gar nicht, was es dort an Kuchen zu probieren gibt. Hoffentlich haben Sie früh am Morgen beim Frühstück nicht allzu sehr »zugeschlagen« …

Und als Nachschlag gibt es dann diesen Königssee: Sein Echo ist weltberühmt, seine über einen Meter langen und bis zu 55 Pfund schweren Forellen wahrlich kein Anglerlatein, und so eine Bootsfahrt mit der Bayerischen Seenschifffahrt über den See bleibt für immer in Erinnerung. Da stört es auch nicht, dass wir nur zu Fuß an den berühmten See kommen können. Übrigens: Früh am Morgen sowie außerhalb der Hauptreisezeiten Juli und August ist die schönste Zeit, diesen berühmten Bergsee zu besuchen.

Fahrerisch begeistert uns anschließend die Rossfeld Panoramastraße, Deutschlands höchste Panoramastraße. In herrlichen, gut ausgebauten Rechts-links-Kombinationen führt sie bis hinauf auf 1600 Meter mitten hinein in die hochalpine Bergwelt des Berchtesgadener Landes. Sie ist das grandiose Finale der »Deutschen Alpenstraße«: Den schönsten Ausblick hat man vom Scheitelpunkt der Strecke aus. Hier liegt der gesamte Berchtesgadener Alpenpark zu unseren Füßen.

Bei Bad Dürnberg queren wir mittags dann die Grenze zu Österreich und blicken hinab auf Hallein und seine alte Poststation im Vorort Taxach. Seit über 130 Jahren befindet sich die nun schon im Besitz der Familie Kronreif, einer der beiden Gründerfamilien der Motorradschmiede KTM. Und mögen auch die Bande zwischen KTM und Ernst Kronreif jun., dem heutigen Hohlwegwirt, nicht mehr allzu eng sein, die Geschichten über das aufregende Leben seines Vaters sind lebendig wie eh und je. Ein Einkehrschwung beim Hohlwegwirt ist Pflicht für jeden Biker.

Am 27. Januar 1756 erblickte Wolfgang Amadeus Mozart in Salzburgs Getreidegasse 9 das Licht der Welt, ein Umstand, dem die sehenswerte Stadt bis heute viel zu verdanken hat. Und als UNESCO-Weltkulturerbe sowie Heimat dieser köstlichen, aber auch mächtig kalorienreichen Mozartkugeln kommt uns Salzburg zur Kaffeestunde am Nachmittag gerade recht. Über Bad Reichenhall und seine Solequellen geht es dann retour. Vielleicht mit einem entspannenden Badestopp?

TOUR-CHECK

Tourenlänge: 170 km

Reine Fahrzeit: 4 Stunden

Kehren: 14

Schwierigkeit: leicht

Hotel Basisort: Gästehaus/Apartments Poldi, www.hauspoldi.de

Weitere Hotelempfehlungen: TF Landhotel Binderhäusl, Inzell, www.familie-keller.de; TF Alpengasthof Götschenalm, Bischofswiesen, www.goetschenalm.com

Einkehrtipp: Gasthof Hohlwegwirt, Salzburgerstraße 84, A-5400 Hallein-Taxach, www.hohlwegwirt.at

Dreamteam: Der Kult-Wirt von Hallein Ernst Kronreif und die KTM Nr. 1

Johann Luger

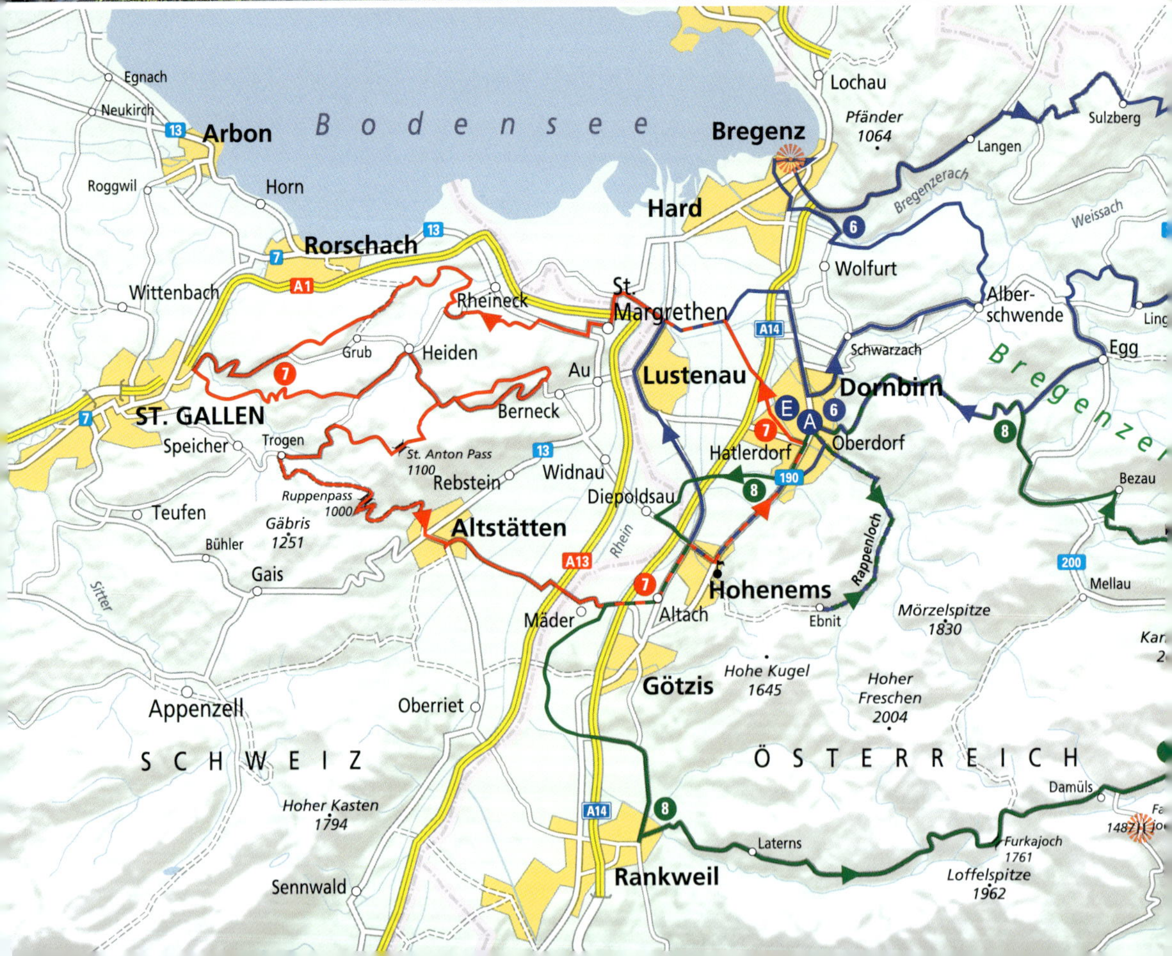
Bodensee
Egnach
Neukirch
Arbon
Roggwil
Horn
Rorschach
Wittenbach
Grub
Heiden
Rheineck
St. Margrethen
Au
Berneck
ST. GALLEN
Speicher
Trogen
St. Anton Pass
1100
Rebstein
Widnau
Ruppenpass
1000
Teufen
Gäbris
1251
Bühler
Gais
Altstätten
Sitter
Appenzell
Oberriet
SCHWEIZ
Hoher Kasten
1794
Sennwald
Mäder
Rhein
Bregenz
Lochau
Pfänder
1064
Sulzberg
Langen
Bregenzerach
Hard
Weissach
Wolfurt
Alberschwende
Schwarzach
Lustenau
Dornbirn
Egg
Bregenzer
Hatlerdorf
Oberdorf
Diepoldsau
Bezau
Rappenloch
Hohenems
Altach
Ebnit
Mörzelspitze
1830
Mellau
Götzis
Hohe Kugel
1645
Hoher Freschen
2004
ÖSTERREICH
Damüls
Rankweil
Laterns
Furkajoch
1761
Loffelspitze
1962
1487
A1
A13
A14
13
7
190
200
6
7
8
A
E

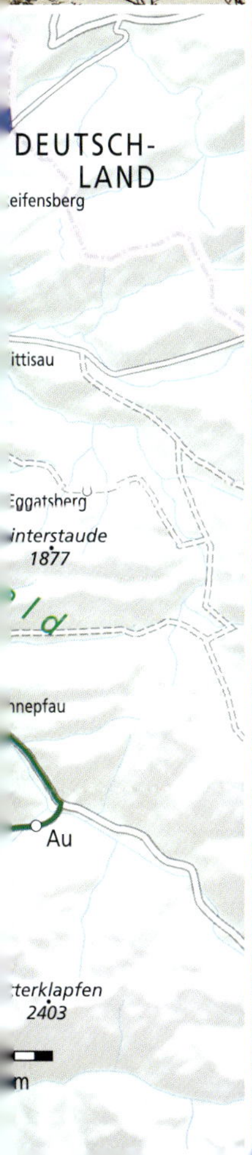

AUSGANGSORT

DORNBIRN

Die bevölkerungsreichste Stadt Vorarlbergs ist auch dessen wirtschaftliches Zentrum. Zu Füßen des 976 Meter hohen Hausbergs »Karren« drapiert sich das beschaulich gebliebene Dornbirn mit seiner sehenswerten Altstadt und seinen geschichtenreichen Bauwerken wie dem berühmten »Roten Haus« und der St. Martinskirche rund um den malerischen Marktplatz. Mit der »Karrenseilbahn« kann man bequem auf den Hausberg gelangen, auf dessen Gipfel ein herrlich gelegenes Panoramarestaurant wartet.

Bunt und quirlig: Dornbirn lohnt eine ausgiebige Erkundung auch zu Fuß.

Herbst im Bregenzerwald: eine der schönsten Jahreszeiten für diese Region

SCHNUPPERKURS MIT SEEBLICK

Diese Runde gehört zu den kurvenreichsten Möglichkeiten, nämlich den Vorarlberg zu erkunden. Wir huschen hinüber ins sehenswerte Bregenz , wedeln entlang der Grenze zum Allgäu über einsame Landstraßen. Aussichtsreiche Panoramastrecken führen uns über weite Almen mitten hinein in das Herz des Bregenzerwaldes, bevor es nicht minder schräglagenreich retour ans Ufer des Bodensees geht.

Auch diese Rundtour lässt uns viel Zeit für den Genuss abseits des Mopedsattels. Ganz besonders auch für den kulinarischen Genuss – immer vorausgesetzt, Sie mögen Käse. Von Dornbirn via Alberschwende erreichen wir früh am Morgen Bregenz und das herrliche Bodenseeufer – Tour Nr. 01 schließt hier gen Norden an. Dann geht es zu einer Runde »Kurvenräubern« in den idyllischen Bregenzerwald. Die einstmals gänzlich von Wald bedeckte Region gehörte im Mittelalter den Grafen von Bregenz. Die Bauern des Bregenzerwaldes entwickelten schon früh ein starkes Zusammengehörigkeitsgefühl, aus dem sich sogar eine eigenständige Bauernrepublik bilden konnte – mit eigener Verfassung und Gerichtsbarkeit.

Eisenbahnfreunden sei an dieser Stelle kurz die Bregenzerwald-Bahn ans Herz gelegt. Die im Volksmund auch »Wälderbähnle« genannte Schmalspurbahn verband ursprünglich auf gut 35 Kilometern Länge die Städte Bregenz und Bezau miteinander. Heute ist noch ein fünf Kilometer langes Teilstück als Museumsbahn in Betrieb und erfreut sich im Sommer reger Aufmerksamkeit. Die »KäseStraße« hingegen ist der Geheimtipp für alle Käsefans. Schon 10 000 Jahre vor unserer Zeitrechnung entdeckte der Mensch den Käse, ganz so steinalt ist die Käsetradition des Bregenzerwaldes zwar nicht, dennoch besitzt die Region die am besten erhaltene Alp- und Talsennerei-Struktur Österreichs. Die gut ausgeschilderte »KäseStraße« führt uns anschaulich durch das »Erlebnis Käse«. Über Hittisau, Egg und Schwarzenberg wedeln wir mit viel Zeit und Muße durch eine äußerst abwechslungsreiche Landschaft, erklimmen aussichtsreiche Hügel, tauchen hinab in schattige Täler und genießen einen unbeschwerten Tourentag. Falls Sie exakt meinem Streckenvorschlag folgen möchten, empfehle ich Ihnen unseren GPS-Download auf der Verlagswebsite.

Und falls Sie den Tag zurück in Dornbirn noch mit einem echten Naturhighlight krönen wollen, dann statten Sie der Rappenloch-Schlucht im Süden Dornbirns einen Besuch ab. Hier hat die Natur in Jahrtausenden eine ganz besondere Pracht geschaffen: Mit den beiden Naturdenkmälern »Rappenloch« und »Alploch« können wir zwei der größten Schluchten der Ostalpen entdecken. Und das Beste: Im Juli und August bietet der Dornbirn-Tourismus jeden Donnerstag kostenlose geführte Wanderungen durch die Rappenloch-Schlucht an. Sie dauern etwa eineinhalb Stunden, die Schlucht selbst ist alljährlich zwischen Mitte April und Ende Oktober zugänglich. Im Winter lässt man der Natur dort ihren freien Lauf. Und das ist auch gut so.

TOUR-CHECK

Tourenlänge: 160 km

Reine Fahrzeit: 3–4 Stunden

Kehren: 22

Schwierigkeit: leicht

Hotel Basisort: Harry's Home Hotel, www.harrys-home.com

Weitere Hotelempfehlung: TF Hotel Bergblick, Scheidegg, www.gaestehaus-bergblick.de

Einkehrtipp: Gasthof Krone, Am Platz 185, A-6952 Hittisau, www.krone-hittisau.at

Ziemlich geschrumpft: Zunft-Denkmal auf dem Weg in die Rappenloch-Schlucht

Weitblick: Die Hügel rund um Dornbirn bieten prächtige Aussichten auf die Stadt.

GRÜEZI MITTENAND

Ein trotz seiner überschaubaren Kilometerleistung durchaus tagesfüllender Abstecher von Dornbirn gen Westen hinein in die Schweiz ist ein Kontrastprogramm vom Feinsten. Rund um Sankt Gallen und Appenzell gibt es Kurvenpisten, die selbst eingefleischte Alpenbiker begeistern werden. Auf geht's!

Noch ein letztes Mal in diesem Tourenführer – aber sicherlich nicht in Ihrem Bikerleben! – schwingen wir zunächst einmal hinüber zum Südufer des gewaltigen Bodensees. Bei Sankt Margrethen queren wir die Schweizer Grenze – Achtung Zollkontrollen! – und huschen Richtung Nordwesten. Das UNESCO-Weltkulturerbe Sankt Gallen ist ein typisches Schweizer Großstädtchen, in dem es – wie eigentlich allerorten in der Schweiz – ausgesprochen gemütlich zugeht. Zeit genug für einen ausgiebigen Rundgang haben wir, mein Tipp dazu: Parken Sie das Bike in der Nähe des Marktplatzes und schlendern Sie gemütlich durch die ehemalige Geschäftsmeile der Textilkaufleute und über kleine Kunst- und Trödelmärkte. Es lohnt sich.

Danach geht es wieder ab in die Landschaft. Mit Rehetobel, Heiden und auch Oberegg erwarten uns Schweizer Dörfer, wie sie beschaulicher kaum sein können. Frei von Überholspuren und Stress geht es zum Pass Sankt Anton. Okay, mit gerade einmal 1100 Höhenmetern kann er sich kaum mit anderen Schweizer Pässen messen, dennoch gehört er zu den fahrerischen Leckerbissen der gesamten Region. Das liegt vor allem an der in Oberegg beginnenden und auf dem Ruppenpass

Gegenlicht-Spielchen: Wasserspiele mit Seeblick am Bodensee

endenden Höhenstraße, deren Scheitelpunkt der Pass Sankt Anton darstellt. Auf dem nahe liegenden Ruppenpass endet unsere aussichtsreiche Höhenstraße, auch er bietet mit seinen unspektakulären 1000 Höhenmetern herrliche Ausblicke auf die Rheinebene im Osten.

Altstätten, die östlichste Stadt der Schweiz, liegt im Herzen des Sankt Galler Rheintals. Das Zentrum des historischen Marktortes besteht im Wesentlichen aus vier Straßenzügen, die bequem zu Fuß erkundet werden können: Obergasse, Marktgasse mit Laubengang, Engelgasse und Pfluggasse – hier kann jeder Stein eine Geschichte erzählen. Sehr sehenswert und ein idealer Boxenstopp, bevor wir über Hohenems und sein prächtiges Residenzschloss genüsslich durch das Rheintal retour zu unserem Ausgangsort Dornbirn schwingen.

Apropos: Weithin berühmt wurde Schloss Hohenems übrigens als Fundstelle der beiden bedeutendsten Handschriften des legendären Nibelungenliedes. Im Jahr 1755 fand ein Lindauer Arzt dort die erste Handschrift des Nibelungenliedes, 1779 auch noch die zweite in den Gewölben des Schlosses. Das legendäre Nibelungenschwert »Balmung« hat er allerdings nicht gefunden, das ruht vermutlich tief unten am Grunde des Rheins bei Worms.

TOUR-CHECK

Tourenlänge: 145 km

Reine Fahrzeit: 3–4 Stunden

Kehren: 39

Schwierigkeit: leicht

Hotel Basisort: Harry's Home Hotel, www.harrys-home.com

Weitere Hotelempfehlung: TF Gasthaus Seerose, Kressbronn, www.gasthaus-seerose.de

Einkehrtipp: Restaurant Seeger, Oberer Graben 2, CH-9000 Sankt Gallen, www.seeger.ch

Man trifft sich gerne auch ganz spontan: hoch droben am Furkajoch.

DIE LUFT WIRD »DÜNNER«

Dass es in Vorarlberg auch durchaus hoch hinaus gehen kann, das beweist diese Runde, auf der wir uns für die anstehenden Gipfelregionen des Landes akklimatisieren können. Ganz nebenbei werden wir dabei in mehr als prächtiger Umgebung die hohe Kunst des alpinen Motorradfahrens trainieren.

Von Dornbirn aus wenden wir uns zunächst gen Südwesten, über Hohenems, Altach und Koblach folgen wir dem Rhein flussaufwärts nach Rankweil am Ostrand des gewaltigen Rheintales. Das Städtchen war schon bei den Römern ein wichtiger Verkehrsknotenpunkt der Nordalpen, die heutige »Villa Rustica« in Rankweil zeigt drei rekonstruierte römische Gebäude in einem wohl einzigartigen Freilichtmuseum. Doch dem nicht genug: Rankweils wechselvolle Geschichte ist allerorten lebendig. In den zahlreichen Kirchen und Kapellen, im sehenswerten Küblereimuseum sowie der fast vollkommen erhaltenen Triftanlage im Oberdorf kann man tief in eigentlich längst vergangene Zeiten eintauchen, in denen das Leben erheblich beschwerlicher war als heutzutage.

Dann aber heißt es: Bitte Knie an den Tank und volle Konzentration! Immerhin zehn echte Spitzkehren führen uns hinauf auf das Furkajoch mit seinen 1761 Höhenmetern. Das landschaftlich sehr schön gelegene Joch – übrigens die höchste befahrbare Panoramastrecke des Bregenzerwaldes – verbindet das Latenser Tal mit dem Tal der Bregenzer Ach. West- wie auch Ostrampe führen durch herrliche voralpine Landschaften, deren Strecken nicht umsonst das »grüne Band« besonderer Schönheit führen dürfen. Oben angekommen, schlängelt sich die Piste in weiten Kurven oberhalb der Baumgrenze dahin und bietet prächtige Ausblicke auf die umliegenden Alpengipfel. Die kleine bewirtschaftete Hütte auf der Scheitelhöhe ist ein beliebter Bikertreff Vorarlbergs, der Kaffee dort ist gut, Pausensnacks gibt es viele.

Frisch gestärkt, können wir das nahe liegende Faschinajoch als spontanen Abstecher in diese Tour einbauen. Zeit genug dafür ist ja vorhanden. Im hübschen Örtchen Damüls geht es rechts ab, die Straße führt durch mächtige Lawinenschutztunnel hinauf zum Joch. Am Scheitelpunkt des Joches auf knapp 1500 Metern genießen wir herrliche Ausblicke auf die Damülser Berge, insbesondere die bekannte Mittagspitze mit ihren knapp 2100 Höhenmetern.

Nach diesem Abstecher heißt es »kehrt Marsch«, denn die eigentliche Tour führt uns nach Au im Bregenzerwald, einer einstmals von Alemannen gegründeten Siedlung. Noch heute gehört Au zu den gemütlichsten Orten Vorarlbergs, schauen Sie sich doch ein wenig um, bevor Sie meinen Einkehrtipp ausprobieren. Schnepfau und Bezau oder auch Mellau, allesamt stille Weiler und Dörfer im Herzen des Bregenzerwaldes, erwarten uns am Nachmittag. Hier tickt die Mopeduhr umgehend eine Runde langsamer, die Erholung ist porentief. Und wem es nach einiger Zeit dann doch zu ruhig wird, der wird beim Anblick Dornbirns, unseres Ausgangsortes, dann erfreut aufatmen. Das Abendprogramm für alle fünf Sinne möge beginnen.

TOUR-CHECK

Tourenlänge: 140 km

Reine Fahrzeit: 3 Stunden

Kehren: 18

Schwierigkeit: leicht

Hotel Basisort: Harry's Home Hotel, www.harrys-home.com

Weitere Hotelempfehlung: TF Hotel Schönauer Hof, Bach/Lechtal, www.motorradhotel.tirol

Einkehrtipp: Restaurant Tannahof, Argenstein 331, A-6883 Au, www.tannahof.at

Verfolgungsfahrten: Die Pisten rund um das Furkajoch haben einige Engpässe.

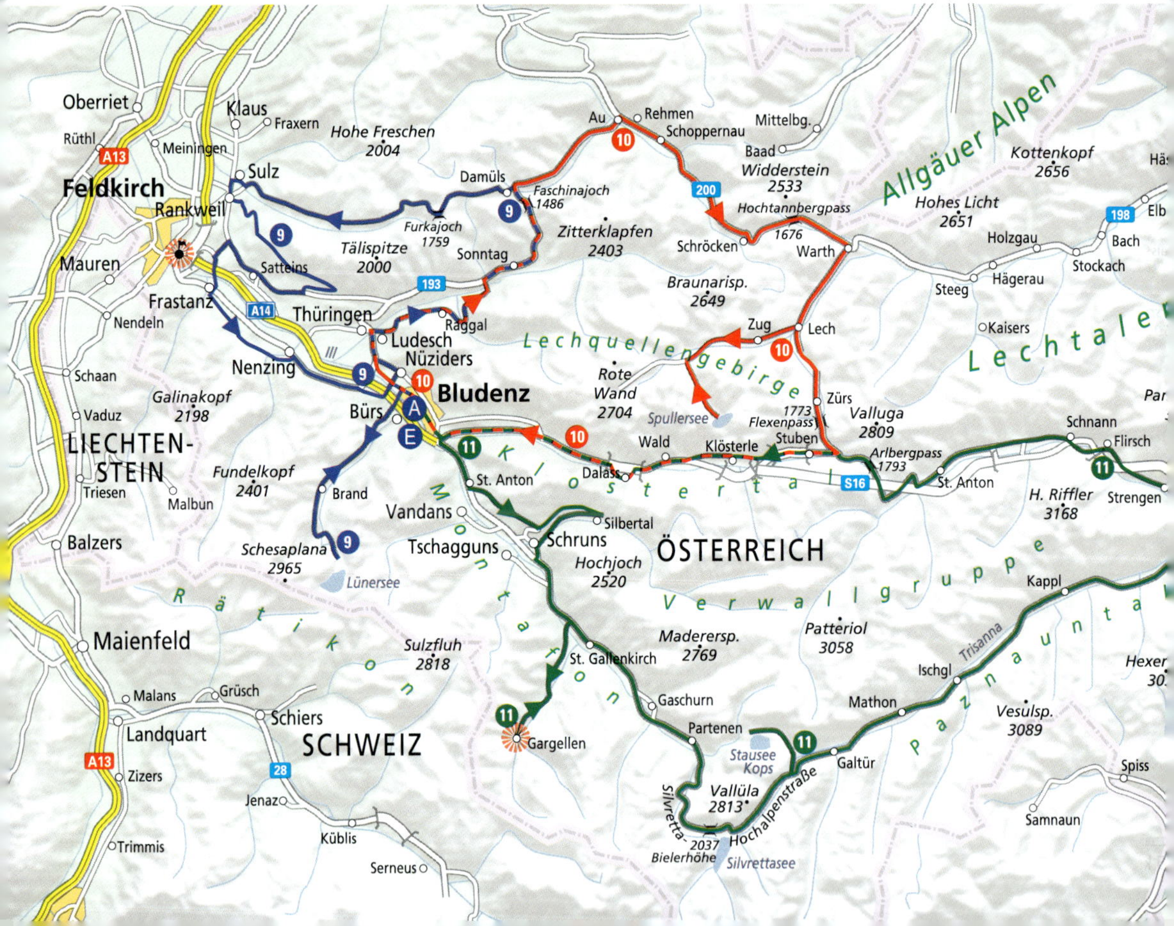

Oberriet
Rüthl
A13
Klaus
Fraxern
Meiningen
Hohe Freschen
2004
Feldkirch
Rankweil
Sulz
Damüls
Faschinajoch
1486
Furkajoch
1759
Tälispitze
2000
Sonntag
Zitterklapfen
2403
Satteins
Mauren
Frastanz
193
Nendeln
A14
Thüringen
Raggal
Ludesch
Nüziders
Nenzing
Schaan
Bludenz
Galinakopf
2198
Bürs
Vaduz
LIECHTEN-
STEIN
Fundelkopf
2401
Triesen
Malbun
Brand
Balzers
Schesaplana
2965
Lünersee
Rätikon
Maienfeld
Malans
Grüsch
Landquart
Schiers
SCHWEIZ
A13
Zizers
28
Jenaz
Küblis
Trimmis
Serneus
Au
Rehmen
Schoppernau
Mittelbg.
Baad
Widderstein
2533
200
Hochtannbergpass
1676
Schröcken
Warth
Allgäuer Alpen
Kottenkopf
2656
Hohes Licht
2651
198
Elb
Holzgau
Bach
Hägerau
Stockach
Steeg
Braunarisp.
2649
Zug
Lech
Kaisers
Lechtaler
Lechquellengebirge
Rote
Wand
2704
Spullersee
1773
Flexenpass
Zürs
Valluga
2809
Schnann
Flirsch
Stuben
Wald
Klösterle
Arlbergpass
1793
Dalaas
Klostertal
S16
St. Anton
St. Anton
Strengen
H. Riffler
3168
Montafon
Vandans
Silbertal
Tschagguns
Schruns
ÖSTERREICH
Hochjoch
2520
Verwallgruppe
Kappl
Sulzfluh
2818
Madererspitze
2769
Patteriol
3058
St. Gallenkirch
Trisanna
Ischgl
Paznauntal
Gaschurn
Mathon
Vesulsp.
3089
Gargellen
Partenen
Stausee
Kops
Galtür
Vallüla
2813
Silvretta-
Hochalpenstraße
2037
Bielerhöhe
Silvrettasee
Samnaun
Spiss

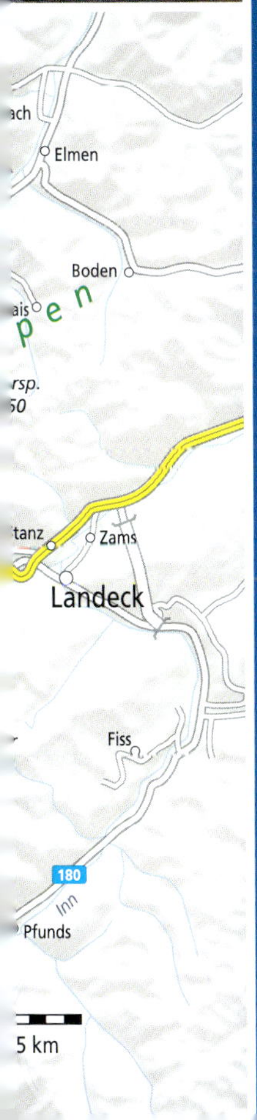

AUSGANGSORT

BLUDENZ

Malerisch umrahmt von den Lechtaler Alpen, dem Schweizer Rätikon und der Verwallgruppe, gehört der Tourenstandort Bludenz zu den schönsten Alpenstädten Europas. Eine Stadt mit wahrlich langer Geschichte: Hier bilden Tore und Mauern, ehrwürdige Bürgerhäuser, verwinkelte Gassen und romantische Laubengänge bis heute eine in sich geschlossene Einheit. Und wie so oft besitzt auch diese Vorarlberger Perle einen eigenen »Hausberg«, den 1400 Meter hohen Muttersberg. Auf das Gipfelplateau hinauf geht es mit der Muttersbergbahn.

Wunderschönes Bludenz: hier der Blick auf Schloss Gayenhofen und die Laurentiuskirche

Ein Bilderbuch-Tag: unterwegs im Süden von Bludenz

PRALLE GESCHICHTE

Bekannte und unbekannte Pässe, eine Handvoll mittelalterlich anmutender Ortschaften, zum Teil bewacht von imposanten Burgen – und viele Kurven – all das sind Zutaten, die diese Rundtour zu einem echten Highlight machen.

Das auf Tour 8 bereits kurz gestreifte Faschinajoch erwartet uns gleich am Morgen nordöstlich von Bludenz. Diesmal erobern wir es in entgegengesetzter Richtung, was den Genuss nochmals deutlich vergrößert. Dazu huschen wir über Ludesch und Raggal hinauf nach Sonntag, einem bildhübschen Bergdorf in einmaliger Aussichtslage. Hier ist zweifelsohne jeder Tag ein Sonntag. Am Scheitelpunkt des Faschinajochs auf 1492 Metern liegen uns dann die Damülser Berge zu Füßen, in deren Herzen uns der Ort Damüls erwartet. Rasch den Blinker links gesetzt, und 1761 Höhenmeter stehen zur »Eroberung« an. Zwei Spitzkehren und mehr Genuss, denn etwas später können wir auf dem Furkajoch noch einmal den Seitenständer ausklappen, bevor uns ein Potpourri aus waschechten Kehren hinab nach Rankweil führt.

Die Strecke führt vorbei an der imposanten Schattenburg, dem ehemaligen Sitz der Grafen von Montfort und heutigem stolzen Wahrzeichen der Stadt Feldkirch, dann geht es weiter nach Frastanz. Aber halt: Vorab darf ich Ihnen den aussichtsreichen Boxenstopp oben auf der Burg empfehlen. Inklusive tollem Blick über Feldkirch. Die gesamte Burganlage besitzt heute noch eine einzigartig authentische mittelalterliche At-

Die vielleicht schönste Bank von Vorarlberg steht im Herzen des Brandnertals.

mosphäre. Die angrenzende Schlosswirtschaft lädt alternativ zur leckeren Einkehr ein, und das sehenswerte Burgmuseum beherbergt unter anderem eine reichhaltige Waffensammlung aus historischen Zeiten.

Reich an Geschichte ist ja auch unser Ausgangsort Bludenz, dem wir uns auf der Nebenstrecke nach Übersaxen und Satteins allmählich wieder nähern. Doch bevor Sie jetzt Richtung Hotel abbiegen, gönnen Sie sich unbedingt noch den Abstecher hinauf in das malerische Brandnertal: Es ist eine der schönsten Sackgassen der Alpen und schließt gleich an die südliche Stadtgrenze von Bludenz an. Eine kurvenreiche Piste führt uns hinauf auf immerhin 1565 Meter in hochalpine Welten. Die Strecke ist fahrerisch abwechslungsreich, stellenweise sogar gemäßigt anspruchsvoll und mit immerhin zwölf Kehren keinesfalls langweilig. Und ganz oben am Ende der Piste erwartet uns einer der schönsten Bergseen Vorarlbergs, ja, sogar einer der größten der Alpen. Er liegt malerisch direkt am Fuße der Schesaplana, dem mit immerhin 2964 Metern höchsten Berg im Rätikon direkt auf der österreichisch-schweizerischen Grenze. Zu erreichen ist auch er ganz bequem mit der Lünerseebahn in gerade einmal fünf Minuten Fahrtzeit. Dazu muss man nicht einmal die Bikerkutte ablegen.

TOUR-CHECK

Tourenlänge: 150 km

Reine Fahrzeit: 4 Stunden

Kehren: 42

Schwierigkeit: leicht

Hotel Basisort: Hotel Löwen, Mutterstraße 7, via HRS, www.booking.com u.a.

Weitere Hotelempfehlung: TF Hotel Schönauer Hof, Bach/Lechtal, www.motorradhotel.tirol

Einkehrtipp: Braugasthaus Rössle Park, Rössle Park 1, A-6800 Feldkirch, www.roesslepark.at

Unscheinbar im »Konzert« der großen Pässe – dennoch ein Muss: der Flexenpass

KURVENHATZ IM GRENZLAND

Dem Vorarlberger Nachbarn Tirol widmen wir uns ab Tour 12 besonders intensiv, heute werfen wir schon einmal einen ersten Blick über die hochalpine Grenze. Diese Route ist ein fahrerischer »Appetizer«, wie er »leckerer« kaum ausfallen kann.

Beginnen wir erneut erst einmal urgemütlich und wedeln noch ein letztes Mal von Bludenz über das Örtchen Sonntag hinauf zum Faschinajoch. Über Damüls geht es dann auf landschaftlich schöner Piste – Sie wissen schon: jener mit dem dicken grünen Band in papiernen Landkarten – nach Au im Bregenzerwald, einer einstmals von Alemannen gegründeten Siedlung. Warum diese sich gerade hier ansiedelten? Schauen Sie sich einmal um und Sie werden es wissen. Ein für den Lebensabend geeigneter Flecken in gemäßigt alpiner, von der Sonne verwöhnter Landschaft – geht es noch schöner?

Bitte diesmal jetzt den Blinker rechts setzen, denn der Hochtannbergpass erwartet uns bereits. Der Pass verbindet das Lechtal bei Warth mit dem Tal der Bregenzer Ach bei Schoppernau und trennt die Allgäuer Alpen vom Quellengebirge des Lechs. Die Passstrecke folgt dem allmählich schmäler zulaufenden Tal und windet sich in abwechslungsreichen Rechts-links-Kombinationen bergan zur Passhöhe inmitten einer horizontfüllenden, nahezu baumlosen Hochalm. Der Parkplatz dort oben auf 1680 Metern ist obgleich seiner kargen Unscheinbarkeit ein beliebter Bikertreff, Richtung Osten senkt sich die Piste zügig bergab Richtung Warth. 250 Einwohner zählt das romantische Walserdorf, bezaubernd eingebettet zwischen seinen imposanten Hausbergen Biberkopf, Widderstein und Warther Horn. Gemütlichkeit ist hier Trumpf, die prächtige Bergwelt wird garniert mit unzähligen Einkehrmöglichkeiten, mit Aussicht bis in die Unendlichkeit der Berge. All dies fernab des Massentourismus in völligem Einklang mit der Natur.

Nach einem empfehlenswerten Boxenstopp in Warth wählen wir die gut ausgebaute L198 Richtung

Lech, das 2004 immerhin zum »Schönsten Dorf Europas« gekürt wurde. Schauen Sie sich um und erahnen Sie warum. Kurz hinter Lech setzen wir den Blinker nochmals rechts hinauf zum malerischen Spulersee inmitten weiter Hochalmen auf gut 1820 Metern. Man mag es bei seinem Anblick kaum glauben, dass nicht die Natur, sondern der Mensch ihn schuf. Die Österreichischen Bundesbahnen nutzen seine Wasserkraft zur Elektrifizierung der Arlbergbahn. Im Bergsommer ist er nicht nur ein beliebter Angelsee, in dem die Forellen bis zu 38 Zentimeter Länge erreichen sollen. Kein Anglerlatein, wohlgemerkt.

Der Flexenpass, wenige Kurven weiter auf 1784 Metern, spendiert uns ganz andere Genüsse: echtes Schräglagenfeeling. Seine Piste folgt uralten Saumwegen und schwingt gen Süden hinab nach Stuben. Westwärts geht es nun zügig retour zu unserem Ausgangsort. Wenn Sie noch ein wenig Zeit haben, können Sie den unscheinbaren, aber weithin bekannten Arlbergpass auf Ihrem Lebens-Roadbook abhaken. Am Fuß des Flexenpasses dazu am besten einfach kurz links abzweigen.

TOUR-CHECK

Tourenlänge: 150 km

Reine Fahrzeit: 4 Stunden

Kehren: 29

Schwierigkeit: leicht

Hotel Basisort: Hotel Löwen, Mutterstraße 7, via HRS, www.booking.com u.a.

Weitere Hotelempfehlung: TF Hotel Schönauer Hof, Bach/Lechtal, www.motorradhotel.tirol

Einkehrtipp: Restaurant Walserberg, Dorf 37, A-6767 Warth am Arlberg, www.walserberg.at

Sonnenaufgang auf dem Weg nach Vorarlberg – mehr braucht es nicht zum Glücklichsein.

Füssen
Neuschwanstein
Oberammergau
Schloss Linderhof
Ettal
Oberau
Ammergauer Alpen
Immenstadt
Blaichach
Sonthofen
Sigishofen
Ofterschwang
Schattwald
Vils
Bad Hindelang
Tannheim
Köllensp. 2238
Pflach
Kreuzsp. 2185
Farchant
Garmisch-Partenkirch
DEUTSCHLAND
Reutte
Nesselwängle
Höfen
Plansee
Eibsee
Unter-Grainau
Werdenfelser
Mittenwald
Iller
G. Daumen 2280
Nebelhorn 2224
Räppele
Weißenbach
Heiterwang
Zugspitze 2962
Oberstdorf
Hochvogel 2592
Forchach
Lähn
Ehrwald
Wettersteingebirge
Vorderhornbach
Stanzach
Ausserfern
Bergwang
Lermoos
Riezlern
Hinterhornbach
Fernpass
Biberwier
Hochplattig 2768
Leutasch
Weidach
Allgäuer Alpen
Namlos
Loreakopf 2471
Baad
Mittelbg.
Krottenkopf 2656
Elmen
Namloser Wettersp. 2553
Mieminger Gebirge
Häselgehr
Lech
Telfs
Seefeld
2644
Mädelegabel
Hahntennjoch
Barwies
Elbigenalp
Holzgau
Bach
Gramais
Boden
1119 Holzleitensattel
Inn
Warth
Steeg
Stockach
Lechtaler Alpen
Imst
Rietz
Hatting
Inzing
Zug
Lech
Kaisers
Leibersp. 2750
Silz
Rietzer Grieskg. 2884
Kemater
Mils
Schönwies
Arzl
Oetzerau
Sautens
Kühtai
Sellrain
Flexenpass
Zürs
Valluga 2809
Stuben
St. Anton
Parseiersp. 3036
Zams
Acherkg. 3007
St. Sigmund
Gries
Schnann
Grins
Unterleins
Ötztaler Ache
Arlbergpass 1793
Landeck
Wenns
Jerzens
Umhausen
Praxmar
Strengen
Pitze
Zaunhof
Stubaier Alpen
ÖSTERREICH
Verwallgruppe
Hochgallmigg
See
Kauns
Kappl
Furgler 3004
St. Leonhard
Milders
Kuchensp. 3148
Paznauntal
Fendels
Gries
Ruderhofsp. 3474
Ischgl
Hexenkopf 3035
Feichten
Pitztal
H. Geige 3393
Wilde Leck 3359
Mathon
Tösens
Watzesp. 3532
Ötztal
Galtür
Spiss
Pfunds
Kaunertal
Mittelbg.
Sölden
Samnaun
Ötztaler Gletscherstraße
Zwieselstein
Fluchthorn 3399
Glockturm 3353
Ötztaler Alpen
ITALIEN
Nauders
Tschlin
Kaunertaler Gletscherstraße
Wildsp. 3768
5 km

AUSGANGSORT

IMST

Die quicklebendige Tiroler Alpenstadt bietet eine Vielzahl an Attraktionen gerade auch abseits des Mopedsattels – also jenes »Entertainment«, das wir uns nach einem langen Tag auf der Piste wünschen. Zum Beispiel die »Rosengartenschlucht«, das tief eingegrabene Bett des Schinderbachs von der »Blauen Grotte« bis hinunter zur Imster Johanneskirche. Das kulturelle Angebot reicht vom Imster »Schemenlaufen«, einem der schönsten Fastnachtsbräuche der Alpen, bis hin zu traditionellen Open-Air-Konzerten im Sommer.

Einsamkeit, die ich liebe: Montagmorgen auf der Ötztaler Gletscherstraße südlich von Imst

Happy End? Die Geschichte der Lechtaler Geierwally ist hoch spannend bis zum Schluss.

GESCHICHTENREICHES TIROL

Diese pässereiche Rundtour führt uns durch die schönsten Landschaften im Grenzgebiet zwischen Vorarlberg und Tirol: Wir erklimmen über den Nordhang des gewaltigen Oberen Inntals die Lechtaler Alpen und pendeln genüsslich mit einigen Sackgassen-Abstechern mitten durch die Heimat der berühmten Geierwally.

Gleich unser erster Pass am Morgen ist auch der höchste Punkt der Tour – das Hahntennjoch nördlich von Imst. Der »Hahntennen«, wie er unter Einheimischen genannt wird, ist ein sehr alter Alpenübergang, mit seinen 1894 Höhenmetern und immerhin 15 Kehren ist es bei Tiroler und Allgäuer Bikern äußerst beliebt, erlaubt die heute gut ausgebaute, dem natürlichen Verlauf der Landschaft folgenden Straße doch immer wieder eine recht flotte Kurvenhatz. Und das auf einer Piste, die uns an vielen Tagen im Jahr nahezu ganz alleine gehört. Nun gut, außer vielleicht an einem Sommerwochenende zur Hauptreisezeit im Juli und August – aber das ist kein spezielles Hahntennjoch-Problem.

In Elmen biegen wir dann in das markante Lechtal ein, die Heimat der berühmten Geierwally, einer jungen Bäuerin, die von ihrem tyrannischen Vater gegen ihren Willen verheiratet werden soll, aus Verzweiflung aber gemeinsam mit einem jungen Adler in die Berge flieht und dort allein auf sich gestellt ein Leben als Almbäuerin führt. Eine Geschichte mit Happy End? Auf der Geierwally-Freilichtbühne von Elbigenalp, dem Geburtsort des resoluten Mädchens, können diese und andere spannende Geschichten alljährlich hautnah erlebt werden. Und dabei vielleicht auch der Frage auf den Grund gehen, ob es die Wally überhaupt gab. Fahrerisch können wir uns Geierwallys Welt ebenfalls nä-

Stillleben mit Biker: Im Lechtal gibt es unglaublich schön bemalte Fassaden.

hern – auf einem Sackgassen-Abstecher nach Kaisers unterhalb der Wetterspitze. Toll!

Dem romantischen Walserdorf Warth nähern wir uns diesmal von Osten und nicht minder sehenswert, lassen uns erneut verzaubern von der prächtigen Bergwelt rund um das Dorf. Hier einmal einen kompletten Bergsommer zu verbringen, das wäre mein Traum. Wer meine hier anschließende Tour 10 inklusive nahe liegendem Hochtannbergpass noch nicht erfahren hat, kann in Warth einen kurzen Abstecher auf den Pass einbauen. Gelegenheit zu einer Runde Benzingespräche oben auf dem Pass bieten sich von Frühling bis Spätherbst.

Dann geht es schwungvoll weiter nach Lech, einem der schönsten Dörfer Europas. Da sollte der mittägliche Einkehrschwung nicht nur gelingen, sondern auch ganz besonders erinnerungswürdig sein. Über den Flexenpass wedeln wir frisch gestärkt hinab nach Sankt Anton am Arlberg und den Arlbergpass mit seinen insgesamt immerhin neun gut ausgebauten Kehren. Der »Arlberg«, wie er oftmals genannt wird, bildet die Grenze zwischen Vorarlberg und Tirol. Von seinem Namen leitet sich letztendlich auch der Name des Bundeslandes ab – dem Land vor dem Arlberg. Über Landeck erreichen wir den letzten Pass dieses Tourentages, die Piller Höhe auf 1560 Metern. Elf Spitzkehren später pendeln wir in Imst gemütlich aus und genießen das Abendprogramm im Ort.

TOUR-CHECK

Tourenlänge: 195 km

Reine Fahrzeit: 5 Stunden

Kehren: 49

Schwierigkeit: mittelschwer

Hotel Basisort: Hotel Auderer, www.auderer.at

Weitere Hotelempfehlungen: TF Hotel Schönauer Hof, Bach/Lechtal, www.motorradhotel.tirol; TF Posthotel Strengen am Arlberg, Strengen/Arlberg, www.posthotelstrengen.at

Einkehrtipp: Restaurant »Lecher Stube«, Omesberg 119, A-6764 Lech am Arlberg, www.gotthard.at

Bequem ist anders, aber für diesen Ausblick tue ich alles: das einzigartige Ötztal

ZWEI GLETSCHER – EIN GENUSS

Mit dieser Tour gönnen wir uns zwei der schönsten und höchsten Panoramastraßen Tirols – die Ötztaler und Kaunertaler Gletscherstraße. Hier bekommen wir für ein paar Euro Mautgebühr Kurvengenüsse der ganz besonderen Art inmitten einzigartiger, hochalpiner Landschaften.

Mein Tipp: Planen Sie diese Tour bei echtem Kaiserwetter, die Aussichten auf die Tiroler Bergwelt werden für immer in Ihrer Erinnerung bleiben. Garantiert! Und jawohl, Sie ahnen es richtig: Starten Sie diese Runde möglichst ganz früh am Morgen, denn gut 300 Kilometer Tour sind kein Pappenstiel. Auch für alte Hasen im Mopedsattel nicht. Zum Warm-up begrüßt uns zunächst einmal das weithin bekannte, ja, berühmte Tiroler Ötztal. Mit gut 65 Kilometern ist es östlich von Imst das längste Seitental des Inn, es trennt die Stubaier von den Ötztaler Alpen und wurde dereinst von mächtigen Gletscherbewegungen modelliert. Seine klimatische Bandbreite reicht von Obstwiesen und Getreidefeldern bis zu lebensfeindlichen Gletscherregionen.

Durch beschauliche Touristenorte erklimmen wir allmählich die Höhe, am Ortsende von Sölden heißt es den Blinker rechts setzen. Denn hier wartet die legendäre Ötztaler Gletscherstraße auf uns. Und nun bitte Knie an den Tank und volle Konzentration. Die Sackgasse entführt uns hinauf auf hochalpine 2800 Höhenmeter in das Herz des Gletscherskigebietes rund um den Rettenbachferner. Oben am Gletscher findet man ausreichende Parkmöglichkeiten, die es auch erlauben, das Bike für ein paar Stunden abzustellen, um zum Beispiel eine Wanderung zu unternehmen. Oder durch den Rosi-Mittermeier-Tunnel, den höchstgelegenen Straßentunnel Europas, zum Tiefenbachgletscher zu huschen. Retour in Sölden lassen wir heute das im Süden lockende Timmelsjoch unbeachtet, wir kommen auf Tour 54 darauf zurück. Nach einem langen Blick in das westlich angrenzende Pitztal – wenn Sie mögen inklusive eines stärkenden Boxenstopps – liegt das zweite hochalpine Kurventerrain vor unserem Vorderreifen.

Das Kaunertal ist mit seiner einzigartigen Landschaft, seiner Flora und Fauna als Naturpark unter ganz besonderen Schutz gestellt. Durchzogen wird das Tal vom Faggenbach, der zentrale Ort ist Feichten in der Gemeinde Kaunertal. Doch das Bikerhighlight des Tales liegt ganz an seinem Schluss: die Kaunertaler Gletscherstraße. Diese Sackgasse begeistert Motorradfahrer von Juni bis Oktober: Die hochalpine Piste folgt historischen Pfaden, wie dem Pilgerweg vom Wallfahrtsort Kaltenbrunn über das Weißseejoch nach Melagg im Langtauferer Tal. Am oberen Ende der heutigen Mautstraße befindet sich übrigens die höchste Postbus-Haltestelle Österreichs. 1979 wurde die bereits als Reisetipp gehandelte Kaunertaler Gletscherstraße dann von der Staumauer bis hinauf zum Gletscherrestaurant auf 2750 Metern ausgebaut. Welch ein herrlicher Kurvengenuss! Apropos: Habe ich schon erwähnt, dass ich auch bei Sackgassen jede Kehre nur einmal zähle und statistisch berücksichtige? Bei Sackgassen wie hier bekommen Sie also noch viel mehr Genuss für die Maut. Genießen Sie ruhig auch den Sundowner hier oben, der Heimweg über Landeck nach Imst ist auch im letzten Licht des Tages leicht zu finden.

TOUR-CHECK

Tourenlänge: 295 km

Reine Fahrzeit: 7 Stunden

Kehren: 52

Schwierigkeit: anspruchsvoll

Hotel Basisort: Hotel Auderer, www.auderer.at

Weitere Hotelempfehlungen: TF Bikergasthof Hotel Post, Sautens, Ötztal, www.gasthof-post.at; TF Seehüters Hotel Seerose, Ötz, www.seerose.at; TF Hotel Weisseespitze und Camping Kaunertal, www.weisseespitze.com

Einkehrtipp: Restaurant Alpenhof, Enger 171, A-6481 Sankt Leonhard, www.alpenhof-pitztal.com

Reisewarnung: Auch dieser Stausee im Kaunertal ist nichts für Warmduscher.

Das Kühtai liegt herrlich im touristischen Abseits.

HOCH ÜBER DEM INNTAL

Wer die Touren einer Region chronologisch nach diesem Buch fährt, der hat sich nach den Herausforderungen des gestrigen Tages heute eine Runde Gemütlichkeit verdient. Gemütlichkeit und Genuss hoch über dem Herzen des Inntales und vor allem abseits aller Hektik und roten Ampeln.

Der eher unscheinbare Holzleitensattel auf 1120 Höhenmeter läutet unseren Tourentag ein, seine gut ausgebaute Strecke inklusive dreier Kehren ist geradezu ideal, um unseren Gleichgewichtssinn und auch das Motorrad warm zu fahren. Der Minipass führt uns direkt auf das idyllische Mieminger Plateau, einen immer noch landschaftlichen Geheimtipp Tirols. Laut offizieller Beschreibung ist es eine 800 bis 1000 Meter hoch gelegene Mittelgebirgsterrasse mit gut 14 Kilometern Länge und vier Kilometern Breite. Doch das klingt viel zu sachlich, denn der erlebenswerte Genuss dieses Hochplateaus sind seine bunten Almwiesen und weiten Äcker, seine prächtigen Lärchenwälder, durchzogen mit einem dichten Netz aus winzigen Landstraßen, die das Mieminger Plateau zu einem vor allem bei Tirolern sehr beliebten Erholungsgebiet machen. Einem von der Sonne verwöhnten Hochplateau, auf dem es sich auch sehr gut dauerhaft leben lässt.

Lassen Sie uns über Mieming, Telfs und Leutasch eine ausgiebige Runde »Motorradwandern«: Nehmen Sie an jedem Abzweig einfach den mit dem schönsten Ausblick und spätestens, wenn Ihnen der Magen knurrt, folgen Sie einfach den Wegweisern hinab nach Innsbruck zum Mittags-Boxenstopp. Dieser Weg führt uns dann zwangsläufig über den berühmt-berüchtigten Zirler Berg, einen fahrerisch an sich harmlosen Pass, der allerdings immer wieder durch überforderte

Der Karwendel nördlich von Innsbruck – ein Wander- und Bikerparadies vom Feinsten

Lkw- und Reisebus-Fahrer blockiert wird. Überholmöglichkeiten gibt es nur im oberen Bereich bei Reith sowie am Fuß des Passes bei Zirl, eine geduldige Gashand ist hier ganz besonders hilfreich.

Innsbruck, die Hauptstadt des Bundeslandes Tirol, ist die fünftgrößte Stadt Österreichs und eine sehenswerte Mixtur aus Moderne und Geschichte. Zahlreiche historische Bauten aus der Zeit Kaiser Maximilians I. verschönern die sehenswerte Altstadt mit dem weltbekannten Goldenen Dachl, mit Dom, Helblinghaus und der Hofburg. Zeit genug für einen Rundgang zu Fuß haben wir allemal, parken Sie das Bike einfach nahe der Innbrücke am Fluss und schlendern Sie ein wenig zu Fuß durch die Altstadt Richtung Stiftgasse.

Auch das Kühtai im Westen von Innsbruck ist ein echter Tiroler Geheimtipp, ja, sogar einer mit eigenem Pass. Der Genuss des Kühtaisattels auf 2020 Metern Höhe sowie des umliegenden Sellraintales liegt einmal mehr in den herrlichen Landschaften rechts und links des Lenkers, für deren Betrachtung wir auch während der Fahrt genügend Muße haben, zumal die Strecke fahrerisch nicht allzu anspruchsvoll ist. Die Scheitelhöhe des Sattels liegt nahe dem Ort Kühtai, hinab Richtung Ötztal überrascht uns sogar noch echtes Spitzkehren-Vergnügen. Falls Sie beim Weiler Ochsengarten rechts abbiegen, gibt es noch den Silzer Sattel mit 1685 Höhenmetern als Zugabe obendrauf.

TOUR-CHECK

Tourenlänge: 165 km

Reine Fahrzeit: 4 Stunden

Kehren: 31

Schwierigkeit: leicht

Hotel Basisort: Hotel Auderer, www.auderer.at

Weitere Hotelempfehlungen: TF Gasthof-Restaurant Panorama, Obsteig/Holzleiten, www.holzleiten.com; TF Hotel Handl, Schönberg/Stubai, www.hotel-handl.at

Einkehrtipp: Restaurant Stiftskeller, Stiftgasse 1, A-6020 Innsbruck, www.stiftskeller.eu

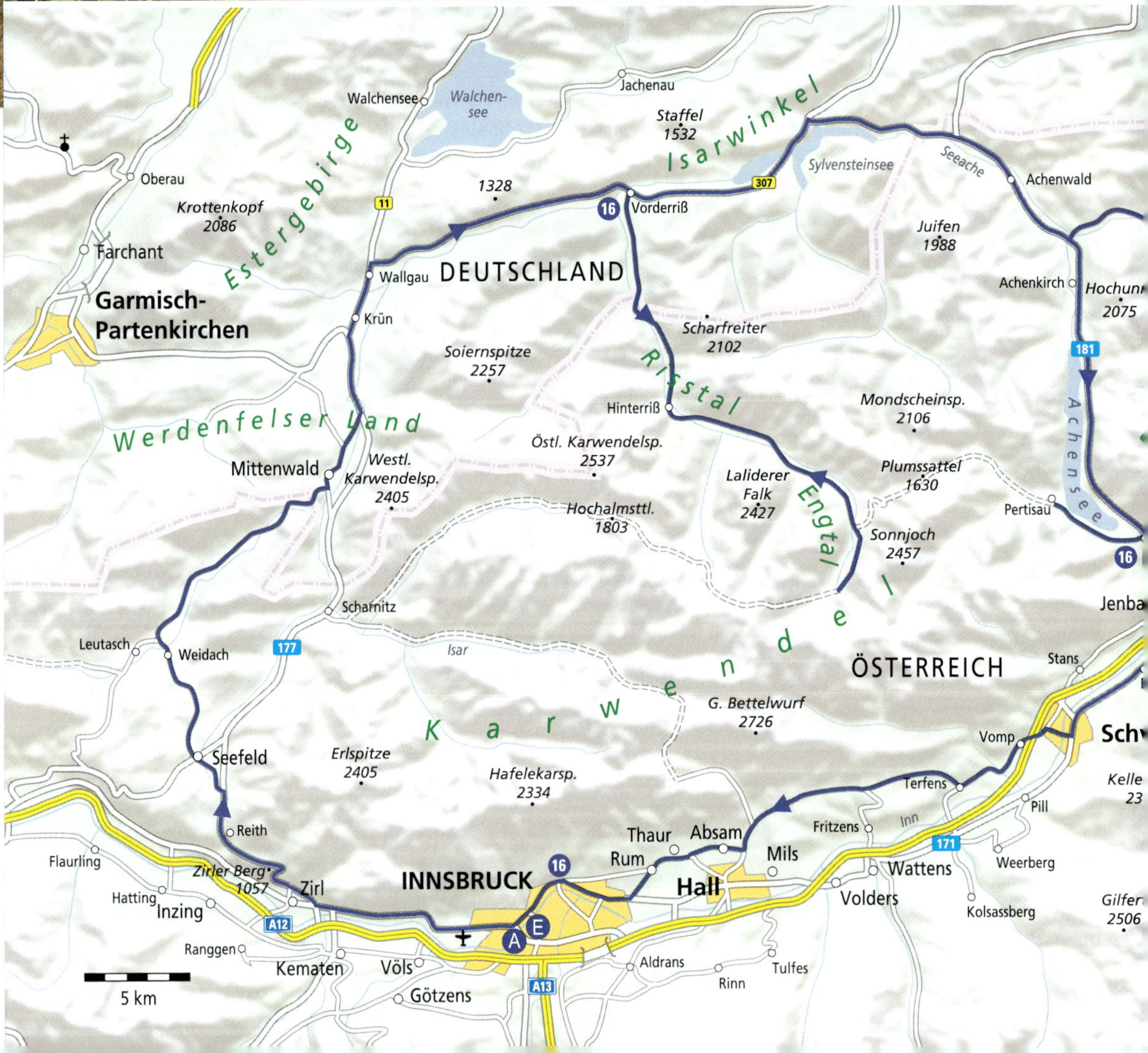
Walchensee
Walchen-
see
Jachenau
Staffel
1532
Isarwinkel
Estergebirge
Oberau
Krottenkopf
2086
1328
11
16
Vorderriß
307
Sylvensteinsee
Seeache
Achenwald
Juifen
1988
Farchant
Garmisch-
Partenkirchen
Wallgau
DEUTSCHLAND
Krün
Achenkirch
Hochunı
2075
Scharfreiter
2102
Soiernspitze
2257
181
Rißtal
Hinterriß
Mondscheinsp.
2106
Werdenfelser Land
Östl. Karwendelsp.
2537
Mittenwald
Westl.
Karwendelsp.
2405
Laliderer
Falk
2427
Plumssattel
1630
Achensee
Engtal
Hochalmsttl.
1803
Pertisau
Sonnjoch
2457
16
Scharnitz
Jenba
Leutasch
Weidach
177
Isar
Karwendel
ÖSTERREICH
Stans
G. Bettelwurf
2726
Vomp
Schv
Seefeld
Erlspitze
2405
Hafelekarsp.
2334
Terfens
Kelle
23
Pill
Reith
Thaur
Absam
Fritzens
Inn
Mils
171
Flaurling
Zirler Berg
1057
Rum
16
INNSBRUCK
Hall
Wattens
Weerberg
Hatting
Inzing
Zirl
Volders
Kolsassberg
Gilfer
2506
A12
E
A
Ranggen
Kematen
Völs
Aldrans
Tulfes
5 km
Götzens
A13
Rinn

AUSGANGSORT

INNSBRUCK

Die Hauptstadt Tirols im Herzen des Inntals begeistert vor allem durch ihre Mixtur aus Alt und Neu, aus Moderne und unzähligen historischen Bauten aus der Zeit Kaiser Maximilians I. Die sehenswerte Altstadt ist nicht nur weltberühmt für ihr »Goldenes Dachl«, einen spätgotischen Prunkerker und das Wahrzeichen Innsbrucks. Auch der mächtige Dom, das Helblinghaus und die Hofburg – die nahezu ganzjährig Schauplatz bekannter Events und Festwochen ist – lohnen einen Rundgang inklusive Besichtigung.

Ganz im Gegenteil dazu Innsbruck – eine der zahlreichen Perlen Tirols

.Wahrlich traumhaft: Auf dem Weg zum Großen Ahornboden im Engtal

DAS KARWENDELGEBIRGE INTENSIV

Diese Runde führt uns einmal um das prächtige Karwendelgebirge. Dazu schwingen wir vorbei an Bayerns geheimnisvollstem See hinein in eine der schönsten Sackgassen der Alpen. Und vom legendären Bikertreff am Sylvenstein geht es zum prächtigen Achensee am Rofan.

Der Zirler Berg ist unser erster Pass des noch jungen Tages. Hoffentlich haben Sie keinen Lkw vor sich, denn nur im unteren Bereich können »Schleicher« gefahrlos überholt werden. Vorbei am Gleitschirmparadies Seefeld geht es dann nach Mittenwald in Geigenbauers Heimat. Farbenprächtige Lüftlmalereien verzieren hier nahezu jedes Haus, jeder Erker, jeder Stein könnte seine eigene Geschichte erzählen. Natürlich auch die der historischen Lautenwerkstatt des Matthias Klotz, die 1686 den Grundstein legte für die weltberühmte Geigenbautradition Mittenwalds. Schauen Sie sich ein wenig um, gönnen Sie sich einen koffeinhaltigen Boxenstopp inmitten einer einzigartigen Umgebung. Das bleibt in Erinnerung.

Über Wallgau erreichen wir die waldreiche Mautstrecke nach Vorderriss und damit den Einstieg in das prächtige Engtal. Nur 25 Kilometer lang, dafür von Frühling bis weit in den Herbst hinein als echter fahrerischer Leckerbissen, präsentiert sich die Mautstrecke in herrlichen Rechts-links-Kombinationen bis hinauf zu 500 Jahre alten Ahornbäumen, die auf einem weiten Hochplateau, dem Großen Ahornboden, im Herbst eine einzigartige Farbenpracht entfalten. Garniert mit den 2600 Meter aufragenden Felswänden des Karwendel-Massivs ein atemberaubender Anblick. Und

TOUR-CHECK

Tourenlänge: 215 km

Reine Fahrzeit: 5 Stunden

Kehren: 6

Schwierigkeit: leicht

Hotel Basisort: Hotel Römerhof oberhalb der Stadt, A-6080 Innsbruck-Igls, www.roemerhof-igls.at

Weitere Hotelempfehlungen: TF Hotel Gruberhof Igls, Innsbruck, www.gruberhof-igls.com; TF Landhotel Wolf, Leutasch, www.landhotel-wolf.at

Einkehrtipp: Alpengasthof und Alpencafé Eng, Eng 1–2, A-6215 Hinterriss, www.eng.at

Der Achensee (oben) und Mittenwald (rechts) sind zwei der Höhepunkte unserer Reise.

ganz am Ende der Strecke erwartet uns mein Einkehrtipp dieser Tour.

Für den fjordartigen Sylvenstein-Speicher, wenige Kilometer weiter auf unserer Tour, musste im Jahr 1957 das alte Bauern- und Jägerdorf Fall von den Landkarten getilgt werden. Ein Dorf, in dem die Prominenz seit Jahrhunderten urlaubte, darunter Ludwig Ganghofer und Ludwig Thoma. Bei niedrigem Wasserpegel und günstigem Lichteinfall soll man das Dorf am Grunde des Sees noch erkennen können.

Der Achensee, der größte See Tirols, besitzt seit 1887 eine beliebte Seenschifffahrt, die uns gänzlich andere Ausblicke auf die angrenzenden Berggipfel schenken kann. Doch bevor wir entlang seines Ostufers gemütlich wieder hinab ins Inntal schwingen, empfehle ich Ihnen noch einen Abstecher der besonderen Art, den nach Steinberg am Rofan: Am nördlichen Ortsrand von Achenkirch windet sich die gut ausgebaute Straße bergan. Erst kurz vor Steinberg öffnet sich der Wald zu einem stillen Hochtal mit weit verstreuten Gehöften und herrlichen Pausenplätzchen inmitten der wohl nie hektisch brummenden Welt des Steinberger Plateaus. Ein Abstecher, der zu jeder Jahreszeit einen echten Genuss darstellt.

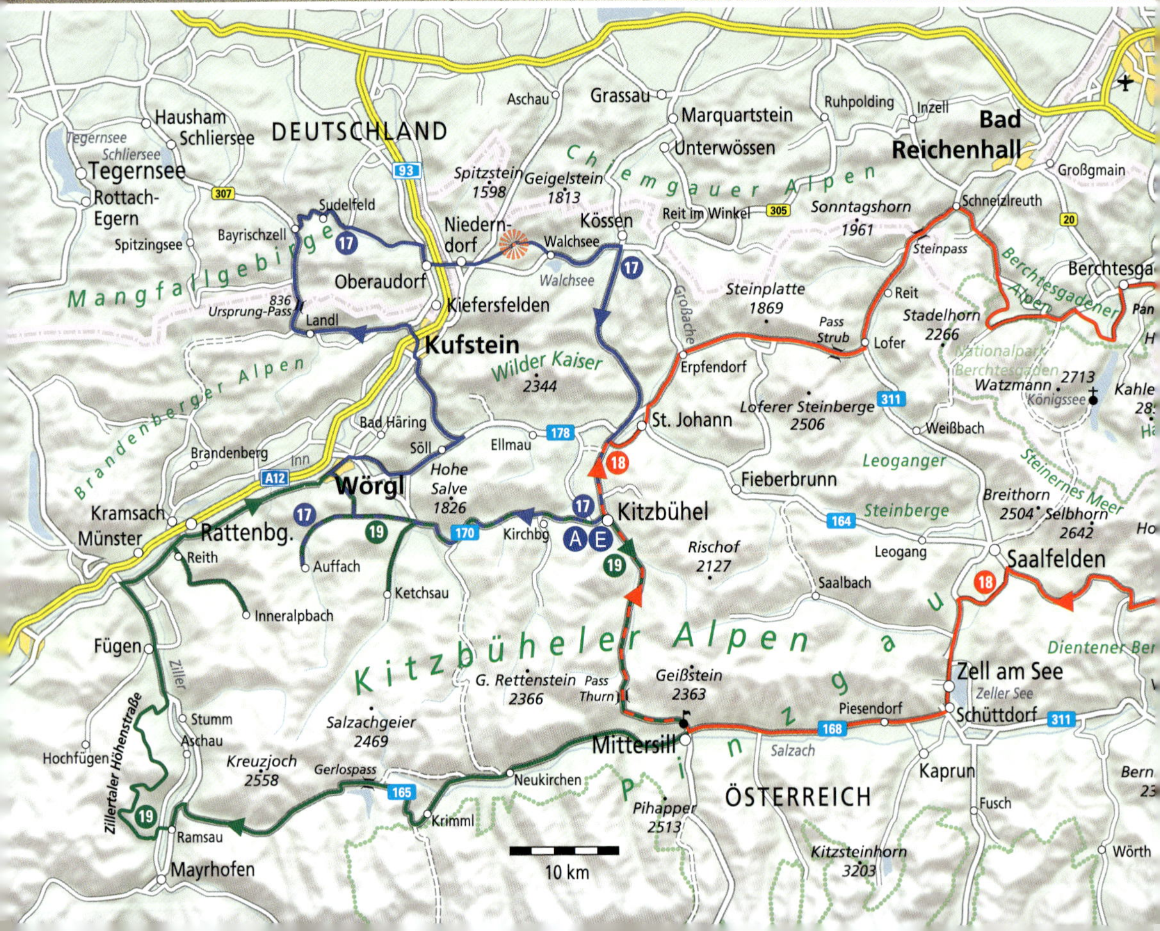
DEUTSCHLAND
ÖSTERREICH
Hausham
Schliersee
Tegernsee
Rottach-Egern
Spitzingsee
Bayrischzell
Sudelfeld
Mangfallgebirge
Ursprung-Pass
836
Landl
Oberaudorf
Kiefersfelden
Kufstein
Niederndorf
Walchsee
Kössen
Aschau
Grassau
Marquartstein
Unterwössen
Ruhpolding
Inzell
Bad Reichenhall
Großgmain
Schneizlreuth
Steinpass
Chiemgauer Alpen
Spitzstein 1598
Geigelstein 1813
Reit im Winkel
Sonntagshorn 1961
Berchtesgadener Alpen
Berchtesga
Reit
Stadelhorn 2266
Steinplatte 1869
Pass Strub
Lofer
Nationalpark Berchtesgaden
Watzmann 2713
Königssee
Kahle
Erpfendorf
Großache
Wilder Kaiser 2344
Brandenberger Alpen
Bad Häring
Söll
Hohe Salve 1826
Ellmau
St. Johann
Loferer Steinberge 2506
Weißbach
Brandenberg
Inn
Wörgl
Kramsach
Münster
Rattenbg.
Reith
Auffach
Ketchsau
Kirchbg
Kitzbühel
Fieberbrunn
Leoganger Steinberge
Leogang
Steinernes Meer
Breithorn 2504
Selbhorn 2642
Saalfelden
Rischof 2127
Saalbach
Inneralpbach
Fügen
Ziller
Kitzbüheler Alpen
G. Rettenstein 2366
Pass Thurn
Geißstein 2363
Pinzgau
Zell am See
Zeller See
Schüttdorf
Piesendorf
Dientener Ber
Stumm
Aschau
Hochfügen
Zillertaler Höhenstraße
Salzachgeier 2469
Kreuzjoch 2558
Gerlospass
Mittersill
Salzach
Kaprun
Neukirchen
Krimml
Ramsau
Mayrhofen
Pihapper 2513
Fusch
Kitzsteinhorn 3203
Wörth
10 km
93
307
305
20
311
178
A12
170
164
168
165
17
18
19
A
E

AUSGANGSORT

KITZBÜHEL

Kitzbühel, der vielleicht berühmteste Wintersportort Österreichs, liegt direkt am Fuß von Hahnenkamm und Kitzbüheler Horn. Abseits des Mopedsattels erwarten uns rund um »Kitz« über 120 Kilometer Mountainbike-Pisten, gut 500 Kilometer Wanderwege, drei Tennis- und vier namhafte Golfplätze sowie der Schwarzsee, der wärmste Moorsee Tirols. Im Sommer ist er ein äußerst beliebter Badesee ganz besonders auch für Warmduscher, da seine Wassertemperatur auf deutlich über 20 Grad ansteigen kann – Sonnenschein vorausgesetzt.

Kitzbühel und das Brixental sind eine Kombi, wie sie gelungener kaum sein kann.

Die sicherlich berühmteste Perle Tirols: Kufstein mit seiner imposanten Festung

ZÄHMUNG DES WILDEN KAISERS

Auf historischen Schleichwegen geht es ins Inntal und nach Kufstein: Wr erklimmen Bayerns berühmtesten Bikertreff und huschen fernab aller Hektik einmal um das Kaisergebirge, bevor wir den Tourentag in Kitzbühels Nachtleben ausklingen lassen. Kontrastprogramm vom Feinsten!

Westwärts Richtung Brixental verlassen wir unseren Tourenstandort Kitzbühel und erreichen über Hopfgarten und Wörgl das mächtige Inntal. Kufstein, die »Perle Tirols«, begrüßt uns mit seinem imposanten Wahrzeichen, der mächtigen Festung. Doch die historischen Gassen haben noch mehr zu bieten: Josef Georg Madersperger erfand hier die Nähmaschine, das Museum liefert dazu viele »Schnittmuster«, und in der Tiroler Glashütte können wir die Glasmacherkunst hautnah miterleben. In der Römerhofgasse steht das Denkmal für Karl Ganzer, den Komponisten des weltberühmten Kufstein-Liedes.

840 Höhenmeter zeigt das Navi danach am Ursprungpass auf der Grenze zu Bayern, einem der wohl unbekanntesten »Höhepunkte« der Alpen. Genießen Sie die Fahrt entlang herrlicher Almen, auf denen bayerische und Tiroler Rindviecher ein durchaus glückliches Leben führen. Bayrischzell und der markante Wendelstein tauchen bald schon am Horizont auf. Ebenso wie das Sudelfeld, eigentlich nur ein beliebtes Wintersport- und Wandergebiet. Doch für alle Motorradfahrer ist es der Inbegriff des Bikertreffs. Der liegt übrigens direkt am Café Kotz in einer prächtigen Applauskurve. Ein Boxenstopp ist hier Pflicht, ebenso wie der anschließende Abstecher zur Speck- und Waller Alm am ausgeschilderten Oberen Sudelfeld. Doch Vorsicht: Der Einkehrschwung auf den Almen kann

Tourenpläne atomisieren, so herrlich erholsam ist es dort oben.

Bei Oberaudorf erreichen wir wieder Tiroler Terrain, bevor wir dem Walchsee nochmals einen Besuch abstatten, bitte bei Sebi kurzerhand links hinauf nach Rettenschöss abbiegen. Ein idyllisches Hochtal mit grandiosen Ausblicken erwartet uns, zum Beispiel auf das Kaisergebirge. Diese markante Gebirgsgruppe der Nördlichen Kalkalpen besteht aus zwei separaten Gebirgsketten, dem Wilden Kaiser und dem Zahmen Kaiser, beide Gebirgsteile sind durch das Stripsenjoch miteinander verbunden. Insgesamt erstreckt sich das Kaisergebirge auf einer Gesamtfläche von etwa 280 Quadratkilometern und bietet mit seinen moderaten Höhen von maximal 2350 Metern ideale Wanderbedingungen.

In Kössen schließt Tour Nr. 4 nahtlos an, wir wenden uns nochmals nach Sankt Johann in Tirol, einem der beliebtesten Ferienorte Tirols. Der Ortskern liegt auf gut 700 Metern Höhe, das gesamte Gemeindegebiet ist touristisch perfekt erschlossen und bietet alle Annehmlichkeiten, die sich der Reisende wünscht. Das alles garniert mit dem Panoramablick auf das Kaisergebirge. Das hat nicht einmal Kitzbühel zu bieten. Aber dennoch lässt es sich natürlich auch in »Kitz« gut leben.

TOUR-CHECK

Tourenlänge: 180 km

Reine Fahrzeit: 4–5 Stunden

Kehren: 20

Schwierigkeit: leicht

Hotel Basisort: Pension Johanna, www.haus-johanna-kitzbuehel.at

Weitere Hotelempfehlung: TF Gasthaus Beim Dresch, Erl/Oberaudorf, www.dresch.at

Einkehrtipp: Speck-Alm, Oberes Sudelfeld 2, D-83735 Bayrischzell, www.speck-alm.de und/oder Waller Alm, Oberes Sudelfeld 1, D-83735 Bayrischzell, www.walleralm.de

Zillertal einmal anders: Am Osthang des Tals geht es panoramareich gen Norden.

Sozia Kirstens Touren-Vorschau: Früh am Morgen hoch oben am Rossfeld

ZU GAST BEIM HOCHKÖNIG

Mit gut 270 Kilometern ist diese Runde etwas für einen langen sonnigen Sommertag. Sie bietet viele Möglichkeiten für eine schnelle Kurvenhatz, ebenso wie herrliche Rechts-links-Kombinationen zum Beispiel hinauf auf Deutschlands höchste Panoramastraße – die Rossfeld Panoramastraße. Da schunkelt unser Gleichgewichtssinn noch spätabends nach.

Sankt Johann in Tirol kennen wir nun schon aus den vorangegangenen Touren, nicht nur angesichts der heutigen Tourenlänge durchqueren wir den Ort recht zügig und biegen in Erpfendorf rechts ab zum Pass Strub. Vorsicht: Mit 704 Metern sind er und sein Passschild für das obligatorische »Ich-war-hier-Selfie« leicht zu »überfahren«. Via Lofer erreichen wir mit dem Steinpass sodann die Grenze zu Deutschland. Wer vorher noch ein landschaftliches »Schmankerl« mitnehmen möchte, sollte bei Unken in das linker Hand ausgeschilderte Heutal abzweigen – eine Sackgasse der erlebenswerten Art, endend in einem weiten Hochtal mit einigen Einkehrmöglichkeiten. Diese könnten allerdings unsere Tourenpläne »atomisieren«. Behalten Sie bitte die Uhrzeit im Blick.

Auch Berchtesgaden und der Königssee gehören zum Pflichtprogramm dieser Tour, die Anfahrt empfehle ich mit einem Abstecher über Hintersee, seinem Malerwinkel sowie Ramsau zu kombinieren. Sie werden Augen machen! Und dann legen Sie unbedingt im historischen Ortskern von Berchtesgaden einen Boxenstopp ein, zum Beispiel bei Tortenmacher Grassl in der Maximilianstraße. Zum zweiten Frühstück zum Beispiel. Nach einem Blick auf den sagenumwobenen Königssee heißt unser nächstes Ziel: Rossfeld Panoramastraße – hierzu bitte auch Tour Nr. 5 beachten, eine perfekte Ergänzung. Die Ostrampe von Deutschlands höchster Panoramastraße entlässt uns dann Richtung Salzburger Land und dem historischen Städtchen Hallein, dessen mittägliche

Boxenstopp-Empfehlung ich hier aus Überzeugung sehr gerne wiederhole.

Das Salzachtal im Süden Halleins ist eines der schönsten Alpentäler, seine historisch gewachsenen Orte sind allesamt sehenswert. Und während Bischofshofen vor allem ein wichtiger Knotenpunkt für den Durchgangsverkehr Richtung Süden darstellt, kehrt unmittelbar, nachdem wir den Blinker rechts Richtung Saalfelden gesetzt haben, atemberaubende Stille ein. Mit einem herzhaften Schluck aus dem Drehmomentreservoir unseres Bikes erklimmen wir den Dientner Sattel (1360 Meter) sowie gleich darauf den Filzensattel (1291 Meter). Falls der Tag noch ein paar Sonnenstunden bereithält, empfehle ich Ihnen, sich unbedingt noch die ausgeschilderte Sackgasse hinauf zum Arthurhaus zu gönnen, einem Berggasthof und Bikertreff in einzigartiger Lage.

Retour im Salzachtal geht es über Mittersill am Nordrand der Hohen Tauern Richtung Pass Thurn, unserer letzten Alpenquerung für heute. Er zählt mit 1273 Metern nicht zu den spektakulärsten oder fahrerisch schwierigsten Pässen, dennoch lohnt die Fahrt. Seine Passhöhe dominiert eine herrlich gelegene historische Herberge, deren »Tafern- und Schankrechte« immerhin bis auf das 13. Jahrhundert zurückreichen.

TOUR-CHECK

Tourenlänge: 275 km

Reine Fahrzeit: 5–6 Stunden

Kehren: 23

Schwierigkeit: mittelschwer

Hotel Basisort: Pension Johanna, www.haus-johanna-kitzbuehel.at

Weitere Hotelempfehlungen: TF Ski- & Motorradhotel Eva-Marie, Lofer, www.eva-marie.at; TF Alpengasthof Götschenalm, Bischofswiesen, www.goetschenalm.com

Einkehrtipp: Gasthof Hohlwegwirt, Salzburgerstraße 84, A-5400 Hallein-Taxein, www.hohlwegwirt.at

Pflichttermin: Genießen Sie den Königssee entweder spätnachmittags oder frühmorgens.

Noch sind die Strecken anfängertauglich: unterwegs im Brixental

ES WIRD ANSPRUCHSVOLLER

Mit Salzach-, Ziller- und Inntal kombinieren wir auf dieser Runde drei der bekanntesten Täler im Herzen Tirols. Und einige der schönsten Pass- und Panoramastrecken, wie zum Beispiel die Zillertaler Höhenstraße inklusive grandiosen Ausblicken auf die Hohen Tauern, die sich übrigens mit dieser Runde perfekt kombinieren lassen.

Den Pass Thurn vom Vortag gönnen wir uns heute in umgekehrter Richtung, genießen Sie dabei auch den Blick auf das Tal der Salzach zu Füßen der imposanten Großvenediger-Gruppe. Entlang der Strecke liegen einige schöne Pausenplätze für gefahrlose Rundumblicke. Über alldem wacht Schloss Mittersill auf strategisch wertvollem Hügel. Seit dem Jahr 1888 zwar im Privatbesitz werden aber Führungen unter anderem durch ein reichhaltig ausgestattetes Heimatmuseum mit altem Pinzgauer Brauchtum und Handwerkskunst angeboten.

Richtung Gerlospass erlauben wir uns einen langen Blick auf die imposanten Krimmler Wasserfälle. Bereits 1796 wurden sie als das »größte und prächtigste Naturschauspiel im Land Salzburg« bezeichnet, 1845 betitelte ein Reiseführer sie gar als »den schönsten Wasserfall der Monarchie«. Nüchternes Faktum ist, dass sie mit 400 Metern Fallhöhe die höchsten Wasserfälle Europas sind. Ihr Wasser stammt von immerhin 23 Gletschern. Die vor uns liegende Gerlos Alpenstraße zählt zu den Panoramastraßen der Alpen, die sowohl landschaftlich als auch fahrerisch einen enormen Gegenwert zu bieten haben. Wer sie hinlänglich kennt oder aber die Maut sparen möchte, dem empfehle ich das Buckelpisten-Abenteuer über die alte Gerlosstraße. Im Örtchen Wald zweigt diese rechts ab und

Alpenherbst im Pinzgau: Blick zurück auf das malerische Salzachtal

vereinigt sich mit der Gerlos-Passstraße wieder im mautfreien Abschnitt oben auf der weitläufigen Gerlosplatte. Die jetzt wieder tadellose Piste führt uns sodann weiter Richtung Zillertal, einem der wichtigsten touristischen Ziele Tirols.

TOUR-CHECK

Tourenlänge: 250 km

Reine Fahrzeit: 5 Stunden

Kehren: 58

Schwierigkeit: anspruchsvoll

Hotel Basisort: Pension Johanna, www.haus-johanna-kitzbuehel.at

Weitere Hotelempfehlungen: TF Hotel Sonnleiten, Bruck am Ziller, www.motorradhotel-zillertal.at; TF Landhaus Rohregger, Neukirchen, www.landhaus-rohregger.at; TF Hotel Zum Pinzger, Stumm/Zillertal, www.pinzger.at

Einkehrtipp: Gasthof Bräu, Dorfplatz 1, A-6280 Zell am Ziller, www.hotel-braeu.at

Dessen eigentliches Motorrad-Highlight ist die vergleichsweise winzig ausgeschilderte Zillertaler Höhenstraße. Die mautpflichtige, atemberaubend enge Piste mit herausfordernden Spitzkehren ist beliebt bei Motorradfahrern wie Mountainbikern, Gleitschirmfliegern, Wanderern und Ausflugstouristen. Ja, sie zählt meiner Meinung nach zweifelsohne zu den schönsten Höhenstraßen Österreichs, gleichwohl sich dies noch nicht vollumfänglich herumgesprochen hat. Bei Ramsau im Zillertal beginnt aus unserer Richtung kommend der Kurven- und Kehrentanz. Viel Spaß, und lassen Sie sich genügend Zeit! Die atemberaubenden Ausblicke auf die Zillertaler Alpen, garniert mit zahlreichen Almwirtschaften, sind jeden Cent der Maut wert.

Fahrerisch geruhsam geht es abschließend über Wörgl und das Brixental retour nach Kitzbühel. Wenn Sie mögen, werfen Sie noch einen Blick hinein in die Wildschönau – eine Landschaft wie eine Filmkulisse. Kein Wunder, dass dieses Hochtal immer wieder die Kulisse für unzählige Heimatfilme stellt.

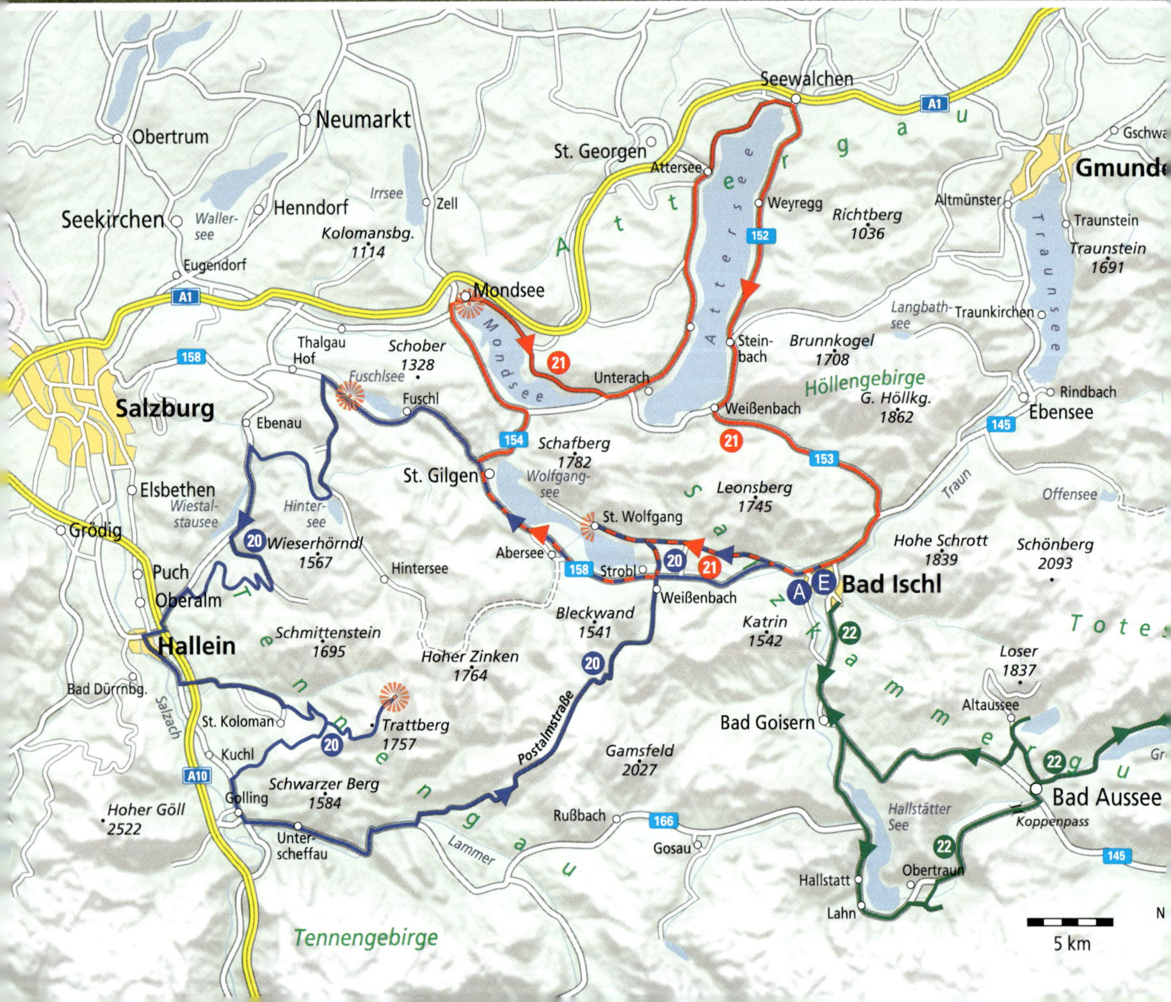

Seewalchen
A1
Obertrum
Neumarkt
St. Georgen
Attersee
Gschwa
Gmunde
Seekirchen
Waller-see
Henndorf
Irrsee
Zell
Weyregg
Richtberg
1036
Altmünster
Traunstein
Traunstein
1691
Kolomansbg.
1114
Eugendorf
Mondsee
Attersee
152
Traunsee
Thalgau
Hof
Schober
1328
Fuschlsee
Fuschl
158
Salzburg
Ebenau
Unterach
Stein-bach
Brunnkogel
1708
Langbath-see
Traunkirchen
Höllengebirge
G. Höllkg.
1862
Weißenbach
Rindbach
Ebensee
145
154
Schafberg
1782
St. Gilgen
Wolfgang-see
Leonsberg
1745
153
Traun
Offensee
Elsbethen
Wiestal-stausee
Hinter-see
St. Wolfgang
Grödig
Wieserhörndl
1567
Abersee
Hohe Schrott
1839
Schönberg
2093
Puch
Hintersee
Strobl
Bad Ischl
Oberalm
Weißenbach
Bleckwand
1541
Katrin
1542
Hallein
Schmittenstein
1695
Loser
1837
Hoher Zinken
1764
Tennengau
Bad Dürrnbg.
Salzach
Postalmstraße
St. Koloman
Trattberg
1757
Bad Goisern
Altaussee
Kuchl
Gamsfeld
2027
A10
Schwarzer Berg
1584
Golling
Bad Aussee
Hoher Göll
2522
Rußbach
166
Hallstätter See
Koppenpass
Unter-scheffau
Lammer
Gosau
145
Hallstatt
Obertraun
Lahn
Tennengebirge
5 km
20
21
22
A
E

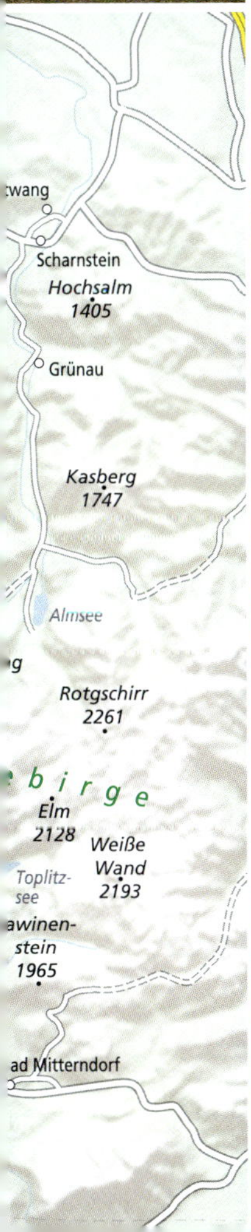

AUSGANGSORT

BAD ISCHL

Bad Ischl zählt zu den bekanntesten Kurorten Österreichs. Bereits die Römer unterhielten nahe Bad Ischl eine wichtige Zollstation, ab dem Jahr 1000 n. Chr. brachte das Salz, das »Weiße Gold«, den Wohlstand in die Region. Seine Blütezeit als Kurort begann erst Anfang des 19. Jahrhunderts, als die gesunde Wirkung von Solebädern allseits anerkannt wurde. Zu den Gästen zählten unter anderem Kaiser Franz Joseph I. und Kaiserin Sisi. Unzählige historische Bauten atmen noch immer den Hauch der Belle Époque.

Herrschaftlich: Der Kurpark von Bad Ischl begeisterte schon Könige und Kaiser.

Auch ohne Briefkasten ein Heidenspaß: die Postalm südlich von Hallein

VON ALM ZU ALM

Malerische Seen, weite Landschaften und zweimal eine richtige Bergstrecke – diese Rundreise ist so abwechslungsreich wie das gesamte Salzburger Land drum herum. Und den berühmtesten Bikertreff der Region besuchen wir natürlich auch – oben auf der Postalm geht »die Post ab«.

Gleich unser erster Boxenstopp am Morgen bedient die Gelüste nach einer satten Portion Schickimicki oder gar Promi-Watching – »wo das?«, werden Sie nun vielleicht erstaunt fragen – nahezu ganzjährig. Und ist dabei auch noch eine echte Schau: das rund 150 Kilometer von Bad Ischl entfernte Sankt Wolfgang am herrlichen Wolfgangsee.

Der Heilige Wolfgang suchte hier um 976 im Kloster Mondsee Zuflucht und gab dem bis dahin wohl namenlosen See seinen Namen. Ein ganz schön eitler Fratz, wie ich finde. Nur wenige Kurven, dafür eine gut ausgebaute Strecke trägt uns weiter nach Fuschl am gleichnamigen See. Den schönsten Blick auf diesen schüchtern hinter Baumreihen dösenden Weiher hat man übrigens von der Seeterrasse des traumhaft gelegenen Fünf-Sterne-Hotels »Schloss Fuschl« aus. Zugegeben, hier kostet der Eisbecher-Einkehrschwung ein paar Euro mehr, dafür bekommen Sie aber auch eine satte Portion einmaliges Ambiente.

Über Faistenau und den Hintersee erreichen wir dann die alte Salzhandelsstadt Hallein und ihre schon

TOUR-CHECK

Tourenlänge: 190 km

Reine Fahrzeit: 4–5 Stunden

Kehren: 40

Schwierigkeit: mittelschwer

Hotel Basisort: Landhotel Hubertushof, www.hubertushof.co.at

Weitere Hotelempfehlungen: TF Hotel Kerschbaumer & Gasthof zur Weinstube, Rußbach, www.kerschbaumer.at; TF Alpenhof Annaberg, Annaberg/Dachstein, www.alpenhof-annaberg.at

Einkehrtipp: Gasthof Hohlwegwirt, Salzburgerstraße 84, A-5400 Hallein-Taxach, www.hohlwegwirt.at

erwähnte Poststation im Besitz von Ernst Kronreif jun., dem Sohn des Mitbegründers von KTM. Mein hier schon ein paarmal geäußerter Tipp: Unbedingt den Blinker setzen zu einem Einkehrschwung. Sei es zu einem zweiten Frühstück oder einer ausgiebigen Stärkung am Mittag, es lohnt sich. Auch mehrmals pro Jahr, denn Ernst hat immer wieder etwas neues Kulinarisches auf Lager.

Die Trattberg Panoramastraße östlich von Sankt Koloman lohnt dann wieder aus fahrerischer Sicht. Sie führt uns auf gut 1600 Höhenmeter, kostet ein paar Euro Bikermaut und schenkt uns Gegenwert in Form einer alpinen Sackgasse, die uns mit zahlreichen Kehren und äußerst prächtigen Ausblicken auf den unter uns liegenden Tennengau verwöhnt.

Noch einmal einige Euro Maut müssen wir auf dem Heimweg nach Bad Ischl bezahlen. Denn diesen habe ich ganz bewusst über die Postalm führen lassen. Gute 40 Quadratkilometer misst Österreichs größtes Almengebiet und ist mit einer mittleren Höhe von über 1300 Metern zudem Europas zweithöchstes Plateau. Sowohl vom Lammertal im Süden als auch von Strobl am Wolfgangsee im Norden führt die Mautstraße auf

Geheimtipp im Salzburger Land: Die Trattberg Panoramastraße kennen fast nur Wanderer.

die Alm. Im Winter als Skigebiet genutzt, gehört das Almenland vom Frühling bis weit in den Herbst aber vor allem auch uns Bikern. Und wir treffen uns dann zum Beispiel an der Almwirtschaft »Lienbachhof« zu Benzingesprächen, Tourentipps und vielem mehr.

Unterwegs auf Güterwegen im Abseits rund um Faistenau

Geheimnisvoll und wohl immer noch zu haben: der idyllische Mondsee nahe Salzburg

GRUSS AUS DEM SALZKAMMERGUT

Diese Reise beginnt mit einer Querung des Höllengebirges, doch keine Angst: Es besteht meistens keinerlei Gefahr. Am Wolfgangsee weitet sich bereits der Blick, und via Mondsee geht es durch das prächtige Herz des Salzkammerguts retour nach Bad Ischl. Eine perfekte Halbtagestour mit viel Sightseeing und herrlichen Bademöglichkeiten.

Der Teufel persönlich soll eines Tages in alten Zeiten eine bösartige Pfarrersköchin aus Steinbach am Attersee geholt haben. Ja, hinter vorgehaltener Hand heißt es, der Pfarrer persönlich hätte den Teufel gerufen, weil er Angst um sein Leben hatte. Da dem Teufel die böse und zudem noch sehr beleibte Köchin aber wie ein Mühlstein auf dem Buckel hing, als er retour in die Hölle eilte, ist er beim Überqueren eines Gebirgszuges nicht hoch genug gesprungen, sondern landete mitsamt schreiender Köchin unter lautem Getöse mitten in den Felsen. Dabei schlug die Teufel-Köchin-Kombi ein derart großes Loch in den Fels, dass beide gleich von hier aus schnurstracks hinunter in die Hölle rutschen konnten. Seit jenen denkwürdigen Tagen heißt das höhlenreiche Kalksandsteinmassiv nördlich von Bad Ischl das »Höllengebirge«.

Wir bleiben bei der Querung des Gebirgsstocks tunlichst oberirdisch und wedeln gemütlich über Graben direkt nach Sankt Wolfgang am gleichnamigen See. Schlendern Sie doch eine Runde entlang der prächtig herausgeputzten Seepromenade, bevor Sie kehrtmachen. Denn das Nordostufer des Sees ist verkehrsfreie Zone. Wir gönnen uns das Südwestufer und genießen die postkartengleichen Ausblicke Richtung Sankt Gilgen. Oder vielleicht eine Bootsfahrt mit der Wolfgangsee-Schifffahrt? Diese sorgt für gänzlich andere Perspektiven.

Ohne Zweifel von Motorradfahrern modelliert: Blick auf den Attersee

Der dann vor uns auftauchende Mondsee ist das etwas unscheinbare »Geschwisterlein« des Wolfgangsees. Der sich im See spiegelnde Mond soll der Sage nach den Bayernherzog Odilo davor bewahrt haben, mitsamt Pferd und Rüstung in den See abzustürzen und elendig zu ersaufen. Kurzerhand – und nicht besonders einfallsreich – nannte Odilo das Gewässer »Mondsee«. Noch so ein eingebildeter Gesell!

Heutzutage gehört es der Gutshofbäuerin vom nahe liegenden Höribachhof und steht angabegemäß immer noch zum Verkauf. Die Verhandlungsbasis soll bei 16 Millionen Euro liegen – falls Sie also immer schon einmal einen See im Salzkammergut besitzen wollten, fragen Sie einfach auf dem Höribachhof nach. Gestärkt und ausgeruht geht es wieder Richtung Höllengebirge, doch zuvor genießen wir den Blick auf den herrlichen Attersee. Das größte Binnengewässer Österreichs ist bis zu 170 Meter tief und ein beliebtes Segel- und Tauchrevier, dessen geheimnisvolle Untiefen im August 1978 sieben Menschen für immer verschluckten. Ja, selbst die größte Bergungsaktion Österreichs mit über 80 Tauchern konnte das mysteriöse Verschwinden der sieben Menschen bis heute nicht aufklären. Die Uferstraße am See entlang zählt dennoch zu den schönsten Österreichs. Schalten wir einen Gang zurück und pendeln in aller Ruhe über Nussdorf und Seewalchen einmal um den See. Die Heimfahrt über den Weißenbacher Sattel ist auch nach Anbruch der Dunkelheit problemlos – der Teufel meidet das Höllengebirge seit vielen Jahren schon.

TOUR-CHECK

Tourenlänge: 140 km

Reine Fahrzeit: 3–4 Stunden

Kehren: 1

Schwierigkeit: leicht

Hotel Basisort: Landhotel Hubertushof, www.hubertushof.co.at

Einkehrtipp: Gasthof Drachenwand, Sankt Lorenz 46, A-5310 Mondsee, www.drachenwand.at

Für Fotokalender: die beste Sozia und das wohl beste Moped am Grundlsee-Südufer

TIEF IM TOTEN GEBIRGE

Klingt martialisch, ist es aber nicht: Diese Runde führt uns tief in das Herz des »Toten Gebirges« zu weltberühmten Orten, unergründlichen Seen und einem der letzten Geheimnisse vergangener Weltkriege. Das ist auch abseits des Sattels hoch spannend.

Diese Tour ist – zugegeben – ein Geschenk auch an alle Langschläfer unter uns Bikern. Von denen muss es überraschend viele geben, wie die Verkaufszahlen meines Langschläfer-Tourenbuchs beweisen. 130 Kilometer Länge rechtfertigen das Ausschlafen sowie ein ausgiebiges Frühstück, aber dann lassen Sie uns aufbrechen.

Bereits Bad Goisern, wenige Kilometer südlich unseres Ausgangspunktes Bad Ischl, lockt uns wieder aus dem Sattel und lädt zu einem Rundgang ein. Erstmals erwähnt im 14. Jahrhundert, ist der Ort seit 1931 ein anerkanntes Heilbad, 1952 folgte die Erhebung zum Markt. Doch Bad Goisern ist nicht nur die Heimat berühmter Alpenrocker, sondern auch des »Goiserers«, eines nur auf Bestellung handgefertigten Bergschuhs mit äußerst prominenter Fanliste, wie Kaiser Franz Joseph und Kaiserin Sisi. Eine weltberühmte Schuhmode frei nach dem Motto »Was ist schon der Mode letzter Schrei gegen das Echo von Ewigkeit?« Ob die auch schon einmal Mopedstiefel angefertigt haben?

Wie Schwalbennester kleben wenig später die Häuser von Hallstatt an den Steilhängen des fjordartigen Taleinschnitts, nur zu Fuß und mit ordentlich Kondition sind viele von ihnen zu erreichen. Im historischen Zentrum des UNESCO-Welterbes – übrigens nur wochentags morgens bis 10 Uhr uneingeschränkt befahrbar – wird die Geschichte Hallstatts wieder lebendig, der Marktplatz gleicht einem Freilichtmuseum mit freiem Eintritt. Im Beinhaus ist die weltgrößte Schädelsammlung zu bestaunen, in den Salzwelten werden die Tage des »Weißen Goldes« erzählt. Und der Anblick des vielleicht schönsten Seeortes der Welt bei einer Fahrt mit dem Fährschiff bleibt für immer in Erinnerung. Probieren Sie es aus!

Über den unscheinbaren Koppenpass erreichen wir pünktlich zur Mittagszeit dann Bad Aussee, den geografischen Mittelpunkt Österreichs. Der Mittelpunktstein steht im Stadtkurpark, der Ort selbst verdankt seine Entstehung dem Salzbergwerk bei Altaussee und den damit verbundenen Salinen. Sehenswert sind der Obere Markt mit seinen historischen Bauten sowie der einladende Kurpark mit seinem berühmten Fischbrunnen und Erzherzog-Johann-Denkmal. 2010 war Bad Aussee übrigens Alpenstadt des Jahres, eine ganz besondere Auszeichnung.

Malerisch am Südende des Toten Gebirges gelegen, besitzt der Grundlsee immerhin Trinkwasserqualität, seine Wassertemperatur schwankt im Sommer zwischen 19 und 25 Grad und kann selbst Warmduscher zum Planschen überreden. Schatzsucher hingegen zieht es zum Toplitzsee am Südzipfel des

TOUR-CHECK

Tourenlänge: 130 km

Reine Fahrzeit: 3 Stunden

Kehren: 3

Schwierigkeit: leicht

Hotel Basisort: Landhotel Hubertushof, www.hubertushof.co.at

Weitere Hotelempfehlung: TF Almhotel & Genussgasthof Hierzegger, Bad Mitterndorf, www.hierzegger.at

Einkehrtipp: Restaurant Erzherzog Johann, Kurhausplatz 62, A-8990 Bad Aussee, www.erzherzogjohann.at

Grundlsees. Nur zu Fuß erreichbar, versteckt in dunklem Tann, ruht der legendäre Weiher, in dessen Tiefen man bis heute große Teile der Goldreserven des Dritten Reiches vermutet. 50 Kisten Gold und Feingold, fünf Kisten mit Brillanten, Beutegut aus Ungarn, den Tatarenschatz sowie 20 Kisten Goldmünzen aus aller Welt vermutet man im See. Die Suche danach wird allerdings strengstens reglementiert.

Fernab aller Hektik und Betriebsamkeit: der Ort Grundlsee im Salzburger Land

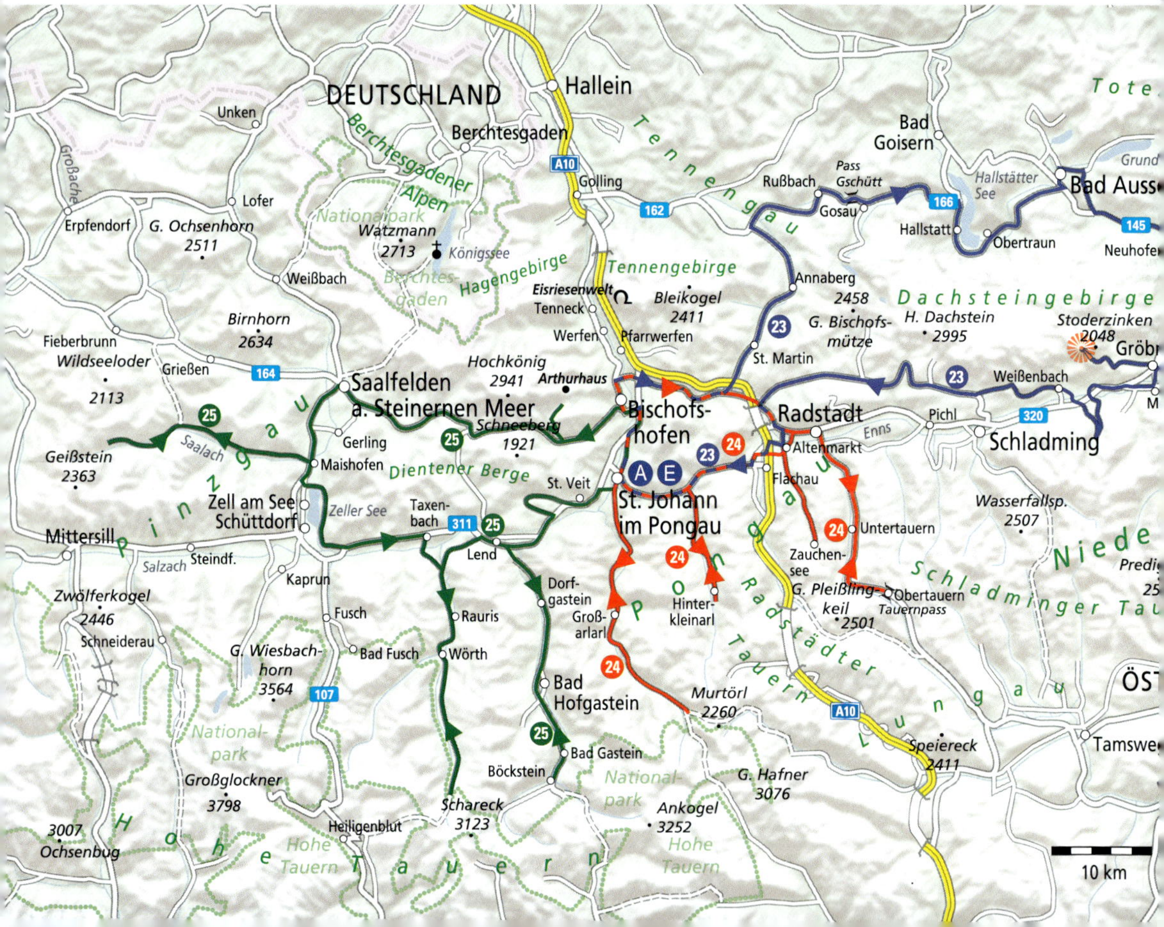
DEUTSCHLAND
Hallein
Berchtesgaden
Berchtesgadener Alpen
Nationalpark
Watzmann 2713
Königssee
Unken
Lofer
Großache
Erpfendorf
G. Ochsenhorn 2511
Weißbach
Berchtesgaden
Hagengebirge
Tennengau
Tennengebirge
Golling
Eisriesenwelt
Tenneck
Werfen
Pfarrwerfen
Bleikogel 2411
Rußbach
Pass Gschütt
Gosau
Bad Goisern
Hallstätter See
Hallstatt
Obertraun
Bad Auss
Grund
Tote
Neuhofe
Annaberg 2458
G. Bischofsmütze
H. Dachstein 2995
Dachsteingebirge
Stoderzinken 2048
Gröbr
St. Martin
Weißenbach
Fieberbrunn
Wildseeloder 2113
Grießen
Birnhorn 2634
Saalfelden a. Steinernen Meer
Hochkönig 2941
Arthurhaus
Schneeberg 1921
Bischofshofen
Radstadt
Pichl
Schladming
Enns
Altenmarkt
Saalach
Gerling
Maishofen
Dientener Berge
Geißstein 2363
Pinzgau
Zell am See
Schüttdorf
Zeller See
Taxenbach
St. Veit
St. Johann im Pongau
Flachau
Untertauern
Wasserfallsp. 2507
Mittersill
Salzach
Steindf.
Kaprun
Lend
Dorfgastein
Großarl
Hinterkleinarl
Zauchensee
G. Pleißlingkeil 2501
Obertauern
Tauernpass
Schladminger Tau
Niede
Predi
Zwölferkogel 2446
Schneiderau
Fusch
Rauris
Wörth
Bad Fusch
G. Wiesbachhorn 3564
Pongau
Radstädter Tauern
Lungau
Bad Hofgastein
Murtörl 2260
ÖST
Tamswe
Speiereck 2411
Nationalpark
Großglockner 3798
Böckstein
Bad Gastein
G. Hafner 3076
Ankogel 3252
Scharek 3123
Heiligenblut
Hohe Tauern
3007 Ochsenbug
10 km
A10
162
166
145
164
311
320
107
23
24
25
A
E

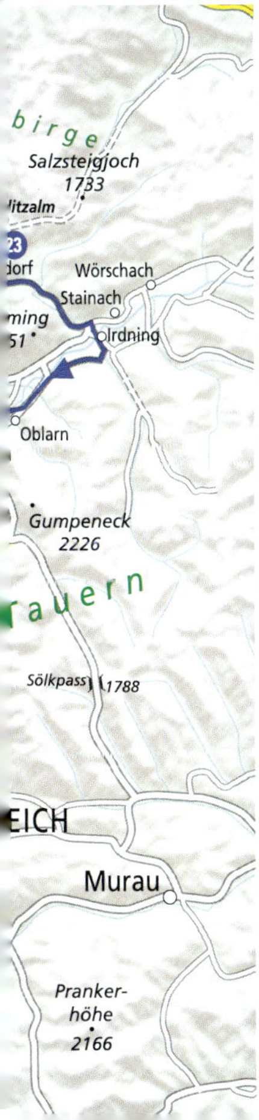

AUSGANGSORT

ST. JOHANN IM PONGAU

Nur rund 60 Kilometer südlich von Salzburg im breiten Tal der Salzach gelegen, gehen die Siedlungsspuren von Sankt Johann immerhin bis auf die Bronzezeit zurück. Der Ortsteil Alpendorf ist als wahres Ferienparadies beliebt und Ausgangspunkt unzähliger Exkursionen in die umliegende Bergwelt, wie zum Beispiel in die sagenumwobene »Liechtensteinklamm«, die bereits 1876 erschlossen wurde. Und nach einem langen Tourentag lädt uns die Gastronomie von Sankt Johann zu lukullischen Genüssen ein.

Nur einen Katzensprung von St. Johann – und doch eine andere Welt: Hallstatt in Tirol

UNESCO-Welterbe und Tourismusmagnet …

ZURÜCK ZUM THEMA

Gehörten unsere vorangegangenen Touren rund um Bad Ischl eher der Kategorie »gemütliches Sightseeing« an, so ändert sich das Profil nun deutlich. Und nachhaltig, denn wir wenden uns wieder der Kernregion der Alpen zu.

Zwei Panorama-Mautstraßen, ein UNESCO-Welterbe sowie ein geheimnisvoller Schatz würzen die folgende Runde, zu der wir möglichst früh am Morgen aufbrechen. Denn mit 285 Kilometern ist sie recht lang. Über Bischofshofen geht es nach Norden, sodann über Sankt Martin am Ostrand des Tennengebirges nach Abtenau. Jene kleine, aber recht schroffe Gebirgsgruppe der Nördlichen Kalkalpen ist ein höhlenreiches, gut 60 Quadratkilometer großes Plateaugebirge und steht seit 1982 unter Naturschutz. Die bekannteste seiner zahlreichen Höhlen ist die »Eisriesenwelt« bei Werfen mit einer Länge von sage und schreibe 42 Kilometern.

Wir queren nun den Pass Gschütt, der mit seinen knapp 1000 Metern Höhe sehr leicht zu übersehen ist. Nicht so der weltberühmte Hallstätter See südlich von Bad Goisern, dem wir ja auf der vorhergehenden Tour bereits einen intensiven Besuch abgestattet hatten. Falls sich am Ortsrand nur wenige Reisebusse stapeln, empfehle ich einen zweiten Rundgang durch den Ort. Es gibt unglaublich viel zu entdecken.

Zugegeben, gegen all diese Pracht haben es Bad Aussee und der Grundlsee anschließend nicht unbedingt leicht, unsere Aufmerksamkeit zu gewinnen. Dennoch: Gönnen Sie sich die Seeuferstraße unbedingt bis zu deren Ende. Es lohnt sich auch kulinarisch.

... die freie Fahrt durch Hallstatts Zentrum ist nur noch sehr eingeschränkt möglich.

Und, dort versteckt in dunklem Tann, wartet ja immer noch der legendäre Toplitzsee auf uns – Sie erinnern sich: Gut 80 Kisten mit Gold und Brillanten liegen da irgendwo herum. Viel Glück bei der Suche! Zehn Kilometer Panorama satt und einige Spitzkehren bietet uns bald darauf die Tauplitzalm-Alpenstraße, ein lohnender mautpflichtiger Abstecher hinauf in die herrliche Bergwelt des steirischen Teils des »Toten Gebirges«.

So wie die Stoderzinken-Alpenstraße nördlich von Gröbming, die uns auf zwölf Kilometern ebenfalls gegen einen geringen Obolus an Maut in die Hochgebirgslandschaft des Dachsteinmassivs entführt. Die höchste Panoramastraße der Steiermark begeistert mit herrlichen Ausblicken auf die Hohen und Niederen Tauern, ja, an klaren Tagen soll man sogar den Großglockner in der Ferne glitzern sehen. Auf den komme ich übrigens noch intensiv zu sprechen. Logisch!

Für den Abend darf ich Ihnen entweder den romantischen Sonnenuntergang auf dem 2050 Meter hohen Stoderzinken ans Bikerherz legen. Oder die gemütliche Heimfahrt nach Sankt Johann und einen ausgiebigen Spaziergang inklusive Einkehrschwung in dessen malerischen Altstadtgassen. Beides sind Genüsse, die wir uns nun verdient haben. Redlich ...

TOUR-CHECK

Tourenlänge: 285 km

Reine Fahrzeit: 6 Stunden

Kehren: 32

Schwierigkeit: mittelschwer

Hotel Basisort: Hotel Stöcklwirt, www.hotel-stoecklwirt.at

Weitere Hotelempfehlungen: TF Hotel Kerschbaumer & Gasthof zur Weinstube, Rußbach, www.kerschbaumer.at; TF Alpenhof Annaberg, Annaberg/Dachstein, www.alpenhof-annaberg.at

Einkehrtipp: Gasthof Veit, Gössl 13, A-8993 Grundlsee, www.gasthof-veit.com

Dem Himmel schon ganz nah: unterwegs auf den Höhenstraßen im Pongau

KURVENSUCHE IM PONGAU

Das markante Tennengebirge und der gen Süden angrenzende Pongau sind eine perfekte Tourenregion für den genüsslichen Entdecker in uns. Es gilt, ganz gemütlich die Höhen zu erklimmen, in die Täler vorzudringen bis zum ultimativen Talschluss. Natürlich auch in der spannenden Erwartung eines leckeren Einkehrschwungs.

Diese Runde empfehle ich nicht nur, aber ganz besonders auch bei sommerlicher Hitze, denn dann können Sie den Kurvenspaß mit dem Besuch einer der zahlreichen Höhlen der angenehm temperierten »Unterwelt« des Tennengebirges kombinieren. In den Tourismusbüros der Ortschaften gibt es dazu viele Infos und sogar vergünstigte Kombitickets.

TOUR-CHECK

Tourenlänge: 225 km
Reine Fahrzeit: 5–6 Stunden
Kehren: 5
Schwierigkeit: leicht
Hotel Basisort: Hotel Stöcklwirt, www.hotel-stoecklwirt.at
Weitere Hotelempfehlung: TF Frühstückspension Anja, Kleinarl, www.pension-anja.at
Einkehrtipp: Gasthof Markterwirt, Marktplatz 2, A5541 Altenmarkt, www.markterwirt.at

Aber jetzt lassen Sie uns erst einmal Motorrad fahren. In einem weiten Bogen über das historische Bischofshofen holen wir morgens aus und fahren uns warm für die anstehenden Schräglagenfreuden. Über Eben im Pongau erreichen wir alsbald das Städtchen Radstadt, das nördliche Tor zum berühmten gleichnamigen Tauernpass. Er gehört mit seinen 1750 Höhenmetern zweifelsohne zu des Bikers Pflichtprogramm auf dem Weg von Salzburg Richtung Süden. Wer ihn noch nicht kennt, hat jetzt Gelegenheit dazu, seine landschaftlich abwechslungsreiche und kurvenreiche Rampe zu erkunden. Am Scheitelpunkt des Passes ist der beschauliche Skiort Obertauern entstanden, dessen Hotels und Restaurants ab und an auch außerhalb der weißen Saison zu einem koffeinhaltigen Boxenstopp einladen.

Zurück im Ennstal sollten wir Radstadt ebenfalls einen kleinen Rundgang widmen. 2400 Jahre hat die Stadt bereits auf dem Buckel, die Geschichten der »alten Stadt im Gebirge«, wie sie sich selber gerne nennt, sind dennoch allerorten quicklebendig. Als nachweislich älteste Siedlung im gesamten Salzburger Ennstal hat das Örtchen Altenmarkt eine lange und wahrlich schwere Vergangenheit hinter sich. Niedergebrannt in den Bauernkriegen und teilweise zerstört in den beiden Weltkriegen, dauerte es lange, bis der Sommertourismus die Schönheit des Ortes und seiner Region entdeckte. Heutzutage sind Altenmarkt und die gen Süden anschließende Sackgasse zum Zauchensee im Sommer wie im Winter ein sehr beliebtes Tourenziel. Kleinarl und Großarl stehen für den Nachmittag auf unserem Roadbook. Beginnen wir mit dem idyllischen Kleinarltal, einer landschaftlichen Perle im vielleicht immerwährenden Dornröschenschlaf. Mein Tipp auch hier: Fahren Sie die Piste unbedingt bis zum ultimativen Talschluss und schauen Sie sich ausgiebig um. Es lohnt sich allemal.

Großarl, der Hauptort und Namensgeber des Nachbartales, nennt sich gerne auch das »Europadorf« des Landes Salzburg. Er ist zentraler Ausgangspunkt für herrliche Wanderungen zu den oftmals bewirtschafteten Almen des Tales, von denen es hier unzählige gibt. Deshalb trägt das Arltal auch vollkommen zu Recht den Beinamen das »Tal der Almen«. Hier tickt die innere Uhr sogleich spürbar langsamer, hier ist porentiefe Erholung garantiert. Wie wäre es, den Tourentag hier ausklingen zu lassen? Der Heimweg zurück zum Ausgangsort ist auch im Dunkeln ein Kinderspiel.

Perfekt für moderate Heizer: Der Dientner-Sattel erlaubt das Fahren am gesetzlichen Limit.

DEN TAUERN SCHON GANZ NAH

An Hochkönigs Südflanke entlang schwingen wir nach Saalfelden, erkunden liebliche Seitentäler als prächtige Sackgassen, bevor wir uns über Zell am See dem Kurvenparadies der Hohen Tauern nähern. An deren Nordflanke trainieren wir unseren Gleichgewichtssinn besonders intensiv auf landschaftlich schönen Strecken.

Halt, auch hier gilt wieder einmal: Eile mit Weile. Gleich westlich von Bischofshofen liegt früh am Morgen rechts die erste Sackgasse vor uns, die wir nicht verfehlen sollten. In Mühlbach am Hochkönig zweigt die Mandlwandstraße ab hinauf zum Arthurhaus in wahrlich einzigartiger Lage. Sie führt als kurvenreiche Sackgasse weit hinauf in Hochkönigs Reich. 1866 begann die Mühlbacher Kupfergesellschaft mit dem Bau der ersten Gaststätte ganz am Ende der Sackgasse. Im Jahr 1894 pachteten die Urgroßeltern der heutigen Wirtin Heidi die kleine Alm und Gastwirtschaft und bauten sie sukzessive zu einem gemütlichen Drei-Sterne-Berghotel aus, dessen Schätze neben seiner einzigartigen Lage vor allem auch aus der Herzlichkeit seiner Chefin bestehen.

Dientner- und Filzensattel haben wir auf Tour 18 schon einmal erobert, sie führen uns durch eine grandiose Bergwelt, dominiert von den steilen Felszinnen des Hochkönig-Massivs, garniert mit horizontweiten Hochalmen und kleinen, verträumten Orten, in denen der altehrwürdige Louis Trenker auch heute noch in keinster Weise aus dem Rahmen fallen würde. Pendeln Sie mit viel Zeit im Tankrucksack durch diese immer noch heile Bergwelt. Schauen Sie sich um in dieser wahrlich »Instagram-tauglichen« Welt.

Saalbach-Hinterglemm im Saalach-Tal ist eines der anmutigsten Täler der Kitzbüheler Alpen. Hier brummt im Winter der Skizirkus, von Frühling bis Spätherbst höchstens Bienen, Hummeln und Motorradtriebwerke. Unser nächster Wegpunkt Zell am See war bereits im Mittelalter ein wichtiger Handelsknotenpunkt, zahlreiche Saumrouten führten hier vorbei über das Hochtor nach Italien, die Zeller betätigten sich als Säumer, die den Süden mit Salz belieferten und mit friaulischem Wein zurückkehrten. Heutzutage lädt uns die historische Altstadt mit hübscher Fußgängerzone zum Flanieren und Pausieren ein.

Die Großglockner Hochalpenstraße südlich des Zeller Sees ist das bekannteste Bikerziel der Tauern, für das auch wir uns mehr als einen kurzen Nachmittag Zeit nehmen werden. Ein paar Seiten weiter geht es los. Für heute halten wir uns ostwärts, schwingen durch das Salzachtal und folgen den Wegweisern nach Bad Gastein im angrenzenden Gasteiner Tal. »Die Gastein«, wie die Einheimischen das weite Hochtal nennen, war bis weit in das 20. Jahrhundert hinein nur über schmale Saumwege erreichbar. So konnte sich hier eine eigenständige Kultur entwickeln, die bis heute den Charme dieses Tales und ganz besonders auch seiner Bewohner prägt.

TOUR-CHECK

Tourenlänge: 260 km

Reine Fahrzeit: 6 Stunden

Kehren: 22

Schwierigkeit: leicht

Hotel Basisort: Hotel Stöcklwirt, www.hotel-stoecklwirt.at

Weitere Hotelempfehlungen: TF Hotel Sonnegg, Saalbach, www.sonnegg.at; TF Landhaus Jausern, Saalbach, www.jausern.com; TF Hotel Badhaus, Zell am See, www.hotel-badhaus.at

Einkehrtipp: Gasthof Grüner Baum, Seegasse 1, A-5700 Zell am See, www.gruener-baum.at

Zwei Boliden – ein Bild: der gewaltige Hochkönig und BMWs Tourensportler K1300GT

ÖSTERREICH
ITALIEN
SLOWENIEN
Gailtaler Alpen
Karawanken
Julijske Alpe
Villach
Feldkirchen
Velden
Pörtschach
Jesenice
Bled
Kranjska Gora
Weißensee
Paternion
Fresach
Feistritz
Weißenstein
Puch
Kellerbg.
Drau
Rubland
Windische Höhe
1110
Pressegger See
Förolach
Hermagor
Egg
Görtschach
Dellach
Kerschdorf
Bad Bleiberg
Heiligengeist
Villahcer Alpenstraße
Vorderberg
Nötsch
Oisternig
2052
Feistritz an der Gail
Draschitz
Arnoldstein
Thörl
Dreiländereck
1508
Wurzenpass
Bunkermuseum am Wurzenpass
Podkoren
Fürnitz
Radendf.
Finkenstein
Faak
Faaker See
Drobollach
Ledenitzen
Rosegg
St. Jakob
Maria Elend
St. Oswald
Suetschach
Feistritz
Ludmannsdf.
Keutschacher See
Schiefling
Wörthersee
Treffen
Töbring
Sattendf.
Ossiacher See
Ossiach
St. Nikolai
Bodensdf.
Steindf.
Tiffen
Kl. St. Veit
Radweg
Mittagskogel
2145
Malborghetto
Camporosso in Valcanale
Tarvisio
Valbruna
Fusine i. Valromana
Cave del Predil
Passo del Predil
Jôf di Montasio
2753
Jôf Fuart
2666
Vršič
1611
Škrlatica
2740
Sava Dolinka
Dovje
Mojstrana
Trenta Na Logu
Bovec
Soča
Zaga
Pokljuka
Blejsko
Gorje
Breznica
Lesce
Jelovica
Kamna Gorica
Koprivnik v Bohinju
Windisch B
A
E
26
27
A10
A2
A11
A23
A2
94
85
111
201
206
209
ss13
ss54
ss54
5 km

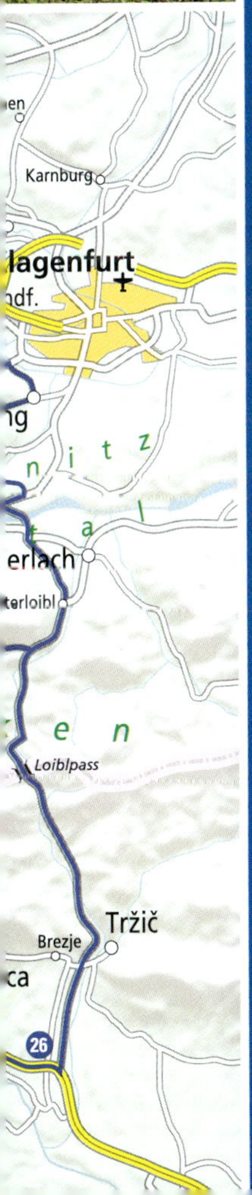

AUSGANGSORT

VILLACH

Die strategisch bedeutende Stadt an der Drau im Dreiländereck Italien-Slowenien-Österreich besitzt nicht nur ein überaus sehenswertes Flair, ihre Lage unmittelbar in der Nähe der schönsten Kärntner Seen – der Ossiacher See und der Wörthersee sind nur einen Steinwurf entfernt – prägt ihren ganz besonderen Reiz zu jeder Jahreszeit. Mein Tipp: Im gastlichen Villach werden kostenlose Stadtführungen zu den historischen Plätzen angeboten, immer freitags beginnend bei der Tourismus-Info in der Bahnhofstraße.

Welch ein Panorama: Blick auf Villach von der Villacher Alpenstraße aus

Auch heute noch fremde Welten: Blick auf die Gipfel der Karawanken

ZU SEEN UND BERGEN

Am herrlichen Südufer des Wörthersees entlang geht es nach Klagenfurt und weiter über das malerische Drau- und Loibltal hinauf zum Loiblpass. Dann pendeln wir zu einem Abstecher hinunter nach Slowenien mitten hinein in das Herz der Karawanken, weiter über das historische Städtchen Kranjska Gora hinauf zum Wurzenpass und sodann gemütlich ins Zentrum von Villach.

Wer auf dieser Runde genüsslich unterwegs ist – die Gelegenheiten dazu sind vielfältig –, der kann sich natürlich auch Badehose und Bikini in den Tankrucksack packen. Für einen erfrischenden Sprung in einen der prächtigen Kärntner Seen. Zum Beispiel den berühmten Wörthersee, den mit gut 162 Quadratkilometern Fläche größten See Kärntens, der aufgrund seiner klimatischen Lage zudem einer der wärmsten Seen des gesamten Alpenraumes ist. Rund um den See liegen einige schöne Badeplätze mit Liegewiesen und Verpflegung.

Auf Tuchfühlung zum See geht es dann am Südufer entlang nach Klagenfurt, der Landeshauptstadt Kärntens. Deren Anfänge gehen der Sage nach auf einen Lindwurm zurück, der im dortigen Sumpf hauste. Erst als ihn tapfere Männer durch eine raffinierte List töteten – sie lockten ihn mit einem Rind, in dessen Eingeweide ein gewaltiger Eisenhaken versteckt war –, konnte Klagenfurt als sichere Siedlung in prächtiger Aussichtslage entstehen.

In einem weiten Schlenker geht es am Nordufer des Feistritzer und Ferlacher Stausees zum ersten Pass unseres Tourentages: dem Loiblpass. Aber zuvor werfen Sie unbedingt noch einen Blick in das prächtige Bodental rechter Hand. Das Schönste am gut 1370 Meter hohen Loiblpass ist neben seinen neun Kehren vor allem die Tatsache, dass wir ihn und seine verkehrstechnisch recht bedeutungslose Piste nahezu für uns allein haben.

Der Pass führt uns direkt in das Herz der Karawanken. Tržic, Jesenice und Kranjska Gora sind die heimlichen Perlen der Karawanken, die sich nun um uns herum ausbreiten. Strategische Bedeutung erlangte Kranjska Gora im Ersten Weltkrieg, als russische Kriegsgefangene hier eine Heerstraße bauen mussten. Mit der Eisenbahn wurde Kranjska Gora dann ein berühmter Tourismusort, der heute vor allem im Winter viele Besucher anzieht. Im Sommer geht es deutlich geruhsamer zu. Genießen Sie den Einkehrschwung zum Beispiel in meinem obigen Tipp.

Der Wurzenpass mit gerade einmal 1073 Metern Höhe geleitet uns dann wieder hinüber nach Kärnten und in ein touristisches Kontrastprogramm, wie es härter wohl nicht ausfallen könnte. Beide Passrampen bieten satte Steigungen, die Nordrampe sogar einige Kehren und entlang der gesamten Strecke liegen umfangreiche Reste von Verteidigungsanlagen, die zum »Bunkermuseum am Wurzenpass« zusammengefasst wurden. Sie können zu Fuß besichtigt werden. Gegen das Vergessen – eine gute Idee.

TOUR-CHECK

Tourenlänge: 215 km

Reine Fahrzeit: 5 Stunden

Kehren: 15

Schwierigkeit: leicht

Hotel Basisort: Hotel & Café Mosser, www.hotelmosser.at

Weitere Hotelempfehlungen: TF Thomashof Gasthof-Pension, St. Jakob/Rosental, www.thomashof.at; TF Hotel Gabriel, Keutschach/Kärnten, www.hotelgabriel.at; TF Gasthaus Tulipan, Lesce/SL, www.tulipan-azman.si

Einkehrtipp: Restaurant Korona (neben dem Casino), Vršiška 23, SL-4280 Kranjska Gora, www.thecasinokorona.com

Definiert das Wort »unspektakulär« neu: der Wurzenpass im Norden der Karawanken

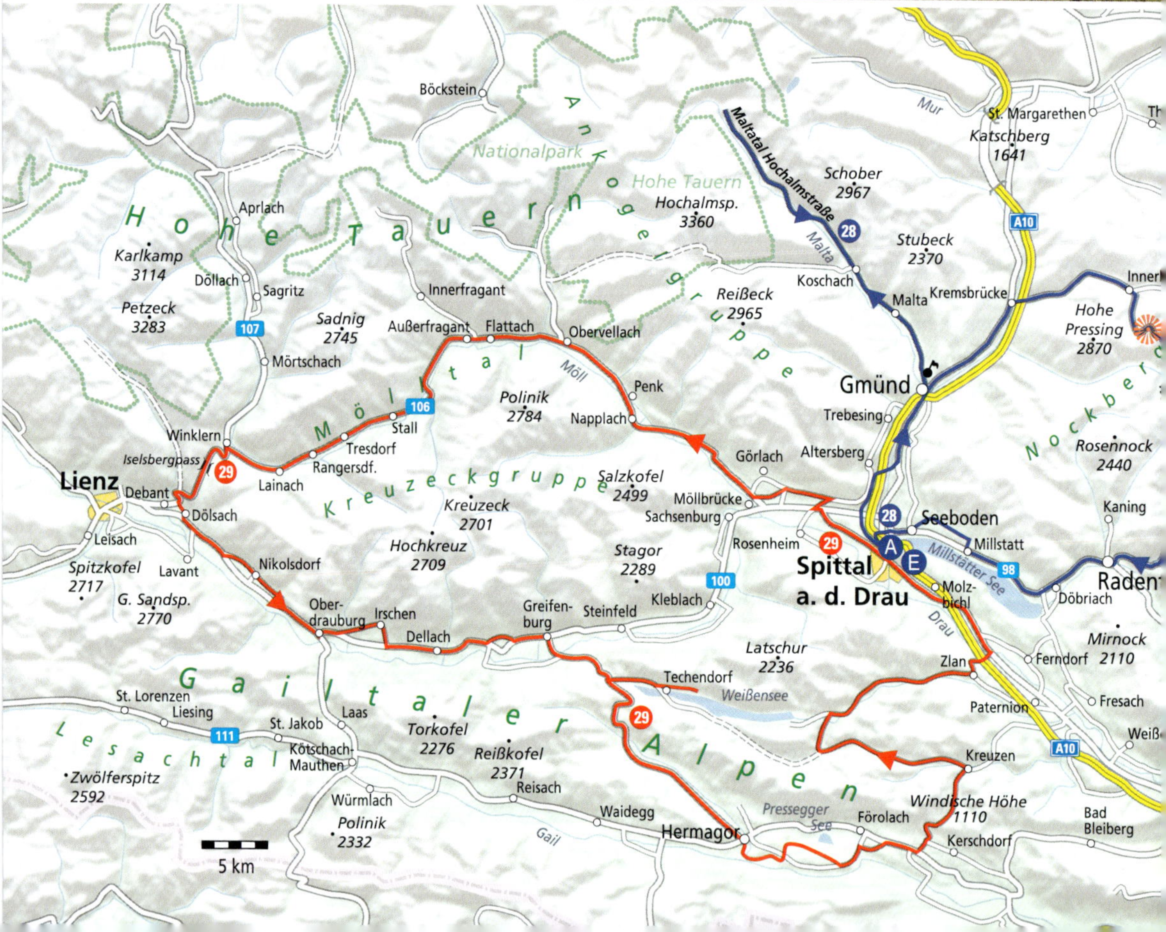

Böckstein
Nationalpark
Hohe Tauern
Ankogelgruppe
Hohe Tauern
Mur
St. Margarethen
Katschberg
1641
Malfatal Hochalmstraße
28
Schober
2967
Hochalmsp.
3360
Aprlach
Karlkamp
3114
Döllach
Sagritz
Petzeck
3283
107
Innerfragant
Sadnig
2745
Außerfragant
Flattach
Obervellach
Reißeck
2965
Malta
Koschach
Malta
Stubeck
2370
Kremsbrücke
A10
Hohe
Pressing
2870
Mörtschach
Mölltal
106
Möll
Polinik
2784
Penk
Napplach
Gmünd
Trebesing
Nockberge
Rosennock
2440
Winklern
Iselsbergpass
29
Stall
Tresdorf
Rangersdf.
Lainach
Kreuzeckgruppe
Salzkofel
2499
Görlach
Altersberg
Lienz
Debant
Dölsach
Leisach
Kreuzeck
2701
Möllbrücke
Sachsenburg
Rosenheim
29
28
Seeboden
Kaning
A
E
Millstatt
Millstätter See
98
Spittal a. d. Drau
Radenthein
Hochkreuz
2709
Stagor
2289
Nikolsdorf
Spitzkofel
2717
Lavant
G. Sandsp.
2770
100
Molz-bichl
Döbriach
Ober-drauburg
Irschen
Greifen-burg
Steinfeld
Kleblach
Drau
Dellach
Latschur
2236
Mirnock
2110
Ferndorf
Zlan
Techendorf
Weißensee
Gailtaler Alpen
29
Paternion
Fresach
St. Lorenzen
Liesing
111
St. Jakob
Laas
Torkofel
2276
Reißkofel
2371
Lesachtal
Kötschach-Mauthen
Kreuzen
A10
Zwölferspitz
2592
Reisach
Würmlach
Polinik
2332
Waidegg
Pressegger See
Förolach
Windische Höhe
1110
Hermagor
Kerschdorf
Gail
Bad Bleiberg
5 km

AUSGANGSORT

SPITTAL

Im sehenswerten historischen Zentrum finden sich neben Einkaufsmöglichkeiten unzählige Cafés und Restaurants, die mit ihren Sonnenterrassen zum ausgiebigen Einkehrschwung einladen. Oder zu einer genüsslichen Pause inmitten eines prall gefüllten Kultur- und Veranstaltungskalenders der Stadt. Nur einen Katzensprung entfernt wartet der herrliche Millstätter See auf uns. Er zählt zu den sonnenverwöhntesten Badeseen Österreichs, seine Uferstraße führt durch hübsche Orte wie Seeboden, Millstatt oder auch Dellach.

Nördlich von Spittal rufen die Nockberge ganz laut nach uns – hören Sie es schon?

Viele Tage im Jahr fest in Boxerhand: die Passhöhe der Nockalmstraße in Kärnten

GLEICH ZWEIMAL HOCH HINAUS

Vorbei an hoch aufragenden Burgen mit höchst interessanter Geschichte erklimmen wir das prächtige Maltatal auf atemberaubender Piste, gönnen uns bei Bedarf ein wenig Offroad-Feeling, bevor wir uns der Nockalm Panoramastraße widmen, dem ungekrönten Motorradparadies Kärntens. Und am Millstätter See klingt dieser Tourentag aus.

Lassen Sie uns trotz der im Grunde geringen Tourenlänge frühzeitig aufbrechen, denn unterwegs werden wir panoramareiche Aussichten erreichen, an denen Sie garantiert länger verweilen wollen. Sobald die Burg Gmünd im Norden von Spittal vor Ihrem Windshield auftaucht, heißt es Obacht geben. Die »Alte Burg« ist eine imposante Burgruine hoch über dem Örtchen Gmünd, die nicht nur von den Ungarn sieben Jahre lang belagert und in Ruinen geschossen wurde, sondern seit 1950 sukzessive mit Theaterstücken, Konzerten und Lesungen zu neuem Leben erweckt wurde.

Gleich nördlich von Gmünd, noch in Sichtweite der Burg, erwartet uns jetzt das prächtige Maltatal mit seiner Hochalmstraße. Und damit der erste atemberaubende Höhepunkt dieser Runde. Das »Tal der Wasserfälle« wird es auch genannt, denn in keiner anderen Region Kärntens sind mehr Wasserfälle auf engstem Raum zu erleben. Die panoramareiche Mautstraße führt zu den schönsten Aussichtspunkten auf diese Urgewalten der Natur, auf Schleier- und Melnikfall, auf die »Hochbrücke« und von ewigen Wassern tief gegrabene Kolke und Tümpfe.

Kühn geschwungen geht es hinauf zur mächtigen Kölnbrein-Staumauer, dem Bikertreff der Region direkt am kreisrunden Turm des hoch aufragenden Berghotels Malta. Eine freigegebene Kiespiste entlang des Stauseeufers führt noch weiter in die Gipfelwelten der Hohen Tauern zur idyllischen Kölnbreinhütte. Derart perfekt justiert frohlockt unser Gleichgewichtssinn wenig später erneut in Innerkrems beim Anblick des

Nordeinstieges zur legendären Nockalm Panoramastraße. 1970 begannen die Arbeiten für eine Höhenstraße durch die menschenleere Gegend der Nockberge, zehn Jahre später feierte man Eröffnung. Überall an zentralen Aussichtspunkten entlang der mehr als prächtigen Panoramastraße werden Biker durch reservierte Parkplätze und Infoterminals zum Pausieren eingeladen, dazwischen führt die Straße in kurvigem Auf und Ab zwischen zahllosen Nock'n hindurch und erreicht mit der »Eisentalhöhe« auf immerhin 2042 Metern ihren höchsten Punkt, ebenfalls mit urigen Einkehrmöglichkeiten und echter Kärntner Kost. Die »leckerste« Kost der Nockalmstraße ist aber die Piste selbst. Sie wurde – da bin ich mir sicher – von Motorrad begeisterten Architekten geplant und von ebensolchen Straßenbauern asphaltiert. Selten im Alpenraum sind 15 Euro Maut besser investiert als hier.

Viel zu schnell endet das Kurvenspiel der Nockalmstraße im Ort Ebene Reichenau, über Bad Kleinkirchheim und Radenthein geht es auf gut ausgebauter Strecke wieder hinab an den Millstätter See. Falls Ihr Gleichgewichtssinn auf der herrlichen Uferstraße um den See noch einen Zuschlag reklamiert, dann empfehle ich die Goldeck-Panoramastraße im Süden unseres Tourenstandortes Spittal. Sie beschert ganz besondere Ausblicke auf die umliegenden Berge und Täler und gehört zu Kärntens kürzesten, aber auch schönsten Ausflugsstraßen. 15 Kilometer lang und maximal 10 % steil führt sie uns hinauf auf 1900 Höhenmeter.

TOUR-CHECK

Tourenlänge: 160 km

Reine Fahrzeit: 4 Stunden

Kehren: 47

Schwierigkeit: mittelschwer

Hotel Basisort: Landhof Simeter, www.simeter.at

Weitere Hotelempfehlungen: TF Hotel Malteinerhof, Malta-Tal, www.malteinerhof.at; TF Hotel Berghof, Innerkems, www.berghof-innerkrems.at

Einkehrtipp: Alpengasthof Glockenhütte, Nockalmstraße 1, A-9565 Ebene Reichenau, www.glockenhuette.com

Im steten Wandel: Das Berghotel Malta zeigt sich seit Kurzem in wärmespeicherndem Schwarz.

Griaß di: Nicht immer reagieren Alpenbewohner so souverän auf den Klang eines Motorrads.

VORGESCHMACK AUF NEPAL

Auf dieser Fahrt umrunden wir die Kreuzeckgruppe, einen imposanten Gebirgsstock in den Ostalpen, werfen einen ersten Blick hinüber nach »Nepal« und lassen den Tag wie auch unsere Reisen durch Kärnten an zwei der schönsten Seen dieses Bikerparadieses gemütlich ausklingen.

Das idyllische Mölltal ist unser erstes lohnendes Ziel gleich am frühen Morgen. Wir verlassen Spittal Richtung Oberkolbnitz und Obervellach und düsen an den Fuß des gewaltigen Tauern-Hauptkammes direkt in das traditionelle Bergbaudorf Obervellach. Allerorten hier erinnert man sich gerne bis heute an die Zeiten, als die Gold- und Silberfunde in den Hohen Tauern noch reichlich ausfielen und den Wohlstand des Ortes für viele Jahrzehnte zementierten. Gleichwohl die Förderung des Goldes unter zum Teil lebensgefährlichen Umständen erfolgte und vielen Arbeitern das Leben gekostet hat. Dafür besaß man hier eigene Silbermünzen, einen angesehenen Münzmeister und vor allem auch mächtigen Einfluss in der gesamten Region. Lang ist es her.

Bevor wir nun der Möll weiter folgen, lohnt eventuell noch ein kurzer Abstecher hinauf nach Mallnitz. Das Panorama des engen Tauerntales ist sehenswert, auch

TOUR-CHECK

Tourenlänge: 230 km

Reine Fahrzeit: 5–6 Stunden

Kehren: 14

Schwierigkeit: leicht

Hotel Basisort: Landhof Simeter, www.simeter.at

Weitere Hotelempfehlungen: TF Hotel-Gasthof Strasswirt, Jenig, www.strasswirt.at; TF Hotel Beim Winkler, Troepolach/Hermagor, www.gawi.at; TF Gasthof Herkuleshof, Kolbnitz/Drautal, www.herkuleshof.at

Einkehrtipp: Restaurant Im Stadl, Toni-Egger-Straße 28a, A-9990 Nußdorf, www.imstadl.at

Sehr sehenswert: Das Bergdorf Obertauern lohnt einen Boxenstopp samt Rundgang.

ohne die Sackgasse des Tales verlassen zu müssen. Vergessen Sie aber nicht, dass wir mit gut 230 Kilometern eine ordentliche Strecke zu absolvieren haben. Bei Winklern und seinem mächtigen Mautturm erreichen wir die Grenze zu Osttirol, einer hochalpinen Tiroler »Enklave«, der wir uns auf den kommenden fünf Touren noch ausgiebig widmen werden. Und dann erzähle ich Ihnen auch, was es mit dem Begriff »Nepal« auf sich hat.

Heute gönnen wir uns erst einmal den bundesstraßenähnlich ausgebauten Iselsbergpass mit seinen 1200 Höhenmetern, der uns geschwind wie der Wind hinab nach Nußdorf-Debant trägt. Knurrt Ihnen jetzt auch der Magen? Kein Problem, dann kehren Sie doch in meinem Einkehrtipp aus dem Tour-Check ein.

Anschließend wechseln wir kurzerhand den Flusslauf. Die Drau und das imposante Drautal geleiten uns wieder retour Kärnten. Die bei Dobbiaco an der Grenze zu Südtirol entspringende Drau hat dereinst nicht nur das gewaltige Pustertal geprägt, an ihren Ufern entlang führen vor allem im oberen Drautal herrlich kurvenreiche Landstraßen über verträumte Dörfer und durch idyllische Landschaften. Da wird Motorradfahren zu einem Genuss für alle Sinne. Und im Süden locken die Lienzer Dolomiten und Gailtaler Alpen, ein ebenso prächtiges Kurvenparadies, dem wir uns noch widmen werden.

Greifenburg ist der zentrale Ort des oberen Drautales und hat sich mit seiner Bilderbuchlandschaft zu einem der bekanntesten Gleitschirm- und Drachenfliegerzentren Österreichs entwickelt. Die ansässigen Flugschulen bieten übrigens auch Tandemflüge an. Aber aufgepasst: So ein Tandem-Gleitschirmflug kann süchtig machen. Ich bin selbst fünf Jahre lang geflogen, bevor ich das Motorrad als »Ersatzbefriedigung« entdeckte.

Für ein Vergnügen mit deutlich mehr Bodenhaftung habe ich noch zwei Tipps für Sie parat: den Weißensee kurz hinter Greifenburg oder den schon einmal touchierten Pressegger See bei Hermagor. Zwei Badespaß-Reviere der Extraklasse, die von Mai bis weit in den September mit sehr angenehmen Wassertemperaturen auf uns warten. Via die Windische Höhe geht es abends retour nach Spittal.

SCHUHE
ALTSTADTHOTEL ECK

Kitzbüheler Alpen
Pinzgau
G. Rettenstein 2366
Geißstein 2363
161
1274
Pass Thurn
Maishofen
Dientener Berge
St. Veit
Zell am See
Schüttdorf
Zeller See
Taxenbach
311
34
Steindf.
Bramberg
Hollersbach
Mittersill
Salzach
165
Lend
Kaprun
Gerlospass
1531
Wald
Neukirchen
Gerlos
Krimml
Fusch
Rauris
Dorfgastein
Schneiderau
167
ÖSTERREICH
108
G. Wiesbachhorn 3564
Bad Fusch
Wörth
107
Bad Hofgaste
Reichensp. 3308
Nationalpark
Felbertauerntunnel
Granatsp. 3086
Edelweißspitze 2571
Nationalpark
Bad Gastein
Großvenediger 3657
Nationalpark
Böckstein
Großglockner 3798
Kaiser-Franz-Josefs-Höhe
Kasern
Ochsenbug 3007
Schareck 3123
St. Peter
Rötspitze 3498
Hohe Tauern
Heiligenblut
Hinterbichl
Prägraten
Virgen
33
Matrei
Kals am Großglockner
Apriach
Ahrntal
Virgental
Hohe Tauern
Hohe Tauern
Döllach
Sagritz
Innerfragant
Feld
Hochschober 3242
Petzeck 3283
Sadnig 2745
Außerfragant
Rein
Huben
32
Hochgall 3436
St. Jakob
St. Veit
Oberleibnig
Mörtschach
Hopfgarten
Defereggental
St. Johann
Antholzer See
Staller Sattel
2052
Weiße Spitze 2962
Iseltal
Ainet
Mölltal
Stall
Tresdorf
Antholz
St. Magdalena Obertal
Defereggen Alpen
Winklern
Iselsbergpass
Kreuzeckgruppe
Lienz
Debant
Lainach
Gölbner 2943
A
E
Kalkstein
Innervillgraten
Bannberg
Dölsach
Rasen
2663 Toblacher Pfannhorn
Außervillgraten
St. Justina
Leisach
Lavant
Nikolsdorf
Hochkreuz 2709
Durnwald
Anras
Mittewald
100
G. Sandsp. 2770
Olang
Welsberg
Silian
Strassen
Hochpustertal
Oberdrauburg
Dellach
Greifenburg
Pustertal
Rienz
Toblach
ss49
Drau
31
St. Oswald
Afaltersbach
Gailtaler A
Pragser Wildsee
Prags
Innichen
Kartitsch
30
Obertilliach
Kartitscher Sattel 1530
St. Lorenzen
Liesing
Gailbergsattel
981
Laas
St. Jakob
Sexten
Moos
111
Kötschach
Reißkofel 2371
ss52
1640
Kreuzbergpass
Lesachtal
Zwölferspitz 2592
Mauthen
Nötsch
Kirch
Hohe Gaisel 3146
Sextner Dolomiten
Karnische A
Plöckenpass 1357
ss51
Padola
Dosoledo
Passo San Antonio
1480
Le Tofane 3244
S. Stefano di Cadore
Sappada
Sappadapass
Rigolato
ss48
sr48
Auronzo di Cadore
ITALIEN
Cortina d'Ampezzo
Ravascletto
Paluzza
Paularo
Le Marmarole 2832
Lozzo di Cadore
Laggio di Cadore
5 km
Prato Carnico
Sutrio
Boite

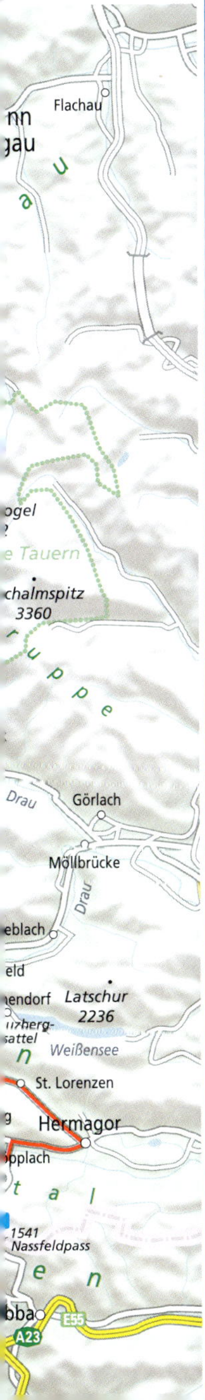

AUSGANGSORT

LIENZ

Lienz, die Hauptstadt von Osttirol, weist statistisch nicht nur die meisten Sonnenstunden Österreichs auf. In Kombination mit der nachweislich sauberen Luft scheint sie sogar »lebensverlängernde Wirkung« zu besitzen, die Lebenserwartung der Einwohner liegt deutlich über dem Landesdurchschnitt. Dazu kommt ein ganzjährig voller Veranstaltungskalender und die Gastfreundlichkeit der Lienzer, die die Stadt am Zusammenfluss von Isel und Drau zu einem optimalen Ausgangspunkt für Rundtouren machen.

Welch herrliches Basislager: Lienz gehört zu den schönsten Städten der Alpen.

Auf ein Wiedersehen: Herrschaftliches Schloss Weildegg in Kötschach-Mauthen

LIENZER ACHTER

Diese Runde schließt direkt an unsere Kärntner Erlebnisse an, sie bietet uns ungezählte Kurven, waschechte Spitzkehren sowie gemütliches Touren über kleinste Landstraßen abseits aller Hektik und durch sehenswerte Dörfer.

Wie wäre es heute mit einem ganz besonderen Warm-up? Auch wenn es nur von außen besichtigt werden kann, ist die Auffahrt zum Schloss Lengberg, gleich südöstlich von Lienz, allein schon aufgrund ihrer Aussicht auf das umliegende Land höchst lohnend. Und fahrerisch gar nicht mal so ohne. Die ursprüngliche romanische Burg stammt aus dem 12. Jahrhundert, um 1480 wurde sie zu einem Schloss umgebaut und seitdem kaum mehr verändert.

Retour bei Oberdrauburg setzen wir den Blinker rechts und nehmen den Gailbergsattel in Angriff. Zehn knackige Kehren schmücken den gut 1000 Meter hohen Pass im Norden, mit ganzen zwölf Spitzkehren begeistert die Piste zwischen Oberdrauburg und Kötschach-Mauthen insgesamt. Kötschach-Mauthen selbst überzeugt durch ein umfangreiches Eventprogramm auch abseits des Motorradsattels: Wandern, Klettern, Canyoning und Rafting, Mountainbiken, Golfen und Fliegenfischen – die Möglichkeiten, seine Urlaubstage randvoll mit Programm zu füllen, sind selten vielfältiger. Ja, wenn ich es mir genau überlege, wäre Kötschach-Mauthen ebenfalls ein perfektes Basislager. Probieren Sie es doch einmal aus und berichten Sie mir.

Über Nöbling und Kirchbach führt unsere Tour nun noch ein allerletztes Mal nach Hermagor und zum Pressegger See, diesmal erklimmen wir den Kreuzbergsattel aus dem Süden und biegen bei Greifenburg in das idyllische Drautal ein. Dass wir uns einen Pass gleich zweimal an einem Tag gönnen, mag auf den ersten Blick verwundern. Doch der Gailbergsattel ist nicht nur ein perfektes Trainingsgelände für die hohe Kunst des Passfahrens, er bildet diesmal auch den Einstieg in das herrliche Lesachtal. Dessen Talstraße macht nicht nur unsere Navigation zu einem Kinderspiel, sie bietet auch herrliche Panoramen rechts und links des Lenkers. Und das zu jeder Jahreszeit.

Besonders natürlich im Frühling beeindrucken die Ausblicke auf die schneebedeckten Häupter der Karnischen Alpen, während wir uns unten im Tal bereits den ersten Hauch des Sommers durch das sperrangelweit geöffnete Visier strömen lassen können. Über den 1530 Meter hohen Kartitscher Sattel geht es anschließend ins Hochpustertal. Dort erwartet uns zu guter Letzt noch eine der schönsten Panoramastraßen Osttirols – die Pustertaler Höhenstraße. Auf einer natürlichen Sonnenterrasse gelegen, bietet sie dem Biker eine wahre Traumlandschaft mit winzigen Dörfern und ungezählten Kurven. Und die Ausblicke auf das Hochpustertal sind ein Gedicht. Wie sage ich immer zu solchen Landschaften: Lebensabend-geeignet. Ohne jeden Zweifel!

TOUR-CHECK

Tourenlänge: 230 km

Reine Fahrzeit: 5–6 Stunden

Kehren: 68

Schwierigkeit: mittelschwer

Hotel Basisort: Hotel Gribelehof, www.gribelehof.com

Weitere Hotelempfehlungen: TF Berghotel Preßlauer, Kreuth/Gailtal, www.berghotel-presslauer.at; TF Gasthof Post, Oberdrauburg, www.gasthofpost.at; TF Gasthof Gailberghöhe, Kötschach-Mauthen, www.gailberg.at

Einkehrtipp: Piano Bar & Sam's Café, Hauptstraße 47, A-8761 Greifenburg, www.gotosam.at

Volle Kosten-Deckung: Ganz gleich, wie hoch die Spritpreise steigen, Osttirol ist es wert.

Ganz schön flott unterwegs: Mit bajuwarischen Sechszylindern in den Karnischen Alpen

ERSTER BLICK AUF DIE DOLOMITEN

Geschwind wie der Wind geht es diesmal in umgekehrter Richtung durchs Hochpustertal: Wir werfen einen ersten Blick hinüber in die östlichen Dolomiten, erobern den legendären Plöckenpass und schwingen durch die Gailtaler Alpen gemütlich retour nach Lienz. Eine wunderbar abwechslungsreiche Tagestour.

Das prächtige Hochpustertal – natürlich optional inklusive Pustertaler Höhenstraße – werden wir uns auf den folgenden Touren noch ein weiteres Mal gönnen, deshalb lassen Sie uns an diesem Morgen die im Tal verlaufende B100 für rasches Vorankommen wählen. Kurz hinter Silian queren wir die Grenze zu Italien und setzen in San Candido den Blinker links Richtung Kreuzbergpass. Extrem kurvenreich und auf höchst schmaler Piste verläuft der 1640 Meter hohe Pass auf der Grenze zwischen den Karnischen Alpen und Dolomiten. Auch er war umkämpftes Gebiet in zahlreichen Kriegen, Ruinen rechts und links des Lenkers zeugen von seiner bewegten Geschichte. Direkt an der Passhöhe liegt ein beliebtes Hotel mit Einkehrmöglichkeit, falls Sie Ihren Koffeinspiegel regulieren möchten.

Wir fahren weiter über Padola und Santo Stefano di Cadore – natürlich über das Kurvengemenge des Passo San Antonio auf 1480 Höhenmetern. Aber sowohl der San Antonio als auch der folgende Sappadapass, die ausgeschilderte Cima Sappada mit ihren 1300 Höhenmetern auf schmaler, unübersichtlicher Piste sind letzt-

TOUR-CHECK

Tourenlänge: 215 km

Reine Fahrzeit: 5 Stunden

Kehren: 68

Schwierigkeit: mittelschwer

Hotel Basisort: Hotel Gribelehof, www.gribelehof.com

Weitere Hotelempfehlungen: TF Hotel Pfleger, Anras, www.hotel-pfleger.at; TF Hotel Kreuzbergpass, Sexten, www.kreuzbergpass.com; TF Hotel Ristorante Del Negro, Sutrio/Tolmezzo, www.hoteldelnegro.com; TF Hotel-Pension Birkenhof, Kötschach-Mauthen, www.sonnenseite.at

Einkehrtipp: Ristorante Al Crot, Via IV Novembre 1, I-32020 Selva di Cadore

endlich nur das Vorspiel, das perfekte Warm-up für den legendären Plöckenpass. Dennoch gestatten Sie mir auch an dieser Stelle den Hinweis auf unseren GPS-Datendownload, mit dem Sie meine Tourenplanung metergenau nachfahren können.

Der Plöckenpass ist neben dem Nassfeld bei Hermagor die einzige befahrbare Straße über die Karnischen Alpen. Die Strecke selbst ist gut ausgebaut und in ebensolchem Zustand. Für einen deutlichen Adrenalinschub sorgen neben einigen prächtigen Spitzkehren vor allem auch einige spärlich oder gar nicht beleuchtete Tunnel auf italienischer Seite. Im Mai 1915 bildete der Plöckenpass den Schwerpunkt der Kämpfe zwischen Österreich und Italien. Seit 1983 arbeiten die »Dolomitenfreunde« am Erhalt und Ausbau des »Freilichtmuseums Plöckenpass«, einer sehenswerten Anlage auf wahrlich historischem Boden. Alle Sektoren sind frei zugänglich, gelbe Tafeln führen zu den wichtigsten Besichtigungspunkten.

Oben auf der eher karg gehaltenen Passhöhe erwartet uns ein kleines Berggasthaus, das vor allem an den Wochenenden geöffnet hat für einen kurzen Einkehrschwung samt Stärkung. Einige herrliche Kehren später empfängt uns ein letztes Mal das sehenswerte Kötschach-Mauthen, bevor wir uns vom Drautal heimwärts nach Lienz geleiten lassen – zu abendlichen Genüssen abseits des Mopedsattels, aber nicht minder erlebenswert.

Noch so eine Angsthasen-Schräglage: Die schönste Kurve am Plöckenpass

Welch eine Augenweide: Sankt Jakob …

OSTTIROL INTENSIV

Die Pustertaler Höhenstraße – diesmal von Ost nach West – sowie ein Blick in die Villgraten-Täler bilden das Warm-up für den geheimnisumwobenen Staller Sattel, der uns sodann das Tor in das prächtige Defereggental weit öffnet. Eine Rundtour mit sehenswerten Highlights aus Natur und Geschichte erwartet uns.

All denjenigen, die in Lienz ihr Quartier aufgeschlagen haben und echte Frühaufsteher sind, empfehle ich heute einmal den Sonnenaufgang oben auf der Pustertaler Höhenstraße. Wenn die Sonne allmählich über die Lienzer Dolomiten und Kranichen Alpen klettert und eine der schönsten Panoramastraßen Osttirols ausleuchtet, das hat schon etwas. Das bleibt in Erinnerung. Am Westrand von Lienz zweigt die Rampe zur Höhenstraße ab und führt uns auf eine Höhe von bis zu 1800 Metern über Bannberg, Vergein und Anras nach Abfaltersbach durch eine wahre Traumlandschaft. Auch im morgendlichen Halbdunkel ist die Piste tadellos befahrbar. Sie sollten nur ein wenig alpine Erfahrung mitbringen und ab und an auch mit straßenfüllenden Traktoren rechnen. Vor allem hinter uneinnehmbaren Kurven.

Sonnendurchflutete Berghänge, sanft geschwungene Almwiesen und sattgrüne Wälder strahlen eine Ruhe aus, die jeden Besucher ergreift. Sehenswert ist auch Schloss Anras, die einstige Sommerresidenz der Bischöfe von Brixen. Das mächtige Schloss wurde ab 1991 prächtig restauriert und gilt als Beispiel moderner Denkmalpflege.

Silian auf gut 1100 Höhenmetern ist der Hauptort des Osttiroler Hochpustertales und zählt zu den historisch wertvollen Gemeinden der Region. Das sehenswerte Zentrum des Ortes mit Prangersäule am Marktplatz, übrigens der einzigen aus dem Mittelalter erhaltenen Prangersäule Tirols, lohnt einen Rundgang,

… und die Pisten drum herum im idyllischen Defereggental

bevor wir uns dem Villgratental widmen. Außervillgraten als erster Ort des Hochtales war jahrhundertelang Ausgangspunkt für viele alpine Exkursionen, Innervillgraten zählt mit seinem bäuerlichen Charakter zu den urigsten und schönsten Bergdörfern Tirols. Hier ist die gute alte Zeit ganz nah.

Über Dobbiaco und Monguelfo auf italienischer Seite des Pustertales erreichen wir dann die Südrampe zum Staller Sattel. Die führt uns vorbei am Lago di Anteselvo, dem Antholzer See, einem malerisch gelegenen Bergsee und einem herrlichen Pausenplatz. Ganz Wagemutige können in dem sehr frischen Bergsee sogar baden gehen. Mit einer ausgeschilderten Einspur-Regelung geht es dann auf enger, kurvenreicher Piste hinauf zum Staller Sattel. Das Verkehrsverbot für Wohnwagen und Busse bewirkt, dass wir die Passstraße höchstens mit Pkws teilen müssen, die ampelgeregelte Fahrt vom Antholzer See (Italien) in Richtung Österreich ist immer von der 30. bis zur 45. Minute jeder Stunde möglich, in umgekehrter Richtung jeweils von der 0. bis zur 15. Minute.

Auch die Strecke durch das landschaftlich imposante Defereggental ist ein fahrerischer Hochgenuss. Die Ortschaften rechts und links des Lenkers sind touristisch gut erschlossen, haben sich aber ihren ganz eigenen Charme bewahren können. Allerorten locken herrliche Einkehrmöglichkeiten, die jeden weiteren Tourenplan zunichte machen können.

TOUR-CHECK

Tourenlänge: 200 km

Reine Fahrzeit: 4–5 Stunden

Kehren: 28

Schwierigkeit: mittelschwer

Hotel Basisort: Hotel Gribelehof, www.gribelehof.com

Weitere Hotelempfehlungen: TF Hotel Alp Cron Moarhof, Olang, www.alpcronmoarhof.com; TF Helmhotel, Vierschach/Innichen, www.helmhotel.com

Einkehrtipp: Gasthof Sandwirt, Unterrotte 19, A-9963 St. Jakob in Defereggen

Perfekte Alternative: Die Kalser Glocknerstraße führt von Süden an den Berg.

GROSSGLOCKNER-WARM-UP

Bevor wir uns dem Osttiroler Bikerhighlight rund um den Großglockner widmen (Tour 34), werfen wir noch einen ausgiebigen Blick hinein in die Täler Osttirols. Und über die Kalser Glocknerstraße erklimmen wir die Südflanke des höchsten Berges Österreichs. Mein Tipp: auch für diese Tour den Kamera-Akku vollständig aufladen!

Entlang der Isel geht es morgens Richtung Nordwesten aus Lienz hinaus. Sobald die höchsten Gipfel der Hohen Tauern vor dem Windshield auftauchen, sind Sie auf dem richtigen Weg. Bei Huben zweigt die Straße nach Kals am Großglockner rechts ab, eine kurven- und aussichtsreiche Piste hinauf zur Südflanke des mächtigen Großglockners. Bitte unbedingt abbiegen. Prachtvolle Lärchenwälder säumen die gut ausgebaute Straße, erst nach zehn Kilometern öffnet sich der Wald, und eine Handvoll wunderschöner Bergbauernhöfe drapiert sich malerisch in einem weiten Hochtal. Absteigen, ins Gras setzen und den Anblick genießen, kann ich da nur empfehlen. Hier scheinen die Uhren stehen geblieben zu sein, inmitten einer urigen, höchst authentischen Umgebung.

Noch ein deutliches Stück näher an den höchsten Berg Österreichs trägt uns dann die von Kals aus mautpflichtige Kalser Glocknerstraße. Acht Kilometer Piste und 600 Höhenmeter später erwartet uns ganz am Ende der Straße das legendäre Lucknerhaus mit Einkehrmöglichkeit und einem grandiosen Großglocknerblick. Wie wäre es jetzt mit einem zweiten Frühstück? Die Preise sind noch moderat, die landschaftlichen Zutaten dafür wahrlich unvergleichlich.

Hartnäckig hält sich auch bei mir bis heute die Vermutung, dass die Straßenbauer des Virgentales echte Motorradfahrer mit Leib und Seele gewesen sein müssen. Denn in wahrlich perfekten Rechts-links-Kombinationen zweigt die Talstraße wenig später bei Matrei ab und führt über einsame Bergdörfer wie Virgen und

Prägraten vorbei an mächtigen Gehöften auf einsamen Almen sowie den überwältigenden Charme einstmals grenzenloser Abgeschiedenheit. In Hinterbichl am Ende des Hochtales heißt es dann den Seitenständer ausklappen und ein wenig die Seele baumeln lassen. Und die Ausblicke für die Ewigkeit und das Fotoalbum daheim digitalisieren. Oder einfach nur zu genießen …

Über 150 Dreitausender, höchst beeindruckende Gletscher und der größte Nationalpark Mitteleuropas – auch das Panorama rund um Matrei im Herzen der Hohen Tauern hat viel zu bieten. Das historische Zentrum des Bergdorfes ist ideal für einen ausgiebigen Einkehrschwung, seine Umgebung perfekt für ausgiebiges Touren in hochalpiner Umgebung. Sei es nun mit dem Motorrad oder auch in Wanderschuhen. Noch einmal gönnen wir uns an diesem Nachmittag das sehenswerte Defereggental. Auch dessen Talstraße ist ein fahrerischer Hochgenuss, vor allem in Kombination mit Abstechern in die Ortschaften rechts und links des Lenkers.

TOUR-CHECK

Tourenlänge: 220 km

Reine Fahrzeit: 5–6 Stunden

Kehren: 20

Schwierigkeit: leicht

Hotel Basisort: Hotel Gribelehof, www.gribelehof.com

Einkehrtipp: Restaurant Alte Mühle im Hotel Mühlenhof, Gereitstraße 2, A-9971 Matrei, www.altemuehle-matrei.at

Ganz am Ende begrüßt uns dann noch einmal der schon erwähnte Staller Sattel mit seinem geheimnisvollen, weil bis heute nicht vollständig ergründeten Obersee. In dem wurde vor einigen Jahren ein handgeschnitzter uralter Einbaum gefunden, für dessen Existenz es in dieser hochalpinen Welt bis heute keine Erklärung gibt. Vielleicht wollte irgendjemand im Mittelalter hier einfach nur mal Boot fahren. Ich würde es verstehen.

Und von Osten geht es auf der berühmten Großglockner Hochalpenstraße zum Ziel.

Garantiert historisch: Das Kopfsteinpflaster an der Edelweissspitze ist uralt.

OSTTIROLER PFLICHTTERMIN

Am 3. August 1935 wurde eine der schönsten Panoramastraßen der Alpen eröffnet – die Großglockner Hochalpenstraße. Das heutzutage ungekrönte Motorradparadies Österreichs ist der Pflichttermin auf jeden Bikers Lebens-Roadbook und für mich jeden Cent der Mautgebühr mehr als wert.

Ein wichtiger Tipp zur Maut am Großglockner vorweg: Informieren Sie sich zum Thema »Kombitickets« entweder im Internet oder direkt bei den super freundlichen Mitarbeitern an der Mautstelle der Großglockner Hochalpenstraße. Auch wir Motorradfahrer – eine der Hauptzielgruppen der Alpenstraße – können hier nämlich richtig Geld sparen.

Der heutige Tag zeigt uns die Hohen Tauern von ihrer schönsten und auch spektakulärsten Seite. Lassen Sie uns ohne weitere Umwege aufbrechen, über den gut ausgebauten Iselsbergpass erreichen wir zügig den Einstieg zur Großglockner Hochalpenstraße. Die Mautstelle liegt kurz vor dem legendären Bergdorf Heiligenblut. Je nach Ihrer weiteren Tourenplanung auch der kommenden Tage lassen sich herrliche Passstrecken wie Felbertauern und auch Gerlospass günstig kombinieren. Die sehr bikerfreundlichen Mitarbeiter des Mautterminals beraten umfassend.

Und dann liegt Heiligenblut vor uns. Heute ein touristisch geprägter Ort mit langer Geschichte. Hier liegen all diejenigen begraben, die den Großglockner als Bergsteiger bezwingen wollten und dabei gescheitert sind. Es waren ziemlich viele im Laufe der Jahrhun-

TOUR-CHECK

Tourenlänge: 200 km

Reine Fahrzeit: 5 Stunden

Kehren: 55

Schwierigkeit: mittelschwer

Hotel Basisort: Hotel Gribelehof, www.gribelehof.com

Weitere Hotelempfehlungen: TF Iselsberger Hof, Iselsberg, www.iselsbergerhof.at; TF Gasthof Bärenwirt, Fusch/Großglockner, www.gasthof-grossglockner.com; TF Verwöhnhotel Vötter's Sportkristall, Kaprun, www.sport-kristall.at

Einkehrtipp: Gasthof Grüner Baum, Seegasse 1, A-5700 Zell am See, www.gruener-baum.at

derte. Auch Kaiser Franz Joseph wanderte 1856 in den Hohen Tauern, sein Lieblingsplatz wird seither »Kaiser-Franz-Josefs-Höhe« genannt, ein Abzweig linker Hand, den wir uns unbedingt gönnen sollten. Er führt uns direkt vor Österreichs höchsten Berg, den Großglockner (3798 Meter) und gestattet Ausblicke auf den längsten Gletscher der Ostalpen, die Pasterze. Beinahe handzahme Murmeltiere tummeln sich in unmittelbarer Nähe, und im Besucherzentrum wird die Geschichte rund um den Großglockner wieder lebendig.

Die Edelweissspitze als der höchste befahrbare Punkt der Hochalpenstraße zweigt einige Kehren später rechter Hand ab, historisches Kopfsteinpflaster führt uns hinauf auf 2571 Meter – natürlich mit »Bikers Point« und atemberaubendem Rundumblick auf die Hohen Tauern. Vergleichsweise gemütlich geht es anschließend hinab nach Zell am See, einem bereits im Mittelalter wichtigen Handelsstädtchen. Die historische Altstadt lädt zum Flanieren und Pausieren ein, bevor wir uns auf dem Heimweg die Felbertauernstraße gönnen. Auf der 36 Kilometer langen und gut ausgebauten Panoramastrecke des Felbertauern samt ihrem kilometerlangen Mauttunnel geht es selbst an Hochsommertagen vergleichsweise ruhig zu. Von Mittersill aus windet sich die Nordrampe mit gut 9 % Steigung bergan zum 5 Kilometer langen Felbertauerntunnel, dessen Südportal den Biker bereits in die sonnenverwöhnte Hochgebirgslandschaft Osttirols entlässt. Dreispurig ausgebaut geht es hinauf auf 1632 Höhenmeter, dann durch die grandiosen Alpenpanoramen der Hohen Tauern heimwärts nach Lienz. Und hier heißt es Abschied nehmen, denn uns erwarten nun die Dolomiten. Da hält sich die Trauer dann doch in Grenzen, oder?

Pflichttermin im Lebens-Roadbook: Kehre Nr. 1 auf der Großglockner Hochalpenstraße

Höchst spannend: Der Weiler Heiligenblut hat viel erlebt im Laufe der Jahrhunderte.

Bruneck
Pfalzen
Rienz
ss49
St. Lorenzen
Rasen
Antholzer Bach
Olang
Taisten
Durnwald
Welsberg
Lüsen
ss244
2273
Kronplatz
Pustertal
36
Toblach
A
E
Innichen
ss49
Prags
Toblacher See
Pragser Wildsee
Enneberg
St. Martin
Würzjoch
2875
Peitlerkofel
Naturpark
Gadertal
2810
Seekofel
2889
Dürrenstein
35
ss51
Sexten
Moos
3145
Dreischuster Sp.
Wengen
ss244
3146
Hohe Gaisel
1530
3025
Geisler Spitzen
Abtei
Puez-Geisler
Stern
Wolkenstein
St. Kassian
Pso. Cimabanche
Misurina
M. Cristallo
3221
Drei Zinnen
2999
Zwölferkofel
3094
Sextner
Dolomiten
2839
Cadini Misurina
ss51
Grödnerjoch
Corvara
Le Tofane
3244
Pso. Tre Croci
sr48
Pso. di Valparola
2192
Cortina d´Ampezzo
Sellajoch
Piz Boe
3152
Pso. Campolongo
Pso. di Falzarego
2117
ss48
Arabba
Pso. Pordoi
Canazei
Pso. Giau
2230
Boite
Le Marmarole
2832
ITALIEN
Cadore
Pso. di Fedaia
M. Marmolada
3342
ss641
Rocca Pietore
Selva di Cadore
S. Vito di Cadore
M. Antelao
3264
ss51
Forcella Staulanza
1766
M. Pelmo
3168
Lago d´Alleghe
Alleghe
Vodo
Pieve di Cadore
Lago di Pieve di Cadore
Lago di Valle di Cadore
Mareson
Zoppè di Cadore
Pso. Cibiana
1530
M. Civetta
3220
Pso. di S. Pellegrino
1918
ss346
sr203
Canale d´Agordo
Falcade
Cencenigha
Dont
Forno di Zoldo
Pso. di Valles
2033
Pso. Duran
Sasso di Bosconero
2468
Piave
Pso. di Rolle
1972
3192
Cima della Vezzana
2547
M. Tamor
2872
M. Agner
Agordo
La Valle Agordina
Vollago Agordino
S. Martino
ss50
sr203
Soffranco
5 km
Longarone
ss51
Erto
Lago del Vaiont
Ospitale di Cadore
Cima dei Preti
2703
Pso. di S. Oswaldo
Cimolais
sp19
Claut
Cima Monfalenn
2548
Innervillgraten
Toblacher Pfannhorn
2663
Außervillgraten
Arnbach
Sillian
100
Strassen
St.Oswalc
Kartitsch
2433
Helm
Tirol
2689
G. Kinigra
Kreuzbergpass
ss52
Padola
Sega Digon
Dosoledo
San Nicolo di Comelico
Danta di Cadore
Passo San Antonio
1489
Santo Stefan di Cado
Auronzo di Cadore
ss52
Laggio di Cadore
Lozzo di Cadore
Lorenzago di Cador
Domegge di Cadore
Pso. dell Mauria
M. Pram
Dolom

AUSGANGSORT

DOBBIACO/ TOBLACH

Im Herzen des Südtiroler Pustertals gelegen, empfangen Alt- und Neu-Toblach ihre Gäste direkt am Eingang des Höhlensteintals, dessen Nordwand drei berühmte Zinnen aufweist. Im historischen Zentrum ist viel Sehenswertes aus vergangenen Zeiten erhalten geblieben: barocke und gotische Kirchen, der älteste Kreuzweg Tirols, der Ansitz »Herbstenburg« oder auch der Rote Turm aus dem Jahr 1430. Die alljährlichen »Gustav-Mahler-Wochen« sind nur ein Highlight des gut gefüllten Veranstaltungskalenders der Stadt.

Appetizer: Den Misurina-See gönnen wir uns gleich ebenso wie den Valparola-Pass.

Das UNESCO-Weltnaturerbe Dolomiten …

UNBEKANNTE DOLOMITEN

Bevor wir uns auf den kommenden Touren den hinlänglich bekannten, aber zugegeben auch grenzgenialen Highlights der Dolomiten widmen, lassen Sie uns auf dieser und der kommenden Runde einen Abschnitt der Dolomiten erfahren, der gänzlich im Schatten des mächtigen UNESCO-Welterbes liegt: den Osten der Dolomiten.

Beginnen wir den Einstieg in das Thema »Dolomiten« ganz gemütlich mit einer Kennenlernrunde, die trotz ihrer Kürze nicht darüber hinwegtäuschen sollte, dass sie mit über 50 Kehren durchaus anspruchsvoll ist. Und das sogleich von Beginn an. Dazu geht es aus Dobbiaco/Toblach noch einmal hinauf zum Kreuzbergpass, den wir ja auf Tour 31 schon kennengelernt haben. Extrem kurvenreich und auf höchst schmaler Piste entführt uns der Pass in die Grenzregion zwischen Karnischen Alpen und Dolomiten. Auch er war umkämpftes Gebiet in zahlreichen Kriegen, teilweise gut erhaltene Ruinen zeugen von dieser bewegten Geschichte.

Gleich nach der Passhöhe windet sich die Straße bergab in das Bergdorf Padola, an dessen Südrand ein Kurvenrevier liegt, das Sie unbedingt mithilfe unseres GPS-Downloads erkunden sollten. Selbst die hochauflösende Karte hier in diesem Buch kann den Genuss der Strecke zwischen San Nicolo di Comelico, Costalissio, San Pietro di Cadore, Santo Stefano di Cadore und Danta di Cadore nicht abbilden. Ach ja – und nicht zu vergessen den Passo San Antonio, den vorläufigen Abschluss dieser Kurvenfreuden. Volle Konzentration ist hier gefordert, Anfänger sollten sich von erfahrenen Bikern leiten und die Ideallinie jeder Kurve zeigen lassen. Ohne übertriebene Eile.

Durch das verträumte Piave-Tal und seine einsamen Bergdörfer schwingen wir sodann hinunter nach

… erwartet uns mit ungezählten Höhepunkten wie der Drei-Zinnen-Panoramastraße.

Pieve di Cadore am gleichnamigen See. Ein idealer Zeitpunkt für eine stärkende Einkehr. Meinen Tipp finden Sie wie immer im Tour-Check. Die SS 51, die Strada Statale di Alemagna, leitet uns nachmittags wieder Richtung Norden durch das enge Flusstal des Boite Richtung Cortina d'Ampezzo, dem wohl berühmtesten »Dorf« der Dolomiten – übrigens unser Ausgangsort ab Tour 37, deshalb sei der Ort hier nur am Rande erwähnt. Gestatten Sie mir zumindest einen Tipp vorweg: Meiden Sie Cortinas Rushhour morgens und abends, denn dann staut sich in den historischen Gassen des Ortes der Verkehr in alle Richtungen.

TOUR-CHECK

Tourenlänge: 160 km

Reine Fahrzeit: 4 Stunden

Kehren: 56

Schwierigkeit: mittelschwer

Hotel Basisort: Hotel Rosengarten, www.rosengarten.it

Weitere Hotelempfehlung: TF Hotel Bellavista, Ravascletto, www.bellavistaravascletto.it

Einkehrtipp: Ristorante La Piazetta an der Piazza Venezia 18, Pieve di Cadore

Die Schokoladenseite des Passo Tre Croci ist dessen Westrampe, von Cortina d'Ampezzo kommend. Fahrerisch nicht besonders anspruchsvoll bietet sie doch schöne Ausblicke auf die Metropole des »Weißen Sports«. Von der unspektakulären Passhöhe hinab führt die Straße direkt auf den Abzweig zum Lago di Misurina und dem dort liegenden Passo Sant Angelo zu. Vor allem der Blick vom Lago di Misurina auf die umliegenden Gipfelwelten der »Tre Cime di Lavaredo« ist ein Gedicht.

Und nicht nur für Biker hält das Gebiet der Drei Zinnen noch eine Überraschung parat: die »Strada Panoramica Delle Tre Cime« – eine fahrerisch mäßig anspruchsvolle Panorama-Mautstraße steil hinauf in hochalpine Felsregionen. Bitte unbedingt abzweigen, denn wer sich dieses Highlight entgehen lässt, ist selbst schuld!

Zeit für Entspannung, denn der Passo Giau ….

RUND UM CORTINA

Diese tagesfüllende Rundfahrt erkundet den Ostflügel der Dolomiten mit zahlreichen Pässen und einer Panoramastraße. Dreh- und Angelpunkt ist dann jeweils das prächtige Cortina d'Ampezzo.

Nach einem langen Blick auf den herrlichen, aber auch »zapfig« kalten Lago di Misurina geht es diesmal zunächst nicht hinab nach Cortina, sondern über kleinste Landstraßen nach Aurozo di Cadore in das idyllische Piave-Tal. Durch einsame Bergdörfer und verlassen wirkende Weiler huschen wir nach Pieve di Cadore, lassen unseren gestrigen Boxenstopp wegen der vermutlich noch recht frühen Uhrzeit unbeachtet und folgen der Piave weiter Richtung Süden nach Longarone, einem gut 900 Jahre alten Bergdorf mit tragischer Geschichte: 1963 tötete ein Erdrutsch nahezu alle Bewohner.

Der Ort markiert heute unseren südlichsten Punkt der Reise und empfiehlt sich je nach Uhrzeit wohl auch schon zur mittäglichen Einkehr. Vielleicht sollten Sie nur eine leichte Mahlzeit zu sich nehmen, denn das Kurvengemenge dieses Nachmittags hat es in sich. Über Soffranco und Forno di Zoldo erreichen wir die Südrampe zum Forcella Staulanza. Noch nie davon gehört? Macht nichts – der 1766 Meter hohe Pass gehört zu den eher unbekannten Dolomitenpässen. Und dennoch sollte man ihn und seine bis zu 14 % Steigung nicht unterschätzen.

Der Pass verbindet das Val Fiorentina im Norden mit dem Zoldotal im Süden. Die landschaftlich sehr schöne Strecke verläuft meistens durch Wälder und beschert uns reichlich Kurven mit noch mehr Fahrspaß. Direkt östlich des Scheitels erblickt man den gewaltigen Felsblock des Monte Pelmo auf beinahe 3200 Metern, der zu den höchsten Gipfeln der Dolomiten zählt.

Und die Könige der Dolomiten stehen ab sofort ganz dick auf unserem Roadbook: Beginnen wir mit dem Passo Giau, südwestlich von Cortina. Ein Pass mit sage und schreibe 55 Kehren zwischen seinen Basisorten – nein, dies ist kein Schreibfehler! Sein Anstieg beginnt inmitten von schattigem Mischwald und geht erst allmählich in eine satte Steigung über. Weite Almen und grandiose Ausblicke auf die umliegenden Zweieinhalbtausender garnieren die Passhöhe auf 2230 Metern. Ja, an klaren Tagen kann man sogar die Gletscherregionen der Marmolada sowie die Sellagruppe erkennen.

Derart perfekt »warmgefahren«, erwarten uns dann noch zwei weitere Berühmtheiten der Dolomiten auf dem Heimweg: der Falzarego sowie sein vorgelagerter »Bruder« Valparola. Ihrer Pracht wie auch ihren Details werden wir uns auf den folgenden Touren noch intensiv widmen, genießen Sie für heute einfach die Kurvenhatz retour nach Dobbiaco – und das abendliche gemeinsame Schulterklopfen, denn das heutige Tagwerk war nicht ohne Anspruch.

TOUR-CHECK

Tourenlänge: 260 km

Reine Fahrzeit: 6 Stunden

Kehren: 96

Schwierigkeit: anspruchsvoll

Hotel Basisort: Hotel Rosengarten, www.rosengarten.it

Weitere Hotelempfehlungen: TF Hotel Cesa Padon, Pieve di Livinallongo/Arabba, www.cesa-padon.it; TF Hotel Reipertingerhof, Reischach/Bruneck, www.reipertingerhof.com; TF Hotel Condor, St. Vigil, www.dolomoto.com; TF Almhof Hotel Call – Wellnesshotel, St. Vigil, www.almhof-call.com

Einkehrtipp: Ristorante de bona Luigi, Via Roggia 26, I-32013 Longarone, www.albergoristorantedebona.it

… gehört zu den fahrerisch anspruchsvollsten Höhepunkten der Dolomiten.

SAVOIA
BAR CAFE
ALBERGO
YAMAHA

Rodeneck
Vahrn
Lüsen
Brixen
St. Andrä
A22
E45
ss12
St. Lorenzen
ss244
Olang
Rasen
2273
Kronplatz
1760
Furkelpass
37
Enneberg
Taisten
ss49
Welsberg
Durnwald
Pustertal
Rienz
Toblach
Innichen
2663
Toblacher
Pfannhorn
Prags
Pragser
Wildsee
Toblacher
See
Sexten
ss51
2810
Seekofel
2889
Dürrenstein
3145
Dreischuster Sp
Würzjoch
2875
Peitlerkofel
Gadertal
St. Martin
Wengen
Villnöß
Naturpark
Puez-Geisler
Geisler Spitzen
3025
Puezgruppe
Abtei
ITALIEN
3146
Hohe Gaisl
1530
Drei Zinnen
2999
Pso. Cimabanche
Sextn
Dolom
Dolomiten
ss242
St. Ulrich
Wolkenstein
Stern
ss244
St. Kassian
Misurina
M. Cristallo
3221
2839
Cadini
Misurina
sr48
Grödner Tal
Grödnerjoch
Corvara
Le Tofane
3244
A
E
Cortina
d'Ampezzo
Pso. Tre Croci
Seiser Alm
3181
Langkofel
Sellagruppe
38
Pso. di Valparola
2192
ss48
Sellajoch
Piz Boe
3152
Pso. Campolongo
Pso. di Falzarego
2117
Le Marma
2832
Rosengarten
Pso. Pordoi
ss48
Arabba
Pso. Giau
2230
Boite
Campitello
Canazei
Mazzin
Pso. di Fedaia
Selva di Cadore
S. Vito di Cadore
M. Antelao
3264
Cadore
Vigo
di Fassa
M. Marmolada
3342
ss641
Rocca Pietore
Fassatal
M. Pelmo
3168
Forcella Staulanza
1766
Pieve
Cador
ss241
Lago d'Alleghe
Alleghe
Vodo
ss48
Pso. di S.
Pellegrino
1918
Mareson
Zoppè di Cadore
Lago di
Valle di
Cadore
Moena
ss346
M. Civetta
3220
Pso. Cibiana
Avisio
Canale d'Agordo
sr203
1530
Pso. di Valles
2033
Falcade
Cencenighe
Agordino
Dont
Forno di Zoldo
Sasso di
Bosconero
2468
Piave
ss50
Pso. di
Rolle
Pso. Duran
2547
M. Tamor
Ospita
di Cac
Panaveggio
3192
Cima della
Vezzana
1972
ss50
Agordo
ss51
2771
Cima di Cecc
S. Martino
2872
M. Agner
Voltago-
Agordino
La Valle
Agordina
5 km
Soffranco
Erto
Longarone

AUSGANGSORT

CORTINA D'AMPEZZO

Cortina d'Ampezzo ist zweifelsohne der berühmteste Skiort Norditaliens. Die internationale Atmosphäre des Ortes, die attraktiven Shoppingmeilen und die eleganten Restaurants sind schon eine Schau für sich. Und Cortina hat immerhin gut 1000 Jahre pralle Geschichte zu bieten, wenngleich der Charme vergangener Jahrhunderte an vielen Stellen heute mächtig bröckelt. Hier wurden sogar weltbekannte Kinohits wie »The Pink Panther« oder die James-Bond-Episode »For Your Eyes Only« gedreht.

Im Herzen der Dolomiten gehören Pordoi- und Fedaia-Pass natürlich zum Tagwerk.

Abgehakt: Der Passo di Falzarego gehört zu den Berühmtheiten der Dolomiten …

KURVENREICHER DOLOMITEN-MIX

Auf den ersten Blick mag diese Tour nur eine Kurzversion von Nr. 36 sein, zumal sie auch über den Falzarego und Valparola führt. Doch bei genauem Hinsehen entpuppt sie sich als eine Aneinanderreihung von weitgehend unbekannten Pisten im Osten der Dolomiten.

Möglichst noch vor der morgendlichen Rushhour wedeln wir südwärts aus Cortina hinaus nach San Vito di Cadore und folgen dem Fluss Boite, bis jener zum Lago di Valle di Cadore aufgestaut wird. Dort bitte den Blinker rechts setzen und der Beschilderung Cibiana di Cadore und Passo Cibiana folgen. Der wenig bekannte, obwohl ganzjährig geöffnete Dolomitenpass in der Provinz Belluno führt auf 1530 Metern Höhe durch dichten Tannenwald, der sich nur ab und zu für ein paar Rundumblicke öffnet. Das Highlight des Passes ist seine extrem kurvige Streckenführung, die auch Sie begeistern wird.

In Forno di Zoldo mündet unser Weg dann in die Südrampe des Forcella Staulanza, den wir heute noch einmal erklimmen. Mit etwas Zeit im Tankrucksack empfehle ich vorher noch den Abstecher nach Zoppè di Cadore, einen 200-Seelen-Weiler hoch oben in den Bergen in malerischer Lage. Unser Gleichgewichtssinn kann dann acht zusätzliche Spitzkehren aufzeichnen, allein das ist schon Grund genug für diesen Abstecher.

Weitere 20 Kehren später stehen wir vor der Südrampe des Passo di Falzarego, der mit seinen 2117 Höhenmetern eines der namhaftesten, wenngleich nicht anspruchsvollsten Highlights der »Großen Dolomitenstraßen« ist. Seine 40 Kehren enthalten einige schön angelegte »Applauskurven«, in denen wir gemütlich im moosigen Almgras liegend die Fahrkünste der Kollegen beobachten und kommentieren können.

Als Nachschlag gibt es dann heute nochmals den Passo di Valparola mit seinem mächtigen Felsenlabyrinth entlang der Passhöhe auf 2192 Metern. Die Passhöhe ist unbewirtschaftet. Wem jetzt der Magen knurrt, den erwartet wenige Kilometer weiter das malerische La Villa im Alta Badia und mein Einkehrtipp.

La Villa wird gerne auch der »Stern im Gadertal« genannt, schauen Sie sich doch nach der Einkehr noch ein wenig um. Es wird Ihnen gefallen. Durch das idyllische Gadertal geht es weiter Richtung Norden, kurz hinter San Martino in Badia setzen wir den Blinker rechts und folgen den Wegweisern nach Marebbe und zum unscheinbaren Furkelpass (1760 Meter). Vor allem dessen Ostrampe begeistert mit unzähligen Schräglagen, erst am Lago di Valdaora mündet die schmale Piste in die SS 49 von Bruneck nach Toblach. Das plötzliche Verkehrsgewühl trifft auch Sie vermutlich wie ein Hammerschlag, doch bereits im wohlbekannten Dobbiaco können wir Stau und Hektik wieder entfliehen und über den 1530 Meter hohen Gemärkpass oder Passo Cimabanche wieder Richtung Cortina einschwenken. Auch der Cimabanche gehört zu den eher unbekannten Kurvenpisten der Dolomiten. Und gleichwohl wir uns am Bikerstammtisch kaum jemals mit ihm brüsten können, als Tagesausklang ist auch er ein Genuss. Das Passschild taugt zumindest für ein »Ich-war-hier-Beweisfoto« allemal.

TOUR-CHECK

Tourenlänge: 215 km

Reine Fahrzeit: 5 Stunden

Kehren: 89

Schwierigkeit: mittelschwer

Hotel Basisort: Hotel Trieste, www.hoteltriestecortina.it

Weitere Hotelempfehlungen: TF Hotel Markushof, Valdaora di Sopra, www.markushof.it; TF Hotel Pütia, St. Martin in Thurn, www.putia.com

Einkehrtipp: Restaurant L'Fanà, Strada Colz 57, I-39036 La Villa, www.lfana.com

... seine Südrampe ist dabei auf weiter Strecke auch anfängertauglich.

Morgenstund: Blick auf Arabba und das Felsenreich des Passo Pordoi

DIE PFLICHT RUFT

Das Warm-up liegt nun hinter uns, der Gleichgewichtssinn ist einjustiert auf die anspruchsvollen Dolomiten und unser Kurvenschwung bereits nahe an der berühmten Ideallinie. Und wenn noch nicht, dann spätestens heute Abend.

Richtung Westen und Passo di Falzarego verlassen wir Cortina und wenden uns sogleich der Kurvenpiste zum Passo Giau zu. Diesmal von Norden her erklimmen wir den Pass und gönnen uns alle 55 Kehren. Welch ein Spaß – auch für unseren Blutdruck!

Im Takt der Kurven schunkeln wir dann hinunter nach Selva di Cadore, folgen dort den Wegweisern zum Forcella Staulanza und Passo Duran. Zugegeben: Mit dem Giau noch im Rückspiegel erscheint der Duran mit seinen gut 1600 Höhenmetern doch eher als »Kindergarten«. Unterschätzen Sie die Piste aber nicht. Zumal sie uns gemütlich hinunter nach Agordo sowie nicht minder kurvenreich in die Gipfelregionen der imposanten Marmolada-Region führt.

Über Alleghe und Caprile erreichen wir den Südrand der berühmten Marmolada. Neun gut ausgebaute Kehren durch teilweise dunkle Felsentunnel schenkt uns der Passo Fedaia auf seiner Ostrampe hinauf zum gleichnamigen Stausee, in dem die Schmelzwasser des einstmals mächtigen Marmolada-Gletschers gesammelt werden. Die mit Kopfstein gepflasterte Staumauer ist übrigens frei befahrbar, auf beiden Uferseiten kann man das gewaltige Panorama sogar mit einem Einkehrschwung würzen – siehe mein Tipp im Tour-Check.

Bunt und laut geht es zu in Canazei, dem wohl bekanntesten Fremdenverkehrsort des Fassatales, der zugleich wichtigsten Drehscheibe der Dolomiten. Der Reiz des Bergdorfes liegt in seinem erlebenswerten Kontrast zur überwältigenden Einsamkeit der umliegenden Berge. Gönnen Sie sich unbedingt einen leckeren Cappuccino in einem der zahlreichen Cafés im Ortszentrum und schauen Sie in aller Ruhe dem bunten Treiben zu. Es ist hochinteressant.

Wenn allerdings die Sonne schon an den Gipfeln der Berge kratzt, sollten Sie sich etwas sputen. Denn mit dem Passo Pordoi und Campolongo – ebenfalls zwei Pflichtterminen in Bikers Dolomiten-Roadbook – haben wir noch zwei Höhepunkte zu bewältigen, die nach Anbruch der Dunkelheit keinesfalls mehr anfängertauglich sind. Und im sehenswerten Städtchen Corvara, unserem nächsten und meinem Lieblings-Tourenstandort in den Dolomiten, sollten wir auch noch einen zumindest kurzen Boxenstopp einlegen. Oder aber Sie suchen gleich nach einem freien Zimmer. Andernfalls geht es über unsere beiden »alten Bekannten« namens Valparola und Falzarego retour nach Cortina d'Ampezzo.

TOUR-CHECK

Tourenlänge: 215 km

Reine Fahrzeit: 5 Stunden

Kehren: 195

Schwierigkeit: anspruchsvoll

Hotel Basisort: Hotel Trieste, www.hoteltriestecortina.it

Weitere Hotelempfehlungen: TF Hotel Bellavista SNC di Marco Fosco & C., Canazei, www.bellavistahotel.it; TF Hotel & Residence Olympia, Arabba, www.hotel-olympia.com; TF Hotel Gran Paradis, Campitello di Fassa, www.granparadis.com

Einkehrtipp: Ristorante Rifugio Castiglioni Marmolada, Passo Fedaia, 5, I-38032 Canazei, www.rifugiomarmolada.it

Pflichttermin: Neben Nippes und Tand gibt's richtig guten Kaffee oben am Pordoi.

BERGGASTHOF
Niger-Joch-Haus
1.690 m
Restaurant
Cafe

Penser Joch
2200
2705
Weißhorn
Pens
2742
Jakobsberg
ss508
Durnholz
Sarntaler
Astfeld
2509
Villandersberg
Sarnthein
Sarntal
Talfer
Alpen
Ritten
Barbian
Klobenstein
Oberbozen
BOZEN
ss12
A22
E45
Eisacktal
Eisack
Vals
Weitental
Terenten
St. Sigmund
Pfalzen
Niedervintl
Rienz
ss49
St. Georgen
Bruneck
Pustertal
Rodeneck
40
St. Lorenzen
Olang
Lüsen
Vahrn
Brixen
2273
Kronplatz
1760
Furkelpass
St. Andrä
2578
G. Gabler
Enneberg
Velthurns
Gadertal
St. Martin
Würzjoch
2875
Peitlerkofel
Kloster Säben
Gudon
Villnöß
39
Klausen
Naturpark
Wengen
ss244
Laion
Geisler Spitzen
3025
Puez-Geisler
Puezgruppe
Abtei
Stern
ss242
Kastelruth
St. Ulrich
Grödner Tal
Wolkenstein
St. Kassian
Grödnerjoch
2137
A E
Corvara
ss243
Seis
Seiser Alm
Langkofel
3181
2213
Sellajoch
Sellagruppe
Piz Boe
3152
Pso. Campolongo
Pso. di Valparola
2192
Pso. di Falzarego
2117
Schlern
2563
Pso. Pordoi
2230
ss641
Arabba
Tiers
Campitello
Canazei
Rosengarten
3002
Nigersattel
1690
Mazzin
Pso. di Fedaia
Eggental
ss241
Welschnofen
ss48
Fassatal
M. Marmolada
3342
Deutschnofen
Eggen
Karerpass
1745
Vigo di Fassa
Rocca
Alleghe
Lago d'Alleghe
Dolomiten
Obereggen
Weißenstein
Latemar
2842
5 km

AUSGANGSORT

CORVARA

Strategisch hervorragend mitten im Herzen der Region gelegen, bietet Corvara, mein persönlicher Lieblingsstandort in den Dolomiten, nach einem langen und kurvenreichen Tag im Sattel alle Annehmlichkeiten, die sich ein Biker wünschen mag. Auf immerhin 1568 Metern gelegen, gehört es geografisch zu den fünf ladinischen Gemeinden des Gadertales. Umringt von den Sella-Felsen sowie der Hochebene von Pralongia, liegt das heutige Touristenstädtchen direkt am Südrand des Naturparks Puez-Geisler.

Lebensabend-geeignet: Blick auf Corvara (links) und die Passhütte am Niger

Ganz schön schmal: Die Rampe hoch zum Würzjoch ist nicht ohne Spannung.

GESUND IST'S AUCH ...

Haben Sie schon bemerkt, wie die Zahl der Kehren täglich beinahe sprunghaft ansteigt? Der Grund dafür ist einfach: Wir befinden uns im Herzen des UNESCO-Welterbes Dolomiten und umgeben von all den Berühmtheiten, von denen auch Biker immer schon träumen.

Nun, wie hat Ihnen die erste Nacht in Corvara zu Füßen des mächtigen Sassongher-Gipfels gefallen? Fragen Sie sich auch, warum Sie so tief entspannt geschlafen haben? Das liegt an der mit 1500 Höhenmetern klimatisch höchst erholsamen Lage des Städtchens. Lassen Sie uns dennoch früh am Morgen gen Westen aufbrechen. Auf gut ausgebauter Straße geht es hinauf zum Grödnerjoch auf 2137 Metern. Rund um die obligatorischen Andenkenläden auf der Passhöhe schnattern vermutlich trotz früher Stunde bereits die ersten Italo-Biker fröhlich um die Wette, und gemeinsam düsen wir weiter Richtung Sella. Ach ja, versuchen Sie möglichst nicht, mit den Italo-Bikern Schritt zu halten. Das kann nicht gelingen, die sind hier zu Hause und haben jeden Zentimeter Piste bereits mit ihren Fußrasten signiert.

In weiten Bögen schwingt die Passstraße vom Grödnerjoch nach Westen, ehrfurchtsvoll schiebt sich der gewaltige Block der Sella-Gruppe in unser Blickfeld. »Dolomit« heißt das nach dem französischen Forscher Dolomieu benannte, hier sehr häufige Mineralgestein, das vor satten 40 Millionen Jahren dieses hochalpine Motorradparadies formte. Am Sellajoch auf 2215 Metern steppt an jedem Sommertag der berühmte Bär; hier stapeln sich Biker, Rennradler, Auto- und Wohnmobilisten bei dem Versuch, das Passschild

Legende der Dolomiten: der mächtige Felsblock der Sella-Gruppe

abzulichten. Grüßen Sie einfach kurz die meckernden Gipfelziegen und lassen Sie dem Bike die Zügel lang auf dem Weg hinunter nach Canazei.

Durch das malerische Fassatal erreichen wir den Passo di Costalunga oder Karerpass (1745 Meter), hier folgen wir der Beschilderung zum Nigerpass und wedeln gemütlich hinunter ins Tierser Tal zu Füßen des mächtigen Rosengartens, der felsigen Heimat des geheimnisvollen Zwergenkönigs Laurin. Spätestens in Ortisei/St. Ulrich im Grödnertal sollten wir uns für die zweite Hälfte der Fahrt stärken.

Bevor wir uns dann im Gewusel des Eisacktales rund um Brixen verirren, lassen Sie uns lieber wieder hinauf in die Berge huschen. Dazu wählen wir die Strecke am Ostrand des Tales über Laion und Gudon hinauf zum Passo dell'Erbe, besser bekannt als Würzjoch. Kaum mehr als lenkerbreit ist dessen an sich harmlose Piste, bei Gegenverkehr heißt es Ruhe bewahren und eine der Ausweichbuchten nutzen. Der Klügere gibt nach – das gilt auch für Biker. In San Martino biegen wir zu guter Letzt in das Gadertal ein und schwingen heimwärts nach Corvara. Schauen Sie sich ausgiebig um, auch das Gadertal gehört zu den landschaftlichen Perlen der Dolomiten.

TOUR-CHECK

Tourenlänge: 210 km

Reine Fahrzeit: 5 Stunden

Kehren: 116

Schwierigkeit: mittelschwer

Hotel Basisort: Frühstückspension »Garni Margit«, www.garnimargit.it

Weitere Hotelempfehlungen: TF Hotel Castel Latemar, Welschnofen, www.castellatemar.it; TF Hotel Niggl, Welschnofen, www.niggl.it; TF Pension Haus Tirol, Lajen/Südtirol, www.haus-tirol.it

Einkehrtipp: Restaurant Mauritz Keller, Strada Rezia 32, I-39046 Ortisei, www.maurizkeller.com

Welch herrliche Erinnerung: Frühmorgens auf dem Weg zum Grödnerjoch

DA FEHLT NOCH ETWAS

Das gewaltige Eisack- und Etschtal an dieser Stelle nur mit einem schlichten Nebensatz abzutun, wäre sträflich. Zwar erstickt die mautfreie SS 12 oftmals am Tag im Verkehr, aber dennoch gibt es im Umland Brixens viel zu entdecken. Und das sogar abseits allen Trubels.

Ein letztes Mal gönnen wir uns ganz früh am Morgen den Aufstieg zum Grödnerjoch, biegen dann aber nicht Richtung Sella ab, sondern genießen die Kurvenhatz im herrlichen Grödnertal, touren gemächlich durch Selva di Val Gardena, Santa Cristina oder auch Ortisei/St. Ulrich. Übrigens: Das Gader-, Grödner- und Fassatal gehören zum letzten Rückzugsgebiet der Ladiner, einem rätselhaften rätoromanischen Volksstamm, der seit Urzeiten die Dolomiten besiedelt. Dreisprachige Beschilderungen in Deutsch, Italienisch und Ladinisch sind hier ebenso selbstverständlich wie eine Kultur tief verwurzelt in der Welt der Berge. Kein Wald wird gerodet, wo Lawinengefahr besteht, kein Haus gebaut, wo reißende Bäche lauern, kaum ein Fenster existiert an den Nordseiten, und die Hausdächer haben zur optimalen Schneelastverteilung eine Neigung von exakt 25º. Hochinteressante Einblicke in diese Kultur bietet übrigens das sehenswerte Museum Ladin in Sankt Martin.

Richtung Brixen oder Bressanone wählen wir heute die linke, die westliche Talseite und schwingen über Velthurns mit seinem imposanten Schloss gen Norden.

Am Zusammenfluss von Eisack und Rienz liegt das über 1000-jährige Brixen mit seinen uralten Gassen, gepflegten Bürgerhäusern, idyllischen Laubengängen und unzähligen Brücken. Und inmitten dieser historischen Pracht quirlt das Leben: In Brixen ist immer etwas los, von Altstadtfesten über Konzerte bis zum Kellertheater reicht der proppenvolle Eventkalender. Lassen Sie uns gemütlich eintauchen in dieses lebendige Heute. Und einen kleinen Hunger haben Sie doch bestimmt auch schon, denke ich mir.

Das imposante und mächtig abwechslungsreiche Pustertal dominiert am Nachmittag weite Teile unserer Tour. Entlang der SS 49, einer wichtigen Verkehrsverbindung zwischen Brixen, Bruneck und Lienz, liegen zahlreiche Industriegebiete. Doch verlässt man diese proppenvolle Verkehrsader und sucht den Weg zum Beispiel am Nordhang über Terento und Falzes, so findet man umgehend eine erlebenswert andere Welt.

Bruneck ist die wohl bekannteste Stadt im Pustertal, direkt an der Mündung der Ahr in die Rienz gelegen und mit 16 000 Einwohnern die fünftgrößte Stadt Südtirols. Über 750 Jahre hat der Ort auf dem Buckel, nicht nur das Schloss Bruneck kann davon berichten. Ideal für einen koffeinhaltigen Boxenstopp, bevor wir retour nach Corvara düsen. Denn zu den fahrerischen Höhepunkten rund um Bruneck kommen wir noch explizit auf Tour Nr. 57. Für heute heißt es erst einmal Abschied nehmen von der Kernregion der Dolomiten. Es wird auch Ihnen schwerfallen …

TOUR-CHECK

Tourenlänge: 180 km

Reine Fahrzeit: 4–5 Stunden

Kehren: 91

Schwierigkeit: leicht

Hotel Basisort: Frühstückspension Garni Margit, www.garnimargit.it

Weitere Hotelempfehlungen: TF Hotel Florian, Wolkenstein/Gröden, www.florian.bz.it; TF Hotel Jonathan***s, Natz-Schabs, www.hotel-jonathan.com; TF Hotel Föhrenhof, Natz-Schabs, www.foehrenhof.it

Einkehrtipp: Gasthof und Pizzeria »Goldenes Lamm«, Brennerstraße 107, I-39040 Vahrn, www.goldenes-lamm.net

Blick hinab in das vom Gletscher geformte Eisacktal mit dem Weiler Gudon

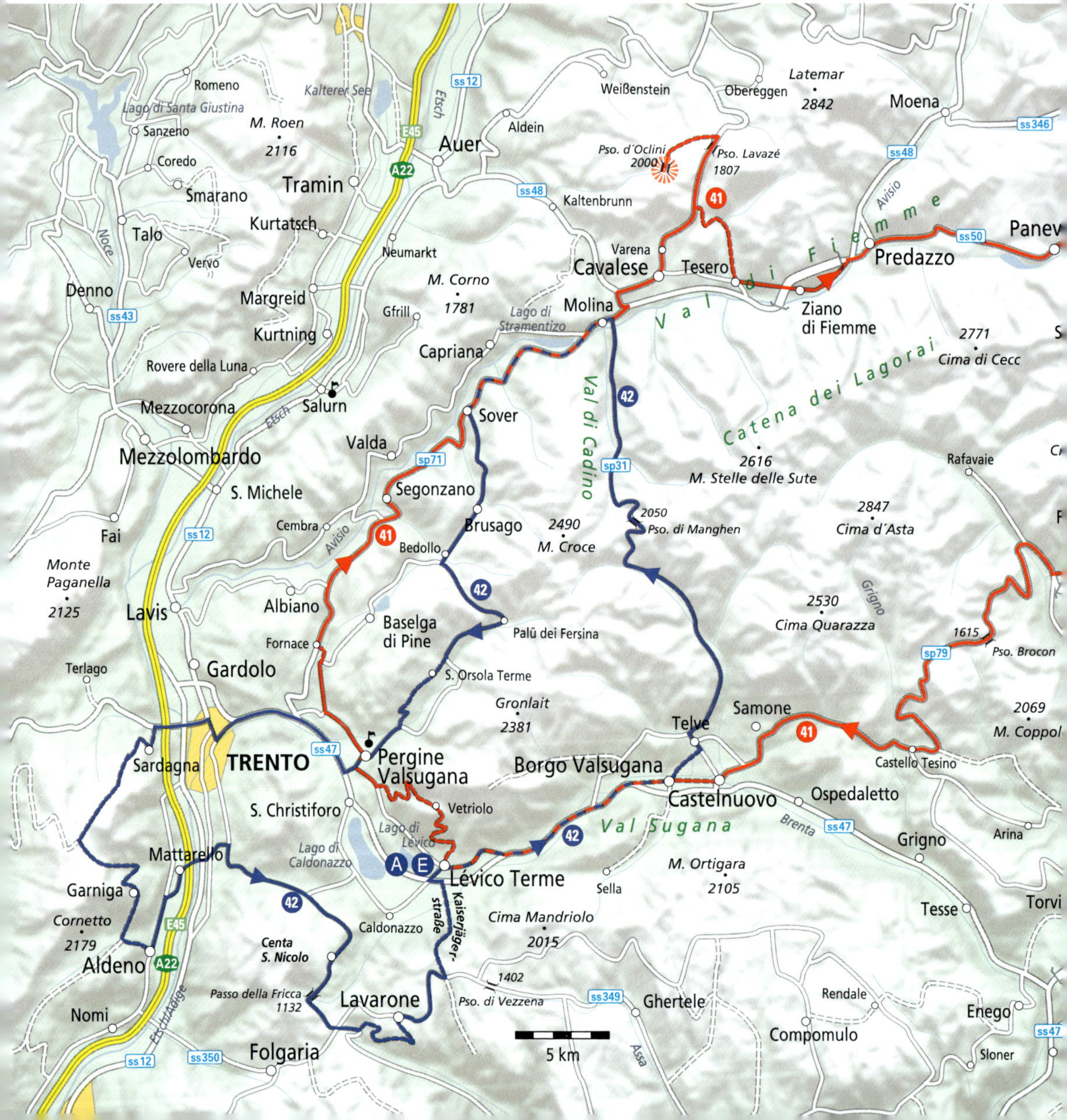

Romeno
Kalterer See
Lago di Santa Giustina
Sanzeno
M. Roen
2116
Coredo
Smarano
Tramin
Auer
Aldein
Weißenstein
Obereggen
Latemar
2842
Moena
Pso. d´Oclini
2000
Pso. Lavazé
1807
Kaltenbrunn
Kurtatsch
Talo
Vervo
Noce
Neumarkt
Varena
Cavalese
Tesero
Predazzo
Panev
Denno
Margreid
M. Corno
1781
Gfrill
Kurtning
Lago di Stramentizo
Molina
Val di Fiemme
Ziano di Fiemme
Avisio
Capriana
2771
Cima di Cecc
Rovere della Luna
Salurn
Etsch
Mezzocorona
Sover
Val di Cadino
Catena dei Lagorai
Valda
Mezzolombardo
2616
M. Stelle delle Sute
Rafavaie
S. Michele
Segonzano
2847
Cima d´Asta
Fai
Cembra
Brusago
2490
M. Croce
2050
Pso. di Manghen
Monte Paganella
2125
Bedollo
Lavis
Albiano
Baselga di Pine
Palù dei Fersina
2530
Cima Quarazza
Grigno
Fornace
1615
Pso. Brocon
Terlago
Gardolo
S. Orsola Terme
Gronlait
2381
Samone
2069
M. Coppol
Telve
Castello Tesino
Sardagna
TRENTO
Pergine Valsugana
Borgo Valsugana
Castelnuovo
Ospedaletto
S. Christiforo
Vetriolo
Lago di Levico
Val Sugana
Brenta
Arina
Grigno
Lago di Caldonazzo
Mattarello
Lévico Terme
M. Ortigara
2105
Garniga
Sella
Torvi
Cornetto
2179
Caldonazzo
Kaiserjägerstraße
Cima Mandriolo
2015
Tesse
Aldeno
Centa S. Nicolo
Passo della Fricca
1132
1402
Pso. di Vezzena
Lavarone
Ghertele
Rendale
Enego
Nomi
Compomulo
Folgaria
5 km
Assa
Sloner
Etsch/Adige
ss12
ss48
ss346
ss50
ss43
sp71
sp31
ss47
sp79
ss349
ss350
E45
A22
41
42
A
E

AUSGANGSORT

LEVICO TERME

In unmittelbarer Nähe zu den beiden Seen Lago di Levico und Lago di Caldonazzo gelegen, besitzt Levico Terme auch in unseren Tagen noch den omnipräsenten Hauch eines Promibadeortes vergangener Jahrhunderte: Blühende Gärten und Alleen, ein gut besuchtes Kurhaus und Hotels im alten Stil prägen das Bild des Zentrums. Hier befinden sich auch die Thermalanlagen mit den für Italien einzigartigen Arsen-Eisenquellen. Der Lago di Caldonazzo ist übrigens nach dem Gardasee der zweitgrößte See der Provinz Trentino.

Paradies für Sommerfrischler: Blick auf Caldonazzo und Levico Terme

Entspannung: Hier haben Sie den schwierigen Teil der Kaiserjägerstrasse hinter sich.

WELCH KURVIGE GESCHICHTE

Einmal mehr kann selbst die gute Karte dieses Buches nur ungenügend vermitteln, welch exzessiver Kurvenschwung uns auf dieser Runde durch das östliche Trentino erwartet. Richtig anspruchsvoll wird es im letzten Abschnitt – der lässt sich aber auch »entschärfen«.

Möglichst zügig wedeln wir an diesem Morgen aus Levico Terme hinein ins Valsugana-Tal nach Borgo Valsugana, einem historischen Städtchen mit herrlichen Laubengassen und Kanälen. Schauen Sie sich um, gönnen Sie sich einen kleinen Rundgang durch den Ort. Vielleicht sogar in Kombination mit einem guten Espresso. Das erste fahrerische Highlight des Tages schließt hier gleich im Norden an – die Rampe zum Passo del Manghen. Unbekannt, aber wahrlich nicht anspruchslos präsentiert sich seine Piste, deren Straßenzustand die verkehrstechnische Bedeutungslosigkeit des Passes widerspiegelt. Dafür haben wir auch diesen Pass an vielen Tagen im Jahr nahezu einsam vor dem Windshield liegend.

Nahe der Passhöhe auf immerhin 2050 Metern weitet sich der Blick auf eine alpine Landschaft, eine im Sommer bewirtschaftete Berghütte lockt mit einigen Sonnenbänken, oben auf der Passhöhe schmückt ein einfaches Eisenkreuz die Szene. Gute 40 Kehren später mündet die Passstraße in das herrliche Val di Fiemme rund um Cavalese, einem der schönsten und geschichtsträchtigsten Täler des Trentino, das wir heute aber an seiner Ostflanke erfahren werden.

Über Sover, Bedollo und Sant'Orsola Terme schwingen wir hinab nach Pergine Valsugana und haben uns einen leckeren Boxenstopp jetzt mehr als verdient. Natürlich können Sie auch bis Trento, der Hauptstadt des Trentino, weiterfahren und dort im Herzen der quirlig-jungen norditalienischen Metropole einkehren. Allerdings staut sich der Verkehr rund um den Stadtkern oftmals erheblich. Dafür erwartet uns gleich im Westen ein Kurvengemenge der Extraklasse: 56 Kehren auf 43 Kilometern Länge – laden Sie sich meine GPS-Daten auf Ihr Navi, um diese Piste zu finden und zu genießen!

In Mattarello pendeln wir dann aus und queren das Etschtal Richtung Caldonazzo. Tja, und hier heißt es nun eine Entscheidung treffen: Fahranfängern rate ich von der vor uns liegenden Kaiserjägerstraße ab und empfehle, den direkten Weg nach Caldonazzo zu nehmen. »Alte Hasen« im Mopedsattel sollten das Terrain bei Nässe oder gar Regen ebenfalls meiden. Denn die Kaiserjägerstraße ist in einigen Abschnitten fahrerisch anspruchsvoll, bei Nässe sogar in Teilen recht gefährlich.

Im Ersten Weltkrieg wurde sie von den österreichischen Kaiserjägern angelegt und diente lange Zeit der Versorgung des Frontabschnitts auf der Hochebene von Lavarone. Heute ist die immer noch sehr schmale einstige Militärstraße durchgehend asphaltiert, allerdings geht es auf einigen Abschnitten sowie vor allem in den Tunneln sehr eng zur Sache. Zudem sollte für die atemberaubende Trassenführung eine Portion Schwindelfreiheit mitgebracht werden. Belohnt werden wir mit fantastischer Aussicht auf den Levico- und Caldonazzo-See und der letztendlichen Gewissheit, diese anspruchsvolle historische Piste geschafft zu haben.

TOUR-CHECK

Tourenlänge: 215 km

Reine Fahrzeit: 5 Stunden

Kehren: 134

Schwierigkeit: anspruchsvoll

Hotel Basisort: TF Sport&Wellness Hotel Cristallo, www.hotelcristallotrentino.it

Weitere Hotelempfehlungen: TF MoHo-Hotel Ludwigshof, Truden, www.ludwigshof.it; TF Hotel Langeshof, Altrei/Südtirol, www.langeshof.com; TF Bike und Ski Hotel Diana, Welschnofen, www.mohodiana.com; TF Active Hotel Pineta, Lago delle Piazze/Trento, www.infopineta.it; TF Hotel al Lago, Lavarone, www.moto-al-lago.com

Einkehrtipp: Ristorante Al Cavalletto, Via Pennella 15, I-38057 Pergine Valsugana, www.ristorantecavalletto.it

Hammer! Hotelzufahrt am Lago di Caldonazzo – die Zielgruppe der Herberge ist klar.

S. Catarina Valfura
Rabbi
Cis
Revo
Eita
Nationalpark
P. S. Matteo
3678
Peio
2913
Sasso
Campana
M. Gavia
3223
Cogolo
Caldes
Cles
Sondalo
Passo Gavia
Monclassico
Tuenno
Poschiavo
Stilfserjoch
Ossana
ss42
Noce
Dimaro
ss300
Vermiglio
Val di Sole
ss43
ss38
Ponte di Legno
1883
46
Denno
Val Tellina
2655
Sasso Rosso
Miralago
Passo del Tonale
1690
Pso. Campo
Carlo Mango
Rovere
Madonna di
Campiglio
Mezzolombardo
Tirano
Incudine
Bèdole
ss239
Brentagruppe
ss42
Edolo
3150
Cima
Brenta
Andalo-
sattel
1050
Andalo
Teglio
Stazzona
Sonico
Val di Genova
Pinzolo
ss39
Aplica
Rino
3554
M. Adamello
Adamello
Carona
Malonno
Caderzone
Molveno
Lago di
Molveno
2125
Monte
Paganella
3462
M. Carè Alto
Spiazzo
46
M. Torena
2911
2753
M. Lorio
Cevo
Cedelogo
Binio
Vezzano
Villa Rendena
Comano
Terme
45
Sardagna
Valbondone
Capo di Ponte
Tione di Trento
Bolbeno
Ponte delle
Arche
Schilpario
Breguzzo
Fiave
Lomaso
Pierramurata
Colere
Azzone
Bondo
Cornetto
2179
45
Cavedine
Limes
46
Malegno
Breno
Daone
Ballino
Dro
Drena
Val Camonica
2254
M. Cadria
ss421
Nomi
ss42
Berzo
Pieve di Bono
Tenno
Dorga
Arco
Boario Terme
Compolaro
Tiarno
di Sopra
Riva
del Garda
Pso. di
S. Barbara
Angolo
Terme
Darfo
Condino
Mezzolago
A
E
Ronzo
ss345
ss237
ss240
Lago di
Ledro
ss240
45
Cianoco
Molina
Mori
Storo
Nago-
Torbole
2215
44
M. Colombine
Darzo
Lovere
1665
Bagolino
Pso. Ampola
Limone
sul Garda
1827
M. Campione
Collio
Pso. del
Maniva
Ponte
Caffaro
ss12
1977
M. Caplone
43
Monte Baldo Höhenstraße
Corna Biacca
2006
Lago Idro
Tremosine
Lavone
Vesta
43
S. Valentino
Vello
Campione
Pieve
Pertica Alta
Idro
Capovalle
Ala
Lago d'Iseo
44
Brozzo
Costa
Tignale
Malcesine
Lodrino
Belprato
Lago di
Valestivo
Sdruzzina
Mura
Vestone
Lago di Garda
M. Spino
1486
M. Baldo
2200
Gardone
Pso. della Spina
Gargnano
sp38
Castelletto
Etsch/Adige
Sarezzo
Preseglie
S. Martino
Moglia
44
Pasola
Prada
E45
Tracchi
Iseo
ss237
Sabbio
Chiese
Vobarno
Toscolano-
Maderno
Brione
A22
Erbezzo
ss510
Gardone
43
Breggio
Bovezzo
Salo
Caprino
Veronese
5 km
Gavardo
Garda

AUSGANGSORT

RIVA DEL GARDA

Der weithin bekannte Urlaubsort Riva del Garda am nördlichen Gardaseeufer ist heutzutage ein sehr beliebter Touristenort mit eigenem Wahrzeichen, dem Torre Apponale, einem 34 Meter hohen Turm direkt über dem Hafen. Sehenswert ist auch die Rocca di Riva, eine Stadtburg aus dem 12. Jahrhundert, die komplett vom Wasser umgeben ist. Und an der malerischen Seepromenade pulsiert jeden Feierabend das Leben: Hier treffen Einheimische auf Gäste und lassen den Tag geruhsam ausklingen. Absolut erlebenswert!

Erneut wohl einzigartig: Riva del Garda am Nordzipfel des Sees ist eine Schau.

Fast pilchermäßig kitschig: Sozia Kirsten und Bajuwaren-Boxer am Lago di Garda

MONTE BALDO INTENSIV

Am Ostufer des legendären Gardasees wartet eine Höhenstraße, die uns – mit Ausnahme sommerlicher Wochenenden im Juli und August – an vielen Tagen im Jahr nahezu allein gehört. Fernab von roten Ampeln und Stau schwingen wir durch eine fast schon hochalpine Welt.

Der See, den jeder kennt, so mancher hasst und viele von uns im Sommer weiträumig umfahren, entfaltet seinen unwiderstehlichen Reiz vor allem in der Nebensaison. Dann können wir auch auf der berühmten Uferstraße nach Malcesine und Castello di Brenzone das tun, was im Juli und August verkehrstechnisch an keinem einzigen Tag der Woche möglich ist: genüsslich kurvensurfen.

Malcesine wird auch als »Perle des Gardasees« bezeichnet, ein Bummel durch die vielen kleinen Gassen mit ihren Tante-Emma-Läden ist ein Erlebnis für Jung und Alt. Auch das ganz besonders abseits der Hauptreisezeiten. Und das Castello Scaligero unmittelbar am Seeufer hoch auf einem Felsvorsprung bietet von seinem Burgturm aus einen herrlichen Blick über Malcesine und den Gardasee. Davon war 1786 Johann Wolfgang von Goethe schlichtweg begeistert. Beim Skizzieren der Skaligerburg wurde er allerdings wegen Spionageverdachts verhaftet und von der Polizei vernommen. Das kann uns heute nicht mehr passieren.

Im Weiler Pasola zweigt sie dann ab, die Stichstraße hinauf in die Berge Richtung Monte-Baldo-Massiv. Jener Monte Baldo trennt mit seinem 30 Kilometer

Zweirad-Höhepunkt: Alle Biker lieben die Pisten rund um den Monte Baldo.

langen Bergrücken den Gardasee vom Etschtal, Seilbahnen führen auf seinen Gipfel und herrliche Motorradpisten liegen an seinen Flanken. Zum Beispiel unser heutiges Highlight, die Monte Baldo-Höhenstraße, die »Strada Panoramica del Monte Baldo«. Gut 60 Kilometer lang verwöhnt sie mautfrei jeden Besucher mit tollen Kurven und atemberaubenden Ausblicken. Sie hat ihren Scheitelpunkt auf etwa 1620 Höhenmetern und gehört immer noch zu den echten Geheimtipps unter allen Trentiner Alpenrouten.

Vor allem an einem heißen Sonnentag sollten Sie sich am Nordende der Höhenstraße noch einen erfrischenden Boxenstopp in Mori gönnen – etwa bei der Gelateria Pasticceria Bologna in der Via Garibaldi 12. Viele sagen, hier gäbe es das beste Eis der gesamten Gardasee-Region. Eine Behauptung, die ich unterschreiben würde. Und den für die kommenden Tourentage stärkenden Drei-Gänge-Einkehrschwung gönnen wir uns am Abend retour in Riva. Doch vorher müssen, oder besser gesagt, dürfen wir noch 38 waschechte Spitzkehren auf unserem weiteren Weg Richtung Arco bewältigen. Hat sich Ihre Meinung über den Gardasee und seine Genüsse inzwischen auch deutlich zum Positiven gewendet? Darauf möchte ich fast wetten …

TOUR-CHECK

Tourenlänge: 165 km

Reine Fahrzeit: 4 Stunden

Kehren: 80

Schwierigkeit: leicht

Hotel Basisort: TF BikeHotel Toresela, Nago-Torbole, www.hoteltoresela.it

Weitere Hotelempfehlung: TF Hotel Villa Alba, Malcesine, www.motorradhotel.it

Einkehrtipp: Restaurant Sole (im Hotel), Piazza 3 Novembre 35, I-38066 Riva del Garda, www.hotelsoleriva.it

Kurvenhatz in den südlichen Dolomiten – fernab von Dosen und WoMos.

KURVENREICHER WESTEN

Das Westufer des Gardasees gehört zu den Schräglagentipps norditalienischer Biker. Hier reiht sich Kurve an Kurve, Schräglage an Schräglage, die nur darauf warten, auch von uns entdeckt zu werden. Starten Sie früh am Morgen und frisch gestärkt.

Limone sul Garda im Südwesten von Riva war früher ein verträumtes Fischerdorf mit zwei Häfen, dem Porto Vecchio und Porto Nuovo. Heute ist es ein gern besuchter Touristenort, dessen Altstadt für den Verkehr gesperrt wurde. Für uns ist Limone heute nicht nur der erste Sightseeing-Boxenstopp samt kleinem Rundgang, sondern auch der Einstieg zu den ersten Schräglagenfreuden des noch jungen Tages. Denn hier zweigt die Piste nach Tremosine und Campione del Garda rechts ab. Halten Sie Ausschau nach dem Wegweiser und setzen Sie bitte unbedingt den Blinker! Innerhalb von nur wenigen Metern Piste lassen wir alle Hektik des Gardasee-Ufers hinter uns zurück und huschen durch eine herrlich panoramareiche Hügelwelt.

Kurz vor Gargnano treffen wir wieder auf die Uferstraße und fahren diese weiter bis nach Salo. Über Vobarno und Moglia geht es sodann hinauf zum Passo della Spina. Die ehemalige Militärstraße verbindet auf fahrerisch äußerst reizvolle Art sanfte Almlandschaften mit schroffen Felsenwelten und Steilhängen. Die stellenweise ausgesetzte Streckenführung soll sukzessive entschärft werden, Schwindelfreiheit sollte dennoch mitgebracht werden. Wer nun glaubt, ab Vestone sei Gemütlichkeit angesagt, der irrt. Auch die winzige Landstraße nach Belprato und Pertica Alta führt durch ein traumhaftes Kurventerrain, verlangt aber auch volle Konzentration. Und im idyllischen Bergdorf Collio sollten wir uns eine kurze Verschnaufpause gönnen, denn es gilt, eine Entscheidung zu treffen.

Vor uns liegt nun der unscheinbare Passo del Maniva auf 1665 Metern, der uns entweder Richtung Nordwesten abschnittsweise offroad zu weiteren Pässen oder aber ostwärts asphaltiert nach Bagolino schickt. Mein Tipp: Hat es einige Tage nicht geregnet und ist Ihr offroadtaugliches Bike gepäckbefreit, dann wählen Sie die Schotterwegvariante namens »Strada Tre Valli« über den fast 2200 Meter hohen Giogo della Bala zum Passo di Croce Domini. Hat es allerdings kürzlich erst heftig geregnet, dann erwartet Sie ein schlammiges Terrain, das höchstens echten »Dreckspatzen« mit leichten Hardenduros Spaß macht.

Das Rifugio oben auf dem Croce Domini Pass ist ein beliebter Bikertreff, all diejenigen, die sich hier als Offroadpioniere outen, bekommen gesunde Pausensnacks mit einer Gratisportion Respekt. In Bagolino treffen wir auf die Onroad-Variante unserer Runde und in Ponte Caffaro am Idrosee auf mittägliche Einkehrmöglichkeiten. Meinen Tipp finden Sie im Tour-Check. Die Stärkung haben wir uns jetzt redlich verdient. Als »Nachspeise« empfehle ich den Abstecher bis nach Idro inklusive erinnerungswürdigen Seepanoramen. Der Heimweg führt von hier aus alternativ über den Lago di Valvestino sowie 30 Spitzkehren als Zugabe nach Gargnano. Oder auf ausgebauter Strecke über Tiarno di Sopra und Mezzolago direkt nach Riva. Wenn Sie nicht genug bekommen können, dann gönnen Sie sich beide Varianten einfach hintereinander.

TOUR-CHECK

Tourenlänge: 210 km

Reine Fahrzeit: 4–5 Stunden

Kehren: 99

Schwierigkeit: mittelschwer

Hotel Basisort: TF BikeHotel Toresela, Nago-Torbole, www.hoteltoresela.it

Weitere Hotelempfehlungen: TF Hotel Continental, Nago-Torbole, www.hotelcontinental-lagodigarda.it; TF Residence Hotel Monte Gargnano, www.montegargnano.it; TF Garni Al Poggio, Tignale, www.al-poggio.com

Einkehrtipp: Ristorante Villa la Pausa, Via San Giacomo 42, Ponte Caffaro, I-25072 Bagolino, www.villalapausa.it

Wer hat's erfunden? Hier haben motorradbegeisterte Straßenbauer planen dürfen.

Treibt den Blutdruck: Wetterumschwung auf der Monte-Baldo-Höhenstraße

ZWISCHEN BERGEN UND SEEN

Das Hinterland des Gardasees hat dem erkundungsfreudigen Biker viel Abwechslung zu bieten. Auf den folgenden beiden letzten Touren erforschen wir den Norden der Region, das Hinterland von Trento und Rovereto.

Obwohl der Lago di Ledro nur einen Katzensprung vom Gardasee entfernt ist, liegt der See bereits in einer irgendwie »anderen Welt«, so herrlich fernab vom Ringelpiez und Badeschlappen-Tourismus. Okay, er ist mit gut 2,5 Quadratkilometern und bis zu 50 Metern Tiefe rein flächenmäßig auch nicht mit dem Gardasee zu vergleichen, bekannt ist er allerdings dennoch. Vor allem auch bei Ruhe suchenden Insidern der Region und nicht zuletzt aufgrund zahlreicher archäologischer Funde, wie Pfahlbauten aus der Bronzezeit, die heute im Museo delle Palafitte in Molina di Ledro ausgestellt sind.

Storo und dem Lago d'Idro haben wir ja auf Tour 44 schon einen Besuch abgestattet, der malerische Idrosee mit seinem herrlichen Bergpanorama ist ein typischer Alpensee. 12 Quadratkilometer groß und bis zu 120 Meter tief ist er vor allem auch ein Geheimtipp bei Hobbyanglern. Für frischen Fisch ist es allerdings an diesem Tag wohl noch etwas zu früh, wir wedeln gen Norden und folgen der Landstraße über Pieve di Bono nach Tione di Trento. Von dort aus biegen wir links ab in ein herrliches Kurvenrevier über Verdesina und Spiazzo nach Saone und Ponte delle Arche.

Hinab ins Etschtal genießen wir einen Teil des Kurvengemenges aus Tour 42, die hier nahtlos gen Osten anschließt. Bleiben Sie aber unbedingt »on track«,

»Fressgass« am Gardasee: Blick auf Nago-Torbole und seine Restaurants

denn unser nächstes Ziel heißt Rovereto. Die Wurzeln dieses quirligen, so typisch italienischen Städtchens gehen bis auf das 12. Jahrhundert zurück, sein Zentrum bietet ein Sammelsurium mittelalterlich anmutender Gässchen, herrlicher – aber auch vom Zahn der Zeit mächtig angenagter – Palazzi, eine Burg mit Kriegsmuseum und von Platanen überschatteten Plätze. Bereits »Reisejournalist« Mozart soll sich hier bei seinen Besuchen Mitte des 18. Jahrhunderts äußerst wohl gefühlt haben. Gönnen auch wir uns einen Rundgang mit Stärkung.

Über Mori – und die Eisdiele aus Tour 43! – sowie den unscheinbaren, aber genüsslich zu fahrenden Passo di Santa Barbara erreichen wir spätnachmittags Nago-Torbole, das nach Riva del Garda bekannteste Touristenzentrum am nördlichen Ufer des Gardasees, direkt an der Küstenstraße »Gardesana Orientale« und ein Tipp für alle Wassersportler. Wegen seiner konstanten Windverhältnisse treffen sich hier Surfer aus aller Welt, ja, Torbole zählt offiziell sogar zu den besten Surfrevieren Europas. Umrahmt vom Gardasee und dem Monte-Baldo-Bergmassiv mit seinen einzigartigen Felsformationen – das sind Bilder, die für immer in Erinnerung bleiben.

TOUR-CHECK

Tourenlänge: 240 km

Reine Fahrzeit: 5–6 Stunden

Kehren: 118

Schwierigkeit: mittelschwer

Hotel Basisort: TF BikeHotel Toresela, Nago-Torbole, www.hoteltoresela.it

Weitere Hotelempfehlungen: TF Hotel Martinelli, Ronzo Chienis, www.hotelmartinelli.it; TF Albergo alla Lanterna, Foxi di Vallarsana/Rovereto, www.lanternafox.com

Einkehrtipp: Restaurant-Trattoria Bellavista, Via Paganini 17, I-38068 Rovereto

Fernab der Touristenströme begeistert der Campo Carlo Magno mit Idylle.

SÜDTIROLER VORGESCHMACK

Ein letztes Mal verlassen wir unser gastliches Riva del Garda zu einer ausgiebigen Tagesreise gen Norden. Wer die anschließenden Touren in Südtirol bereits fest eingeplant hat, kann Nr. 49 (inklusive Standortwechsel) hier ganz leicht integrieren.

Über Fiave und Tione di Trento erklimmen wir heute die Hügelwelten im Norden des Gardasees. Fast hochalpine Panoramen begeistern ebenso wie verträumte Dörfer und Weiler in prächtiger Aussichtslage. Hier bereits ausgeschildert, lockt uns natürlich auch das berühmte Skiresort Madonna di Campiglio, das außerhalb der weißen Jahreszeit seinen gänzlich anderen Reiz entfaltet.

Auf »höchst gesunden« 1500 Höhenmetern inmitten einer wunderschönen Talsenke zwischen Brenta und dem Adamello-Gletscher drapiert sich der Ort, der erst in der zweiten Hälfte des 19. Jahrhunderts aus dem Dornröschenschlaf erwachte, als der europäische Adel diese alpine Perle für sich entdeckte. Nicht nur Kaiserin Sisi und Kaiser Franz Joseph urlaubten hier regelmäßig, heute vor allem auch der italienische Jetset. Von Frühling bis weit in den Herbst hinein ist der Ort das norditalienische Paradies für alle Bergsport- und Naturfreunde.

Gleich hinter Madonna di Campiglio beginnt die Rampe zum Passo Campo Carlo Magno und führt uns auf 1690 Meter über Meereshöhe in das Herz der Trentinischen Brenta. Erst kurz vor der Passhöhe öffnet sich der Wald und gibt den Blick auf einige Hotels und Restaurants frei, die sich in herrlicher Lage im Sonnenschein räkeln und sich für einen Boxenstopp immer empfehlen. Das Passschild selbst kann man bei ent-

TOUR-CHECK

Tourenlänge: 225 km

Reine Fahrzeit: 5 Stunden

Kehren: 90

Schwierigkeit: leicht

Hotel Basisort: TF BikeHotel Toresela, Nago-Torbole, www.hoteltoresela.it

Weitere Hotelempfehlungen: TF Hotel La Pineta, La Pineta/Fiave, www.lapinetahotel.info; TF Hotel Rosalpina, Riva del Garda, www.hotelrosalpina.it

Einkehrtipp: Smile Caffè, Piazza Liberazione 9, I-38019 Tuenno, www.facebook.com/SmileCaffeTuenno

sprechender Kurvenhatz leicht übersehen, linker Hand an einer kleinen Kirche steht das Schild für das obligatorische »Beweisfoto«.

Acht Spitzkehren später empfängt uns das Val di Sole, und zwischen sonnenverwöhnten Weinbergen und dunklen Wäldern drapiert sich bald darauf der prächtige Lago di Santa Giustina nahe Cles vor unserem Windshield. Dessen Staumauer war nach ihrer Fertigstellung 1951 immerhin die höchste Europas, noch heute zählt der Lago di Santa Giustina zu den größten Talsperren der Erde. Doch das Beste an ihm ist das dichte Netz an atemberaubend kurvenreichen Landstraßen, das ihn umgibt. Lassen Sie uns hier eine ausgiebige Portion Kurvensurfen.

Noch ein letztes Mal tauchen wir an diesem Tourentag ein in ein Gewusel aus Kurven und Kehren, als wir über Tuenno, Mezzolombardo sowie den Andalosattel retour Richtung Gardasee schwingen. Der Andalosattel auf 1050 Höhenmeter ist allerdings so unscheinbar, dass Sie sich nicht zürnen müssen, falls Sie ihn übersehen. Willkommen im Club, sage ich nur! Das Bergdorf Andalo selbst ist ein blitzsauberer Touristenort mit zahlreichen Einkehr- und Übernachtungsmöglichkeiten, der einen kurzen Boxenstopp allemal lohnt. Dann aber heißt es Abschied zu nehmen vom See, den jeder kennt …

Hotspot der Weißen Jahreszeit: Kunst an der Zufahrt zu Madonna di Campiglio

Seltener Anblick: Nur wenig Aussicht bietet die Uferlinie des Lago Sta. Giustina.

passo di Lavazè
1808 m s.l.m.

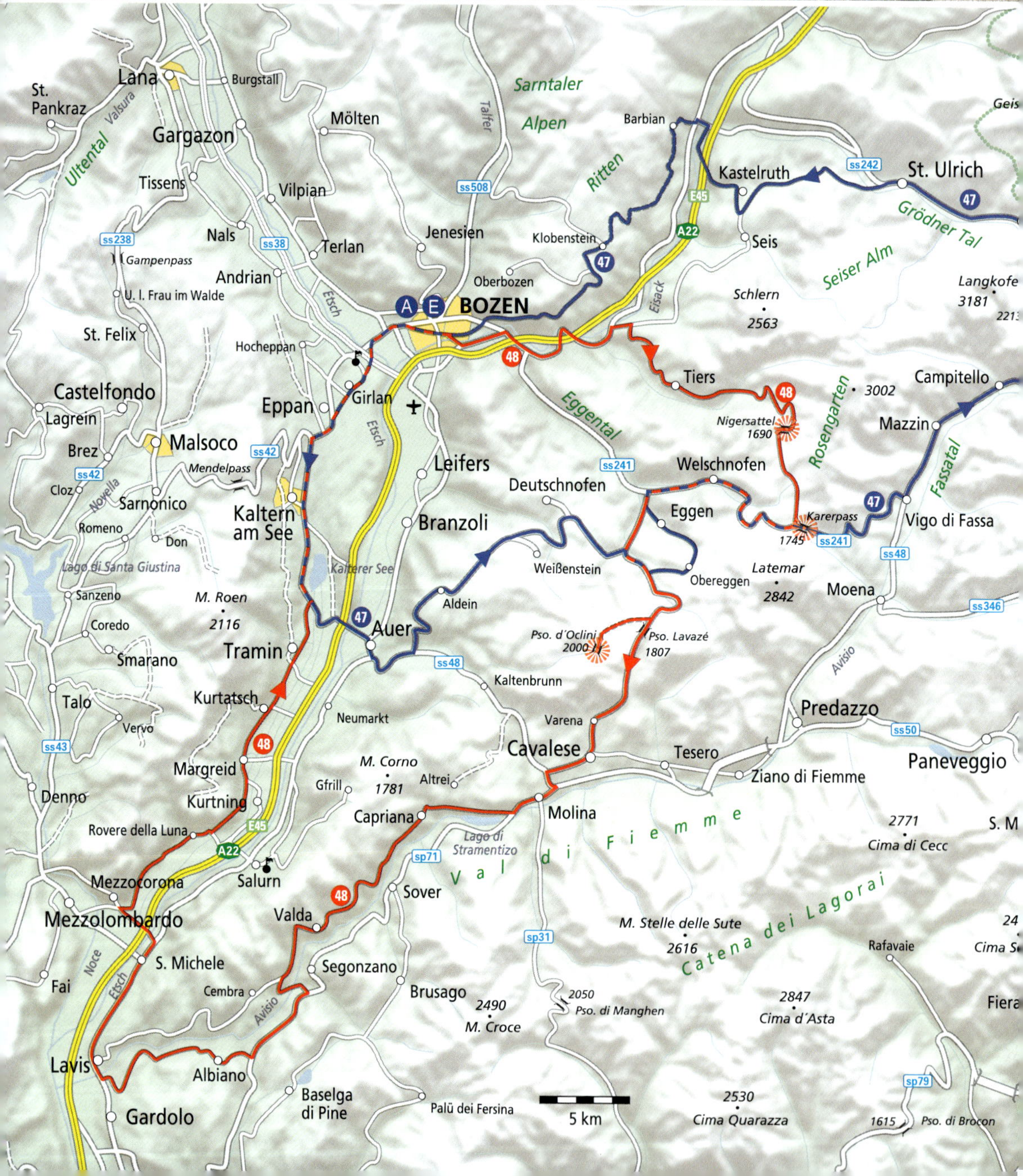

Lana
Burgstall
St. Pankraz
Valsura
Ultental
Gargazon
Mölten
Sarntaler
Alpen
Talfer
Barbian
Ritten
Kastelruth
ss242
St. Ulrich
47
Grödner Tal
Geis
Tissens
Vilpian
ss508
E45
A22
Seis
Seiser Alm
Langkofe
3181
2213
ss238
Gampenpass
Nals
ss38
Terlan
Jenesien
Klobenstein
47
Andrian
Oberbozen
Eisack
Schlern
2563
U. l. Frau im Walde
Etsch
A
E
BOZEN
St. Felix
Hocheppan
48
Tiers
Campitello
Castelfondo
Girlan
Eggental
48
3002
Lagrein
Eppan
Etsch
Nigersattel
1690
Rosengarten
Mazzin
Malsoco
Brez
ss42
Mendelpass
Leifers
ss241
Welschnofen
Fassatal
ss42
Cloz
Novella
Sarnonico
Kaltern am See
Deutschnofen
Eggen
Karerpass
1745
ss241
47
Vigo di Fassa
Romeno
Don
Branzoli
Lago di Santa Giustina
Kalterer See
Weißenstein
Obereggen
Latemar
2842
ss48
Moena
Sanzeno
M. Roen
2116
Aldein
ss346
Coredo
47
Auer
Smarano
Tramin
Pso. d´Oclini
2000
Pso. Lavazé
1807
Avisio
ss48
Kaltenbrunn
Talo
Kurtatsch
Predazzo
Vervo
Neumarkt
Varena
ss50
ss43
48
Margreid
M. Corno
1781
Cavalese
Tesero
Paneveggio
Gfrill
Altrei
Ziano di Fiemme
Denno
Kurtning
E45
Molina
Capriana
2771
S. M
Rovere della Luna
A22
Lago di Stramentizo
Val di Fiemme
Cima di Cecc
sp71
Mezzocorona
Salurn
48
Sover
Catena dei Lagorai
Mezzolombardo
Valda
sp31
M. Stelle delle Sute
2616
24
Cima S
Rafavaie
Noce
S. Michele
Segonzano
Fai
Etsch
Cembra
Avisio
Brusago
2050
Pso. di Manghen
2847
Cima d´Asta
2490
M. Croce
Fiera
Lavis
Albiano
Baselga di Pine
Palù dei Fersina
5 km
2530
Cima Quarazza
sp79
1615
Pso. di Brocon
Gardolo

AUSGANGSORT

BOZEN

Es ist ein lohnendes Unterfangen, sich durch den Wirtschaftsgürtel bis ins historische Zentrum »vorzuarbeiten«. Zumal dies mit dem Motorrad wesentlich leichter fällt als mit Pkw. Eine pralle Geschichte erwartet uns dort in den engen Altstadtgassen ebenso wie eine Vielzahl an Cafés, Restaurants und Einkehrmöglichkeiten. Das sehenswerte historische Zentrum Bozens kann bequem zu Fuß erkundet werden, und wer die allmorgendliche Rushhour meidet, wird die Stadt von ihrer schönsten Seite kennenlernen.

Bozens Highlights finden wir vor allem im Umland am Lavazè oder Ritten Pass.

Leckerbissen für Insider: Die Höhenstraßen am Westhang des mächtigen Eisacktales

DOLOMITEN-SCHNITTE

Für die Erkenntnis, dass die Dolomiten ganz nahe liegen, genügt ein Blick in unsere Karten. Falls Sie allerdings die Touren Nr. 35 bis 40 noch nicht genossen haben, bekommen Sie heute einen leckeren Vorgeschmack darauf. Selbst ausgewiesene Dolomitenkenner schätzen die heutige Runde als herrlich leichte Dolomiten-Schnitte.

Zugegeben, der Abschied aus den herrlichen Dolomiten fällt ganz besonders Motorradfahrern immer wieder schwer. Meiner Meinung nach sollte er auch nicht zu abrupt erfolgen. Zögern wir das unvermeidliche mit dieser Rundtour also noch etwas hinaus. Der erste Genuss heute ist allerdings ein gänzlich anderer: Die Südtiroler Weinstraße oder »Strada del Vino dell›Alto Adige« wurde 1964 ins Leben gerufen und ist damit eine der ältesten Weinstraßen Italiens. Sie beginnt in Nals und zieht sich über Bozen bis nach Salurn. Intensiver Weinbau prägt die Landschaft bis hinauf in die Berghänge, rund 65 Prozent sind Rotweine, der Rest Weißweine. Über Appiano bis nach Termeno folgen wir

TOUR-CHECK

Tourenlänge: 215 km

Reine Fahrzeit: 5 Stunden

Kehren: 82

Schwierigkeit: leicht

Hotel Basisort: Hotel Regina, www.hotelreginabz.it

Weitere Hotelempfehlungen: TF Hotel Restaurant Eggentaler, www.eggentaler.com; TF Gasthof Schneiderwiesen, www.schneiderwiesen.it

Einkehrtipp: Caffe Adler, Via Rezia 5, I-39046 Ortisei

Für Weinliebhaber ein Muss: die Südtiroler Weinstraße

der Themenstraße, bevor es links ab Richtung Dolomitenrand geht.

Denn dort wartet bereits der Karerpass auf uns, ein wichtiger Bestandteil der »Großen Dolomitenstraße« von Bozen nach Canazei. Und wenngleich ziemlich verkehrsreich lohnt dieser Pass eine Erfahrung, nicht zuletzt aufgrund seiner grandiosen Ausblicke auf den Rosengarten und das Latemar-Massiv. Mein Tipp: den Fotostopp am hübschen Karersee nicht vergessen.

Durch das Fassatal erklimmen wir die Berge, werfen einen kurzen Blick auf den Passo Pordoi – Tour Nr. 38 schließt hier nahtlos an – und erobern das berühmte Sellajoch. Diesmal aus dem Süden kommend und nicht minder genüsslich. Der Passo Sella (2213 Meter) verbindet Selva di Val Gardena mit Canazei im Fassatal und ist, gleichwohl fahrerisch eher mäßig anspruchsvoll, vor allem bei italienischen Bikern äußerst beliebt. Ein Nachteil sei nicht verschwiegen: Sowohl Reisebusse als auch Wohnmobile glauben, die Sella-Runde fahren zu müssen. Vor allem zur Hauptreisezeit im Juli und August geht es hier deshalb oftmals sehr eng zu.

Das ändert sich sogleich auf der Weiterfahrt Richtung Val Gardena. Nach einem kurzen Abstecher samt Alpengruß hinauf zum Grödnerjoch breitet sich das Grödnertal als eines der schönsten Täler Norditaliens vor uns aus. Schalten Sie einige Gänge zurück und tuckern Sie gemütlich durch die Ortschaften. Schauen Sie sich um und genießen Sie. Auch kulinarisch, mein Tipp dazu steht im Tour-Check.

Für den Heimweg habe ich noch ein ganz besonderes »Schmankerl« eingebaut – die Fahrt über den Ritten oder »Renon«, ein malerisch gelegenes Hochplateau zwischen den Südtiroler Flüssen Eisack und Talfer. Der imposante Höhenrücken ist schon seit über 400 Jahren ein beliebtes Sommerfrische-Idyll der Bozener Bürger, die Pisten über den Ritten sind schmal und sehr kurvenreich, an Sommerwochenenden in Richtung Bozen sind sie auch gut frequentiert.

Schön bunt, aber selten gut für die Natur: Schneekanonen am Passo Oclini

WEIN BIS AN DEN HORIZONT

Noch einmal widmen wir uns den Hängen des gewaltigen Etschtales, wir erkunden dessen Ostseite ebenso wie den »weinseligen« Talgrund, pendeln über bekannte und unbekannte Pässe und könnten uns nachmittags von Weinprobe zu Weinprobe »hangeln«, wenn da nicht die leidige Promillegrenze von 0,5 wäre.

Egal, ob Passo di Nigra oder Nigersattel – gemeint ist in jedem Fall ein hübscher, kurvenreicher und fahrerisch abwechslungsreicher, im Jahr 1957 erbauter Alpenpass (1690 Meter), der sich unterhalb des mächtigen Rosengarten-Felsmassivs entlangschlängelt. Er ist unser erster Höhepunkt des noch jungen Tages und verbindet das von Bozen östlich anschließende Tierser Tal mit dem Karerpass, seine maximale Steigung vor dem Örtchen Tiers soll satte 24 Prozent betragen. Mein Navi konnte diese extrem steile Stelle allerdings bis heute nicht verifizieren. Sei es drum, die Ausblicke auf die Felsen des Rosengartens sind auch auf weniger steiler Piste einmalig.

Es folgt die Pässe-Kombi aus Passo Lavazè (1807 Meter) und Passo d'Oclini (knapp 2000 Meter). Sanft klettert die Straße von Nova Levante aus hinauf in die Hügel, teilt Weiler und einsame Bergdörfer in zwei Hälften, und die Natur spendiert dazu ein Panorama, das den Kameraspeicher einmal mehr heiß laufen lässt. Oben an der Passhöhe des Lavazé zweigt zwischen zwei Gasthöfen dann die Sackgasse zum

TOUR-CHECK

Tourenlänge: 200 km
Reine Fahrzeit: 4–5 Stunden
Kehren: 42
Schwierigkeit: leicht
Hotel Basisort: Hotel Regina, www.hotelreginabz.it
Weitere Hotelempfehlungen: TF Bike & Bio-Hotel Steineggerhof, Steinegg, www.steineggerhof.com; TF Hotel Berghang, Steinegg, www.hotel-berghang.com
Einkehrtipp: Trattoria Vecchia Sorni, Piazza Assunta 40, I-38015 Sorni di Lavis, www.trattoriavecchiasorni.it

Passo d'Oclini ab. Wie schon einmal erwähnt, gönnen Sie sich unbedingt diesen acht Kilometer langen Abstecher. Und das nicht nur wegen des möglichen Einkehrschwunges ganz am Ende der Piste.

Über Cavalese und das Val di Fiemme geht es anschließend hinab ins Etschtal nach Lavis. Wenn Sie mögen mitsamt Einkehrschwung sowie als Nachtisch zum ersten oder auch zweiten Mal mit einem langen Blick auf die berühmten Erdpyramiden von Segonzano (Sie erinnern sich an Tour Nr. 41?).

Das Abschlussthema des heutigen Nachmittags lautet dann, die Südtiroler Weinstraße, die »Strada del Vino«, intensiv zu erforschen. Denn hier rund um Eppan liegt Südtirols größtes Weinanbaugebiet mit seinem unvergleichlichen Flair, mit einer Vielzahl an historischen Ansitzen und schmucken Weindörfern. Über 180 Burgen und Schlösser zeugen in der burgenreichsten Region Europas von einer bewegten Vergangenheit. Manche von ihnen ragen hoch über der Talsohle hervor, andere sind in Weingütern eingebettet oder schauen von den Hügeln hinab ins Tal.

Ganz besonders sehenswert sind Salurn und seine Haderburg. Salorno ist das südlichste Dorf Südtirols, die beeindruckende Burganlage ist heute eine unbewohnte Ruine und über einen gut ausgebauten, abends sogar beleuchteten Forstweg, den »Weg der Visionen«, zugänglich. Zwar nur zu Fuß, aber ein wenig Bewegung soll ja gesund sein …

Zum Wohlfühlen: Rund um den Lavazè Pass liegen schöne Einkehrmöglichkeiten.

CASA CANTONIERA

SCHWEIZ
ÖSTERREICH
ITALIEN
Reschensee
St. Valentin auf der Haide
Dörfl
ss40
Ulten
Burgeis
Abtei Marienberg
Mals
Laatsch
S-charl
3205
Piz Sesvenna
Taufers
ss41
Glurns
Schluderns
Etsch
Lichtenberg
Müstair
P. Chavalatsh
2763
28
Valchava
Santa Maria
Stilfs
Solda
Prad
Tschengls
Laas
ss38
49
Umbrailpass
2505
Trafoi
Stilfser Joch
2758
St. Gertraud
Sulden
3905
Ortler
3851
Il Gran Zebru
Ortlergruppe
Bormio
Valfurva
3370
M. Confinale
Bormio 2000
Valdisotto
3769
Zufallspitze
Forni
Santa Caterina Valfurva
ss38
P. S. Matteo
3678
ss300
M. Gavia
3223
2618
Passo Gavia
Sondalo
Pezzo
Ponte di Legno
1883
Passo del Tonale
ss42
Fineilspitz
3316
Similaun
3606
Hohe Wilde
3602
Kurzras
Ötztaler Alpen
Saldurspitze
3433
Thanai
Vernagt
Vernagt Stausee
Schnalstal
50
Schnals
Monterosso
3336
Texelgruppe
3262
Litzner Sp.
Katharinaberg
Partschins
Naturns
Schloss Juval
Tschars
Plaus
St. Peter
Eyrs
Vinschgau
Schlanders
Kastelbell
Goldrain
Latsch
Tarsch
Tabland
St. Pankraz
Martell
Martelltal
Lago di Giovetto
Lyfi
Nationalpark Stilfserjoch
3386
Cima Venezia
Lago del Careser
St. Walburg
St. Moritz
Ultental
St. Nikolaus
St. Gertraud
U. l. Frau im Wald
Proveis
2636
Cima Trenta
Lagrein
Bagni di Rabbi
Rabbi
Bresimo
Cis
Revo
Brez
Cloz
ss42
Peio
Cogolo
Cima Mezzana
2845
Terzolas
Caldes
Noce
Cles
Male
Monclassico
Croviana
Tuenno
Mezzana
Dimaro
2320
M. Peller
Nanno
Fucina
Ossana
Vermiglio
Val di Sole
sp73
ss43
Talo
ss239
2655
Sasso Rosso
Denno
Campodenno
5 km

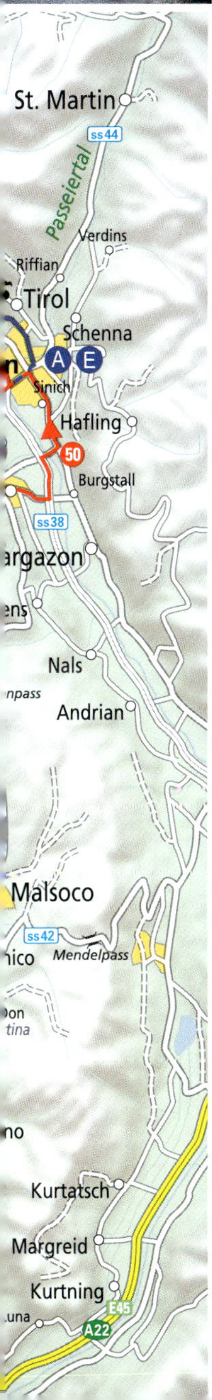

AUSGANGSORT MERAN

Die wohl schönste Stadt Südtirols bietet eine quirlig-lebendige Abwechslung zur Kurvenhatz eines langen Tages im Sattel. Dann präsentiert sich das äußerst charmante Städtchen mit schier unzähligen Kontrasten: Ob Almhütte oder Designhotel, Shoppen oder lieber Wandern – Meran ist eine wohl einzigartige Mischung aus Genuss und Kultur, hier verschmelzen die so gegensätzlichen Charaktere der Alpenwelt mit dem bereits mondänen Flair des Südens. Hier gehört das ganz bewusste »dolce far niente« Italiens zum Alltag.

Geniale Kombination: Meran und das Stilfser Joch gehören einfach zusammen.

Kann auch überzeugen: Die Westrampe des Stilfser Jochs ist nicht so legendär wie die Ostrampe.

ZUR SACHE, BIKER!

Diese Tagestour hat es in sich – sowohl in puncto Länge als auch Schwierigkeit. Mein Tipp: Alpenerfahrene Biker fahren sie entgegen dem Uhrzeigersinn, wer es einfacher mag, der fährt sie nach dieser Beschreibung.

Wir starten diese Tour in Meran und fahren gen Süden Richtung Lana. Das hier angrenzende Naturparadies Ultental gönnen wir uns übrigens auf Tour 50, heute geht es erst einmal weiter zum idyllischen Lago di Santa Giustina.

Erinnern Sie sich an Tour 46, die hier gen Süden angrenzt? Bereits damals hatten wir eine Portion atemberaubend kurvenreiche Landstraßen rund um den Speichersee genossen.

TOUR-CHECK

Tourenlänge: 260 km

Reine Fahrzeit: 5–6 Stunden

Kehren: 133

Schwierigkeit: anspruchsvoll

Hotel Basisort: S'Rössl Cavallino, www.cavallinomerano.com

Weitere Hotelempfehlungen: TF Landhotel Anna, Schlanders, www.vill.it; TF Hotel Sport, St. Caterina Valfura, www.hotelsport.info; TF Hotel Gallia, Stilfs, www.hotel-gallia.it

Einkehrtipp: Ristorante al Filò, Via Dante 6, I-23032 Bormio www.ristorantealfilo.it

Heute geht es in einem flotten »Rutsch« durch das Val di Sole, eine der bekanntesten Tourismusregionen des Trentinos, die im beeindruckenden, weil einzigartigen Passo del Tonale einen ihrer zahlreichen Höhepunkte hat. Der Tonale (1883 Meter) trennt das Trentino von der Lombardei und bildet zudem die Wasserscheide zwischen Po und Etsch. Die gut ausgebaute Strecke führt über Serpentinen und Kurven meistens durch dichten Wald bis hinauf zur Passhöhe mit ihrem monumentalen Kriegsdenkmal. Zahlreiche Hotels, Gasthöfe und Cafés laden zur Einkehr ein..

Einige Kurven weiter erwartet uns bei Ponte di Legno der Südeinstieg zum Passo Gavia. Insgesamt gilt der Pass mit seinem Scheitelpunkt auf 2618 Metern als mittelschwer, seine Südrampe allerdings besitzt ein gut zehn Kilometer langes Mittelstück, auf dem jeder entgegenkommende Fiat Cinquecento unseren Blutdruck in ungesunde Höhen treiben kann. Denn dieses Mittelstück ist in des Wortes kühnster Bedeutung kaum mehr als lenkerbreit, sodass selbst zwei entgegenkommende Motorräder vorsichtig aneinander vorbeizirkeln müssen. Wenige Ausweichstellen eignen sich dazu, das Moped kurz zu parken, um das herrliche Panorama in Ruhe zu genießen.

Das Rifugio Bonetta auf der Passhöhe ist ein beliebter Bikertreff, klappen Sie spätestens hier unbedingt den Seitenständer aus. Bergab lassen wir dem Bike die Zügel einmal mehr recht lang und suchen uns im hübschen Bormio eine ordentliche Stärkung. Frisch und hellwach geht es dann hinauf zur Westrampe des legendären Stilfser Jochs. Mit genügend Zeit werfen Sie doch kurz vor der Passhöhe noch einen Blick nach links Richtung Schweizer Umbrailpass, dem wir uns aber noch ausgiebiger widmen werden. Das Stilfser Joch mit seinen 2758 Metern verbindet die Lombardei mit Südtirol, die Trassenführung stammt weitgehend aus dem Jahr 1826, als der Pass vom österreichischen Kaiser in Auftrag gegeben wurde. Trotz ihrer »Renovierung« vor einigen Jahren gehört vor allem die Nordostrampe des Jochs für mich zu den fahrerisch schwierigsten, aber auch erlebenswertesten Passrampen der Alpen. Hier lässt sich die Hohe Schule des Passfahrens Meter für Meter perfektionieren. Vorausgesetzt, Sie haben keinen Dosenfahrer vor sich. Oder gar einen gestressten Wohnmobilisten …

Garantiert nicht gefiltert: Der Vernagt-Stausee im Schnalstal ist tatsächlich so farbenfroh.

RUHETAG GEFÄLLIG?

Unabhängig davon, ob Sie nun gestern das Stilfser Joch im oder entgegen dem Uhrzeigersinn erobert haben, werden Sie heute vielleicht Lust auf eine gemütlichere Tour haben. Bitteschön, hier folgt ein kurvenreicher stressfreier »Ruhetag« im Mopedsattel.

Auch diese Runde ist mit 260 Kilometern recht lang, huscht aber ganz geruhsam zu den Schönheiten des Südtiroler Vinschgaus. Wir pendeln durch horizontweite Apfelbaumplantagen, werfen einen Blick auf Reinhold Messners Trutzburg und genießen die einzigartige, von der Sonne viele Tage im Jahr verwöhnte Idylle. Ganz grundsätzlich ist das Vinschgau die regenärmste Region Südtirols, ja, sogar eines der trockensten Gebiete der gesamten Alpen. Ein Grund, warum die schier endlosen Apfelplantagen hier im Sommer mühsam bewässert werden müssen. Über Sinn und Unsinn dieser Maßnahmen darf man heftig streiten, das Resultat in Form von ganzjährig verfügbaren Südtiroler Äpfeln ist zweifelsohne ein gesunder Genuss.

Oberhalb von Naturns erhebt sich bald schon Schloss Juval hoch über all den Äpfelbäumen. Erbaut wurde die Burg etwa 1250, im Jahr 1983 erwarb der Südtiroler Bergsteiger Reinhold Messner das Anwesen für damals gut 60 000 DM. Das heutige Schloss dient nicht nur als sein Wohnsitz, sondern beherbergt auch eine angesehene Tibetika-Sammlung. Schloss und Sammlung, die das Messner Mountain Museum Juval bilden, können besichtigt werden.

Das zweite Tal des Tages erwartet uns wenige Kilometer weiter westlich. Das Martelltal/Val Martello führt uns tief in das Reich des Ortlers. Kehren Sie keineswegs zu früh um, denn am Ende liegt der idyllische Lago di Giovetto. Retour im Vinschgau ist Ihnen jetzt vielleicht ein wenig nach einer Stärkung zumute? Mein Tipp dazu steht im Tour-Check.

Bevor wir dann den Tourentag in Meran ausklingen lassen, gilt es noch zwei Südtiroler Highlights zu erkunden. Beginnen wir mit dem bereits avisierten Ultental bei Lana. Schon Kaiserin Sisi von Österreich, Otto von Bismarck und andere echte A-Promis schwärmten von ihren Kuraufenthalten in jenem verträumten Tal. Ja, Schriftsteller Thomas Mann war hier im Tal derart tiefenentspannt, dass er endlich seine »Buddenbrooks« fertigstellen konnte. Spätestens ganz hinten am Talschluss bei St. Gertraud bin ich sicher, Sie spüren diese gesunde Entschleunigung auch!

Zu guter Letzt lassen Sie uns nun noch einen Blick auf das Schloss Tirol werfen, das hoch über Meran liegt. Einst die Stammburg der Grafen von Tirol und Wiege des Landes Tirol, verfiel die Burg im 18. Jahrhundert zusehends, wurde sogar als Steinbruch genutzt. Erst im 19. Jahrhundert erbarmte man sich ihrer traurigen Reste, sie wurde wieder aufgebaut und ist heute als Schloss Tirol Sitz des Südtiroler Landesmuseums für Kultur- und Landesgeschichte. Daneben beherbergt das Schloss eine Falknerei mit einer Greifvogel-Pflegestation. Welch eine gelungene Nutzung historischer Schätze und Gemäuer!

TOUR-CHECK

Tourenlänge: 260 km

Reine Fahrzeit: 5–6 Stunden

Kehren: 45

Schwierigkeit: leicht

Hotel Basisort: S'Rössl Cavallino, www.cavallinomerano.com

Weitere Hotelempfehlungen: TF Gästehaus Gröberhof, Schenna, www.groeberhof.com; TF Pension Linserhof, Naturns, www.linserhof.it

Einkehrtipp: Restaurant Kreuzwirt, Hauptstraße 47, I-39025 Naturns, www.kreuzwirt.net

Irgendwann bleib i dann dort: Berghütten-Sommer im Schnalstal.

ÖSTERREICH
SCHWEIZ
Gr. Litzner
3109
3395
Fluchthorn
Muttler
3294
Martina
Naude
ÖSTE
Tschlin
Strada
Zuort
3244
Silvrettahorn
Silvrettagruppe
Pitz Buin
3312
P. Minschun
3068
1507
Reschenpass
Resc
Ramosch
Sent Crusch
Scuol
Ftan
Rojental
Rojen
Reschensee
Vereina Tunnel
P. Linard
3411
Guarda
Ardez
Tarasp
Lavin
Flüela-Wisshorn
3085
Inn
Susch
Unterengadin
Kaschon
2941
Rassasser Sp.
Piz Madlain
3099
Etsch
P. Nuna
3124
Val S-charl
S-charl
Burgeis
Abtei Marienberg
Zernez
3205
Piz Sesvenna
3229
P. Vadret
Spöl
P. Foraz
3092
P. Travrü
3168
Laatsch
P. Starlex
3075
Glur
Taufers
Ofenpass
2150
P. Terza
2909
Tauferspass
Licht
Schweizerischer
Passo del Gallo
1690
Tschierv
Müstair
P. Chavalatsh
2763
S-chanf
Zuoz
3095
P. Serra
Lago di Livigno
Piz Daint
2968
Val Müstair
Lüsai
Valchava
Santa Maria
Stilfs
Platz
Gomagoi
Nationalpark
3180
P. Murtaröl
Trafoi
Livigno
Passo d'Eira
2209
Lago di S. Giacomo
3125
P. Schumbraida
Lago di Cancano
Umbrailpass
2505
2758
Stilfser Joch
3104
M. Cotschen
Valle di Livigno
Adda
2291
Passo di Foscagno
Stilfserjoch
Bagni Vecchi
Valdidentro
Bormio
Valfurva
5 km
27
28
51
52
180
ss41
ss38
ss301
A
E

AUSGANGSORT

MALS IM VINSCHGAU

Zu Füßen des Reschenpasses räkelt sich Südtirols zweitgrößte Gemeinde, keck strecken sich von einstmals sieben Kirchtürmen immerhin noch fünf in den meist blauen Himmel. Diese Türme gaben Mals dereinst den Beinamen »Siebentürmige« oder »Siebenkirchen«. Die Römer siedelten hier ebenso gerne wie später die Tiroler oder auch die Fürsten von Medici. Westlich von Mals ragt die Abtei Marienberg, Europas höchstgelegenes Benediktinerkloster, aus den Hügeln. Ein Abstecher dorthin lohnt sich immer.

Mals sind fünf Türme verblieben, im Reschensee steht einer …

Die Südtiroler machen es vor: Motorrad-Sternfahrt hoch droben am Stilfser Joch.

DIESMAL MUSS ES SEIN

Fahren Sie diese Tour, wenn Sie bereit sind für den wohl schwierigsten asphaltierten Pass der Alpen, für die legendäre, ja, berüchtigte Nordostrampe des Stilfser Jochs. Also zum Beispiel, wenn Sie alle bisherigen 50 Touren dieses Buches erfolgreich absolviert haben.

2012 wurde die Nordostrampe des Stilfser Jochs komplett neu asphaltiert, dennoch entspricht ihre Streckenführung mit 48 sauber durchnummerierten Kehren dem Planungsstand längst vergangener Jahrhunderte. Aber dennoch: Wer sie einmal bezwungen hat, darf nicht nur richtig stolz sein, sondern kann den Rest dieser Runde auch in aller Gemütlichkeit genießen.

Über Prato allo Stelvio und Trafoi nähern wir uns der Rampe zum Passo Stelvio. 78 Kehren in des Wortes kühnster Bedeutung liegen nun vor uns – 48 bergan und 30 hinab nach Bormio. Garniert mit herrlichen Panoramakurven. Oben auf der Passhöhe ist ausgiebiges Pausieren samt Schulterklopfen angesagt, in den Andenkenläden gibt es die begehrten Aufkleber für Koffer oder Topcase. Und das berühmte Passschild für das »Ich-war-hier-Selfie« steht am Westrand der Passhöhe auf dem Weg zum Umbrailpass. Den erkunden wir allerdings erst auf der kommenden Runde genauer.

Heute schwingen wir ganz entspannt hinab nach Bormio. Noch wird es zu früh sein für einen mittäglichen Boxenstopp, deshalb habe ich heute einen anderen Tipp für Sie. Durch das herrliche Valdidentro erklimmen wir zunächst einmal den Passo di Foscagno. Er ist eine der drei Zufahrten zur zollfreien Zone von Livigno und, vor allem von Bormio kommend, gut frequentiert. Fahrerisch ist er mit 2291 Metern genüsslich kurvenreich, aber – vor allem nach der Eroberung des Stilfser Jochs – ein vergleichsweise gemütlicher Pass. Rechts und links des Lenkers reichen sich bewirtschaftete Almen, Bergwälder und prächtig gelegene Ferienhäuser aneinander. Oben auf der Passhöhe kann es immer mal wieder zu Zollkontrollen kommen, auch bei Bikern.

Vorbei an der kargen Passhöhe des Foscagno geht es sodann zügig hinab nach Livigno inmitten eines weiten, einst sehr einsamen Tales. Im Jahr 1805 erklärte es Napoleon kurzerhand zur zollfreien Zone, damit die letzten vor allem im Winter komplett von der Außenwelt abgeschnittenen Bewohner nicht auswanderten. 1910 wurde Livignos Sonderstatus von Italien und 1960 auch von der EU bestätigt. Eine Tatsache, die heutzutage einen Großteil der Attraktivität Livignos ausmacht. Haben Sie Lust auf einen Einkaufsbummel? Dann parken Sie das Bike einfach am Ortsrand und schlendern Sie eine Runde durch die quirlige Fußgängerzone. Und danach bitte unbedingt und supergünstig randvoll tanken und einen langen Blick auf den bildhübschen Lago di Livigno werfen. Über dessen Westufer geht es Richtung Norden.

Den Passo del Gallo inklusive Schweizer Grenze unterqueren wir gegen eine geringe Maut im historischen Felsentunnel Munt-la-Schera und finden uns unversehens am Einstieg zum prächtigen Val Müstair wieder. Dessen Westtor markiert der kleine Ofenpass auf 2150 Metern Höhe, der uns in eine der schönsten Regionen der Schweiz geleitet. Genießen Sie die Fahrt durch das prächtige Hochtal, gleich hinter der italienischen Grenze erwartet uns unser Basislager wieder zum Abendprogramm abseits des Mopedsattels.

TOUR-CHECK

Tourenlänge: 150 km

Reine Fahrzeit: 4–5 Stunden

Kehren: 91

Schwierigkeit: anspruchsvoll

Hotel Basisort: Hotel Tyrol, www.hotel-tyrol.it

Weitere Hotelempfehlungen: TF Hotel Paradies, Sulden, www.hotel-paradies.it; TF Wander- und Bikehotel Vinschgerhof, Schlanders, www.vinschgerhof.com

Einkehrtipp: Restaurant Bait dal Ghet, Via Plan 369, I-23030 Livigno

Der frühe Vogel hat den Forcola di Livigno an vielen Tagen ganz für sich allein.

Nur mit Fisheye-Objektiv zu erfassen: die Westrampe des Umbrailpasses

VORGESCHMACK AUFS ENGADIN

Gleich im Westen Südtirols liegt das Schweizer Engadin. Diese Runde eignet sich perfekt als erster Blick hinüber in dieses prächtige Alpengärtlein. Als »Appetizer« auf all die Freuden, die dort noch auf uns warten.

Das herrliche Val Müstair, eines der schönsten Hochtäler der Schweiz, empfängt uns nun schon zum zweiten Mal innerhalb kürzester Zeit. Es lohnt sich dennoch, denn es gibt sehr viel zu entdecken. Diesmal geht es in entgegengesetzter Richtung nach Santa Maria. Und hier bitte aufgepasst: Mitten im Dorf zweigt der Weg links ab, es beginnt der Aufstieg zum Umbrailpass. Er ist der höchstgelegene Autopass der Schweiz (2505 Meter), die Zufahrt vom Val Müstair wurde bereits 1901 fertiggestellt, die Trassenführung ist mittelschwer, die Spitzkehren besitzen ordentliche Steigungen sowie viel Rollsplitt an den Rändern und in den Kurven.

Oben angekommen, winkt bereits der Kamm des Stilfser Jochs herüber, eine Berghütte bittet gelegentlich ganz nach Laune des Pächters zur Einkehr, etwas weiter dann zweigt die von Bormio kommende Südwestrampe des Stilfser Jochs ab. Wir schauen uns ausgiebig um, wenden dann aber das Motorrad und fahren retour ins Val Müstair respektive zum Ofenpass. Dessen bewirtschaftete Passhöhe selbst ist ein bei Schweizer Töfffahrern beliebter Treff, die Westrampe führt uns kurvenreich hinab nach Zernez und zu einem der nächsten Höhepunkte des Tages.

»Juwel des Engadin« nennt man das Bergdorf Guarda, ja, der Ort gleicht einem Freilichtmuseum mit freiem Eintritt. Parken Sie das Motorrad am Ortseingang

Einstmals ein Schnäppchen: Burg Tarasp ist heute wohl schier unbezahlbar.

und streifen Sie unbedingt zu Fuß eine Runde durch die kaum lenkerbreiten Gassen. Erkunden Sie die unzähligen Details einer fast schon fremden, aber durchaus sehenswerten Bergkultur. Werfen Sie anschließend unbedingt einen Blick in das Hochtal von Tarasp. Eine Horde Raubritter baute dort um 1040 n. Chr. eine Burg auf strategisch bedeutsamem Fels, starb allerdings schon 100 Jahre später mangels gesunder männlicher Nachkommen aus. Anfang des 20. Jahrhunderts kaufte der deutsche Mundwasserfabrikant Lingner die traurigen Überreste und ließ sie für eine Unmenge an Geld restaurieren. Es sollte sein Ruhesitz werden, doch wenige Tage vor der Einweihung starb er. Das nenne ich echte Tragik!

Dass es im Engadin auch heiter zugehen kann, beweist uns dann das Engadiner Städtchen Scuol, das uns nun gerne zu Tisch bittet. Danach verlassen wir zumindest für heute das prächtige Engadin und queren wieder die Grenze zu Österreich. Oben am berühmten Reschenpass empfängt uns bereits wieder das Vinschgau. Das Highlight des Passes ist die tragische Geschichte um das kleine Bergdorf Graun, 1948 musste der Ort dem Reschen-Stausee weichen und versank in den Fluten. Lediglich der Kirchturm ragt heute noch aus den Wassern und wurde zu einem der am meisten fotografierten der Alpen.

TOUR-CHECK

Tourenlänge: 200 km

Reine Fahrzeit: 4–5 Stunden

Kehren: 78

Schwierigkeit: mittelschwer

Hotel Basisort: Hotel Tyrol, www.hotel-tyrol.it

Weitere Hotelempfehlungen: TF Hotel Am Reschensee, Reschen, www.hotel-reschensee.com; TF Hotel Traube Post, Graun, www.traube-post.it

Einkehrtipp: Restaurant Trais Portas, Vi 356, CH-7550 Scuol, www.traisportas-scuol.ch

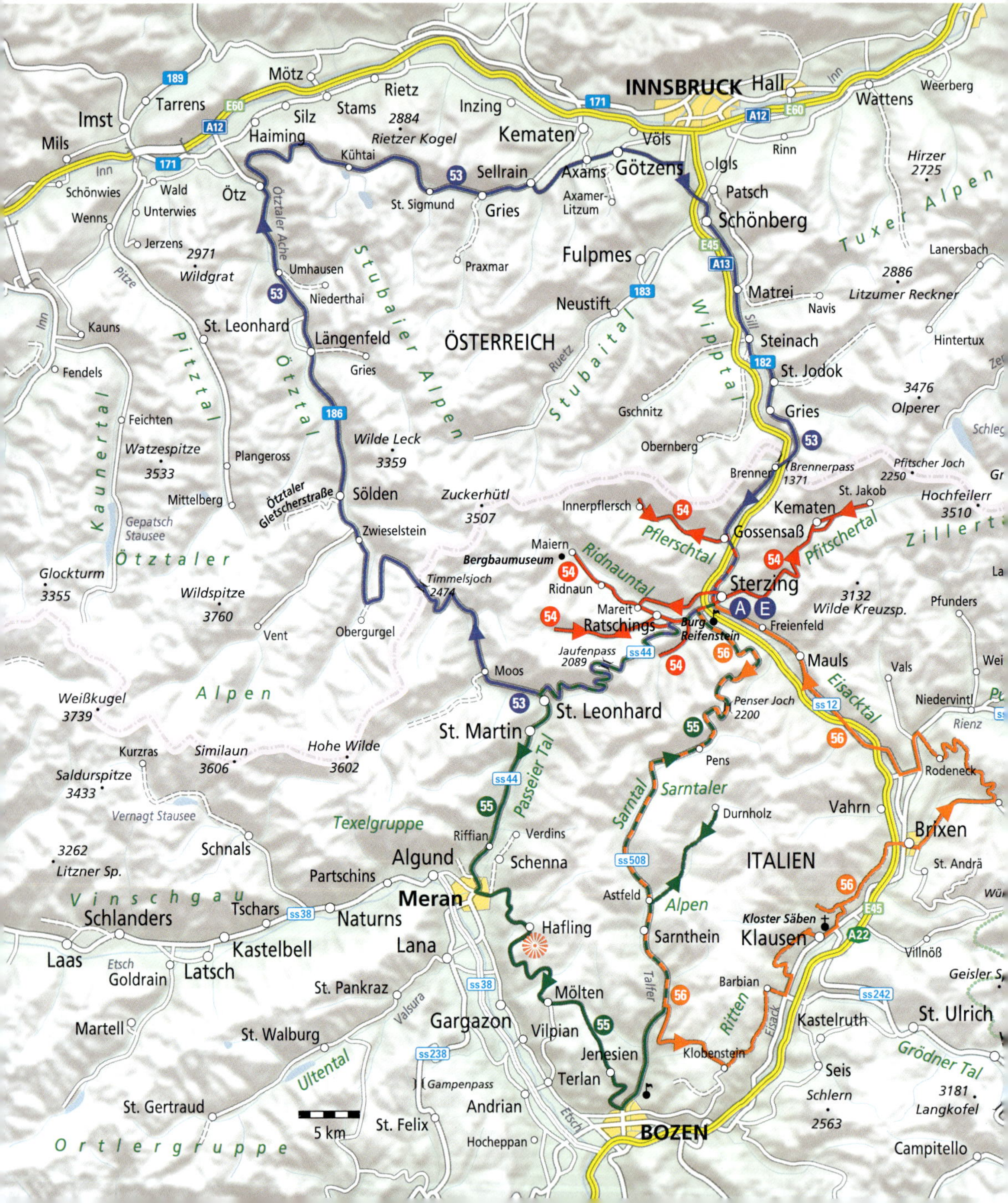

INNSBRUCK
Hall
Wattens
Weerberg
Mötz
Rietz
Tarrens
Imst
Mils
Silz
Stams
2884
Rietzer Kogel
Inzing
Haiming
Kematen
Völs
Schönwies
Wald
Ötz
Kühtai
Sellrain
Axams
Götzens
Igls
Rinn
Patsch
Wenns
Unterwies
St. Sigmund
Gries
Axamer-Litzum
Schönberg
Jerzens
2971
Wildgrat
Umhausen
Niederthai
Praxmar
Fulpmes
Matrei
Navis
Kauns
St. Leonhard
Längenfeld
Gries
ÖSTERREICH
Neustift
Steinach
St. Jodok
Hintertux
Fendels
Pitztal
Ötztal
Stubaier Alpen
Stubaital
Wipptal
Tuxer Alpen
Hirzer
2725
Lanersbach
2886
Litzumer Reckner
3476
Olperer
Feichten
Watzespitze
3533
Plangeroß
Wilde Leck
3359
Gschnitz
Obernberg
Gries
Kaunertal
Mittelberg
Gepatsch Stausee
Ötztaler Gletscherstraße
Sölden
Zuckerhütl
3507
Brenner
Brennerpass
1371
Pfitscher Joch
2250
Hochfeilerr
3510
Innerpflersch
St. Jakob
Kematen
Zwieselstein
Gossensaß
Pflerschtal
Pfitschertal
Ötztaler
Glockturm
3355
Wildspitze
3760
Timmelsjoch
2474
Maiern
Bergbaumuseum
Ridnaun
Ridnauntal
Sterzing
Mareit
Ratschings
Burg Reifenstein
Freienfeld
3132
Wilde Kreuzsp.
Pfunders
Vent
Obergurgel
Jaufenpass
2089
Mauls
Vals
Moos
Alpen
Weißkugel
3739
St. Leonhard
Penser Joch
2200
Eisacktal
Niedervintl
St. Martin
Passeier Tal
Kurzras
Similaun
3606
Hohe Wilde
3602
Pens
Rodeneck
Rienz
Saldurspitze
3433
Sarntal
Sarntaler
Durnholz
Vahrn
Vernagt Stausee
Texelgruppe
Riffian
Verdins
Brixen
3262
Litzner Sp.
Schnals
Algund
Schenna
ITALIEN
St. Andrä
Partschins
Meran
Astfeld
Alpen
Vinschgau
Tschars
Naturns
Hafling
Schlanders
Sarnthein
Kloster Säben
Klausen
Laas
Kastelbell
Lana
Villnöß
Etsch
Goldrain
Latsch
Barbian
Geisler S.
St. Pankraz
Mölten
Ritten
Valsura
Talfer
Martell
Gargazon
Eisack
Kastelruth
St. Ulrich
St. Walburg
Vilpian
Jenesien
Klobenstein
Grödner Tal
Ultental
Seis
Terlan
Gampenpass
Schlern
2563
3181
Langkofel
St. Gertraud
Andrian
5 km
St. Felix
BOZEN
Hocheppan
Campitello
Ortlergruppe

AUSGANGSORT

STERZING/ VIPITENO

Eines der wohl schönsten Relikte Sterzings aus längst vergangenen Römertagen ist die Burg Reifenstein, das gut 900-jährige Wahrzeichen perfekter Burgenbaukunst. Gönnen Sie sich unbedingt auch eine ausgiebige Besichtigung von Sterzing selbst, denn das oftmals als reine Durchgangsstation »missbrauchte« Städtchen hat ebenfalls eine Geschichte zu erzählen. Vor allem die vom berühmten Zwölferturm dominierte Fußgängerzone mit ihren unzähligen Einkehr- und Shoppingmöglichkeiten besitzt einen ganz besonderen Reiz.

Mein Tipp für Sterzing und Umgebung: Gönnen Sie sich die Brennertäler – ALLE!

Unscheinbar, aber an Wochenenden stets gut besucht: die Passhöhe des Jaufen

PÄSSE UND TÄLER SATT

Diese Runde zählt zu den Lieblings-Wochenendbeschäftigungen aller Südtiroler Biker: Von Sterzing aus geht es über den Jaufenpass zum Timmelsjoch und dann über das Ötz- und Inntal respektive Brenner retour zum Start.

Bereits der Jaufenpass ist, von Sterzen kommend, ein mehr als perfektes Warm-up unter anderem auch für das später anstehende Timmelsjoch. Der »Jaufen« verbindet das Eisack- mit dem Passeiertal, unterhalb der unscheinbaren Passhöhe befindet sich ein Berggasthof, der vor allem an den Wochenenden der Bikertreff der Region ist.

Mit freiem Blick auf das Passeier Tal schwingt die Passstrecke dann hinunter in das hübsche Bergdorf Sankt Leonhard mit zahlreichen Einkehrmöglichkeiten. Aber pausieren können wir später noch, das Timmelsjoch erwartet uns bereits. Gut 2500 Höhenmeter verlangen eine satte Portion Kenntnis in der Hohen Schule des Passfahrens, ja, das Timmelsjoch ist kein Trainingsgelände für absolute Führerscheinneulinge. Die Mautstelle ist hinter der Passhöhe auf Österreicher Seite, bevor die Straße im Ötztal bei Sölden auspendelt. Hier schließt übrigens Tour 13 nahtlos an.

Auch wenn die Talstraße im Ötztal »alternativlos« ist – es gibt keine durchgängigen Ausweichpisten an den Talhängen – bietet sie uns viel Sehenswertes rechts und links des Lenkers. Nehmen Sie sich Zeit, schauen Sie sich um und kehren Sie gemütlich ein, wenn Sie mögen. Im Örtchen Ötz setzen wir dann den

TOUR-CHECK

Tourenlänge: 230 km

Reine Fahrzeit: 5–6 Stunden

Kehren: 66

Schwierigkeit: mittelschwer

Hotel Basisort: TF Hotel-Restaurant-Pizzeria Thuinerwaldele, www.thuinerwaldele.it

Weitere Hotelempfehlungen: TF Hotel Falknerhof am Ursprung, Umhausen/Imst, www.falknerhof.com; TF Alpenhotel Laurin GmbH, Hochgurgl, www.laurin.at

Einkehrtipp: Restaurant s'Pfandl, Plörweg 4, A-6450 Sölden, www.spfandl.com

Blinker rechts Richtung Kühtai. Nach einem raschen Blick auf den nahe liegenden Silzer Sattel genießen wir die Fahrt durch das idyllische Hochtal. Der Kühtaisattel auf 2000 Metern sowie das anschließende Sellraintal begeistern mit herrlichen Landschaften und erinnerungswürdigen Ausblicken. Nach dem Örtchen Axams erreichen wir nun den »Dunstkreis« von Innsbruck, und falls der Tourentag noch frisch ist, empfehle ich einen Rundgang durch die prächtige Innsbrucker Altstadt rund um das »Goldene Dachl«.

Zu guter Letzt aber wenden wir das Bike gen Süden und erobern – natürlich über die kurvenreiche alte Brennerstraße – den berühmtesten Pass der Alpen. Seit 2500 Jahren ziehen nun schon Händler, Säumer, Viehhirten, Schmuggler, Abenteurer und Touristen über den mit 1371 Metern niedrigsten Alpenübergang. Das alte Dorf Brenner oben auf der Scheitelhöhe hat dazu viele spannende Geschichten zu erzählen. Wenige Kurven sowie Kehren später empfängt uns unser Basislager Sterzing wieder.

Relikte besserer Zeiten: Der heutige Anblick des Brennerpasses ist – sagen wir mal – ausbaufähig.

Rennsemmel-Teststrecke: Die Rampen des Jaufenpasses erlauben ordentlich Speed.

Welch prächtige Sackgasse: das Pfitscher Tal bei Sankt Jakob

PRÄCHTIGE TÄLERSCHAU

Nicht nur das Sterzinger Becken, auch die Täler im Westen und Osten haben dem tourenden Entdecker viel zu bieten. Haben Sie auf Ihrer Hatz in den Süden schon jemals einen Blick in diese prächtigen Sackgassen geworfen?

Zu Beginn unserer Tour schauen wir uns den Ort Colle Isarco/Gossensaß mal etwas genauer an. Seit über 4000 Jahren ist er nun schon eine wichtige Zwischenstation für Reisende über die Alpen. Im Mittelalter hatte er seine Blütezeit, seine Bewohner verdienten gut an Zöllen, Proviantverkauf und auch an den nahe liegenden Silber- und Bleibergwerken. Im 20. Jahrhundert wurde Gossensaß dann zum beliebten Luftkurort, unter anderem für berühmte Schriftsteller wie Hendrik Ibsen. Heute ist der Ort vor allem wieder als Boxenstopp äußerst beliebt.

Direkt in seinem Zentrum zweigt gen Westen eines der unbekanntesten und einsamsten Brennertäler ab – das Val di Fleres/Pflerschtal. Das einstige »Silbertal« bietet eine schier atemberaubende Naturvielfalt: Von historischen Steinhöfen bis zum Wasserfall »Hölle« in

TOUR-CHECK

Tourenlänge: 150 km

Reine Fahrzeit: 3–4 Stunden

Kehren: 16

Schwierigkeit: leicht

Hotel Basisort: TF Hotel-Restaurant-Pizzeria Thuinerwaldele, www.thuinerwaldele.it

Weitere Hotelempfehlung: TF Sporthotel Zoll, www.sporthotel-zoll.com

Einkehrtipp: Restaurant Gassenhof, Untere Gasse 13, I-39040 Ridnaun, www.gassenhof.com

Schloss Wolfsthurn hoch über Mareit im Ridnauntal – man gönnt sich ja sonst nix.

Innerpflersch gibt es viel zu entdecken. Und auf zahlreichen bewirtschafteten Almen kann man sich für die Weiterfahrt perfekt stärken. Manche sind perfekt mit dem Motorrad erreichbar, manche aber auch nur mit Wanderschuhen. Warum erkunden Sie diese herrliche Landschaft nicht ein wenig zu Fuß?

Deutlich touristischer geprägt ist das anschließende Ridnauntal. Gerade einmal 18 Kilometer lang ist es, im Süden begrenzt durch das Gebirgsmassiv des Jaufen und im Norden von den gewaltigen Stubaier Alpen. Am Schneeberg ganz am Talende gibt es eine 900-jährige Bergbaugeschichte zu bestaunen, wurde hier doch einstmals das höchstgelegene Bergwerk Europas betrieben. Zwar 1978 aufgrund mangelnder Rentabilität eingestellt, ist das Bergwerk seit 1995 als Bergbaumuseum mit Museumsstollen ein äußerst beliebter Anziehungspunkt in diesem reizvollen Tal mit seinen malerischen Wasserfällen. Mein hier anschließender Rat: Erkunden Sie auch die winzigen Abstecher rechts und links unserer weiteren Hauptstrecke, wie zum Beispiel das Jaufental, das wohl stillste Tal Südtirols. In Racines/Ratschings zweigt die winzige Piste gen Süden ab.

Das letzte Tal für heute ist dann leichter zu finden: Es besitzt große Wegweiser bereits viele Kilometer vor dem Taleinstieg. Das Pfitschertal zählt zu den typischen Hochtälern der Zentralalpen und verläuft vom Sterzinger Becken auf gut 1000 Höhenmetern schnurstracks nach Nordosten. Nach 36 Kilometern endet es direkt in den Zillertaler Alpen am Pfitscher Joch auf 2250 Höhenmetern. In historischer Zeit wurde durch einen Bergsturz bei Wöhr ein riesiger See aufgestaut. Einer Legende zufolge soll dieser See dann in der Nacht vom 18. März 1080 über die Ufer getreten und zum Tal »hinausgepfitscht« sein. Dabei richtete er schwere Verwüstungen an, die bis heute in den Geschichten des Tales lebendig sind. Das Pfitscher Joch selbst ist für Kraftfahrzeuge gesperrt, die letzten fünf Kilometer geht es auch für uns nur zu Fuß weiter. Aber das soll sehr gesund sein – zumindest mit dem richtigen Schuhwerk …

Easy going im Ridnauntal – Motorradreisen von seiner ganz entspannten Seite

GEMÜTLICHES VERGNÜGEN

Noch einmal starten wir Richtung Jaufenpass in den Tourentag, wedeln sodann durch eine prächtige Bergbauernlandschaft südwärts nach Meran, erklimmen das malerische Sarntal hinauf zum Penser Joch und kehren nach dem einen oder anderen Abstecher wieder in Sterzing ein.

Mein erster Tipp des noch blutjungen Tages: Sobald sich nahe der Passhöhe des Jaufen der Wald lichtet und den Blick freigibt, parken Sie bitte das Motorrad am Wegesrand, steigen Sie ab und schauen Sie einmal zurück auf das Sterzinger Becken. Es lohnt sich, haben Sie hier doch den vielleicht schönsten Blick auf all die Südtiroler Pracht. An der Imbissbude auf der Passhöhe des Jaufen treffen sich die Motorradfahrer aus der Region gerne ganz spontan, zumal wir hier viele Tage im Jahr auch hoch über den Nebelwelten des Tales sind. In herrlichen Rechts-links-Kombinationen geht es anschließend hinab ins Passeier Tal nach Sankt Leonhard.

Schalten Sie jetzt unbedingt einen Gang zurück und genießen Sie die postkartengleichen Anblicke des Hochtales. Hier ist die Welt augenscheinlich noch in Ordnung. Und gleichwohl es schwerfallen wird, ignorieren Sie bitte die Wegweiser hinauf zum Timmelsjoch, das wir Tour 53 bereits erfahren haben. Diesmal wartet das prächtige Meran auf uns. Meran ist für mich die schönste Stadt Südtirols und bietet immer ein quir-

TOUR-CHECK

Tourenlänge: 195

Reine Fahrzeit: 4–5 Stunden

Kehren: 45

Schwierigkeit: leicht

Hotel Basisort: TF Hotel-Restaurant-Pizzeria Thuinerwaldele, www.thuinerwaldele.it

Weitere Hotelempfehlungen: TF Gasthof Pension Schlossberg, St. Leonhard, www.pension-schlossberg.it; TF Hotel Feldrand, Sarntal, www.feldrand.com; TF Gasthof Restaurant Zum Weissen Rössl, Sarntal, www.weisses-roessl.org

Einkehrtipp: Gasthof Bad Rungg, Griesplatz 17. Sarentino

lig-lebendiges Kontrastprogramm zur Kurvenhatz durch die Einsamkeit der Berge. Ein Boxenstopp dort mit zweitem Frühstück ist für mich immer wieder Pflicht, zum Beispiel im Café König in der Freiheitsstraße 168.

Für den weiteren Weg am Nordosthang des Meraner Beckens empfehle ich erneut den GPS-Download, so sind die winzigen Straßen über Avelengo und Verano respektive San Genesio leicht zu finden. Genießen Sie den Höhenblick auf Bozen, bevor es hinauf in das Sarntal geht. Bereits in der Steinzeit siedelten hier Jäger und Sammler, 1363 wurde das Tal Teil des Habsburger Reiches. Im 17. Jahrhundert erhielt die Bozener Handelsfamilie Wagner das Schloss Reinegg und nannte sich fortan »Grafen von Sarnthein«. Die dem Schloss angegliederte Kellerburg ist bis heute ihr Familiensitz. Der eigentliche Schatz des Tales sind aber die Sarner selbst: rau und unnahbar auf den ersten Blick, dabei hilfsbereit und von überwältigender Gastfreundlichkeit. Abgeschirmt von der Außenwelt, haben sie sich ein Paradies bewahrt, das vielleicht einzigartig in den Alpen ist.

Bevor wir uns dem letzten Höhepunkt des Tages widmen – dem Penser Joch –, lassen Sie uns noch einen Blick in das Durnholzer Tal werfen. Nördlich von Sarentino zweigt die Zufahrt in dieses erlebenswert

Auch so ein Pflichttermin: Gasthof auf dem Penser Joch mit lecker Speis und Trank

einsame Hochtal rechts ab. Retour im Sarntal treiben wir unser Bike dann hinauf zum Penser Joch. Dessen Highlight ist vor allem die urgewaltige, hochalpine Landschaft rund um die Passhöhe in immerhin 2200 Metern. Das viele Tage im Jahr offene Gasthaus dort oben ist ebenfalls ein beliebter Bikertreff, zu dem wir auf der nächsten Runde frühmorgens nochmals zurückkommen. Über eine gut ausgebaute Kurvenpiste geht es heute Abend erst einmal zurück nach Sterzing.

Alle Brennertäler können selbst anspruchsvolle Biker immer wieder überraschen.

Auf winzigen Landstraßen huschen wir durch eine höchst abwechslungsreiche Region.

STILLE BERGE – QUIRLIGE TÄLER

Das einsame Sarntal, das prächtige Plateau von Ritten, die Höhenstraße Richtung Brixen und der Heimweg im Eisacktal – das nenn ich ein fahrerisches Kontrastprogramm vom Feinsten. Und Einkehrschwünge gibt es zuhauf.

Ein Hinweis vorweg: Rein theoretisch lassen sich Tour 55 und 56 zu einem prächtigen »Achter« kombinieren, der auch alpenerfahrene Biker begeistern wird. Der hat dann allerdings satte 300 Kilometer Länge und verlangt eine sichere und mehr als flotte Fahrweise. Mit dem GPS-Datensätzen und einem guten Navi ist die Kombination aber problemlos möglich.

Das überaus malerisch gelegene Hochplateau zwischen den Südtiroler Flüssen Eisack und Talfer ist schon seit über 400 Jahren ein beliebtes Ausflugsziel auch der Bozener Bürger, seine kurvenreichen Pisten sind allerdings an Sommerwochenenden im Juli und August ziemlich voll. Abseits dieser Tage haben wir die Pisten samt Plateau oftmals aber fast für uns allein. Damit wir uns anschließend nicht im Verkehrsgewühl des Eisacktales verzetteln, empfehle ich die aussichtsreiche Höhenstraße über Barbiano, Villandro und Chiusa/Klausen zu wählen und so oft wie möglich den Seitenständer auszuklappen für ausgiebige Rundumblicke.

Weit vor unserer Zeitrechnung siedelten rund um Klausen bereits Menschen, heute ist der Ort vor allem durch seinen markanten Säbener Felsen bekannt, auf dem sich das gleichnamige Kloster ansichtskartengleich in den blauen Himmel reckt. Das Benediktinerkloster ist einer der berühmtesten Wallfahrtsorte Südtirols, seine Wurzeln reichen bis auf das frühe fünfte Jahrhundert zurück. 1699 zur Abtei erhoben, wurde Säben zu einem der ersten Benediktinerinnenkloster der Alpen, bis heute leben die Schwestern dort oben in strenger Klausur, kümmern sich aber gerne auch um Pilger und interessierte Gäste.

Den Tourentag ausklingen lassen können Sie nun im über 1000-jährigen Brixen mit seinen engen Gassen, gepflegten Bürgerhäusern, Laubengängen und Brücken. Oder auf der Brixener Dolomitenstraße, diese schließt gleich im Osten der Stadt nahtlos an und führt uns auf 30 kurvigen Kilometern durch die nördlichen Ausläufer der Dolomiten über das Würzjoch nach San Martino in Badia. Der Heimweg nach Sterzing ist auch im letzten Licht des Tages leicht zu finden. Das gilt übrigens auch für die Piste nach Bruneck, unserem letzten Tourenstandort im herrlichen Südtirol.

TOUR-CHECK

Tourenlänge: 190 km

Reine Fahrzeit: 4 Stunden

Kehren: 56

Schwierigkeit: leicht

Hotel Basisort: TF Hotel-Restaurant-Pizzeria Thuinerwaldele, www.thuinerwaldele.it

Weitere Hotelempfehlungen: TF Gasthof Burgfrieden, Freienfeld, www.burgfrieden.it; TF Mesnerwirt, Auna di Sopra/Ritten, www.mesnerwirt-ritten.net

Einkehrtipp: Gasthof Saubacherhof, Via Sant Ingenuino 6, I-39040 Barbiano, www.saubacherhof.com

Zweigen Sie so oft wie möglich ab auf unbekannte Nebenstrecken – es gibt viel zu entdecken.

ÖSTERREICH
ITALIEN
Zillertaler Alpen
Olperer 3476
Ochsner 3107
Napfspitze 3144
Gr. Löffler 3379
Hohe Wand 3289
Pfitscher Joch 2250
Gr. Möseler 3480
Hochfeilerr 3510
Zemmbach
Schlegeisspeicher
Kaserr
Prettau
St. Peter
Ahrnbach
St. Jakob
Ahrntal
Steinhaus
St. Johann
St. Martin
Katzenkofel 2912
Durreck 3130
Stutenno 2737
Pfitschertal
St. Jakob
Rotes Beil 2949
Grabspitze 3059
Neveser See
Tristenspitze 2716
Weißenbach
Luttach
Rein
Ahornach
Reinbach
Reintal
Riesenferner
Roter Rüffl 2874
Lappach
Seewassernock 2518
Sand
Winkel
Schneebiger Nock 3358
Mühlwald
Mühlbachtal
Gr. Fensterlekofel 3171
3105
Schwarze Wand
Pfunders
Grubbachspitze 2809
Perntaler Spitze 2450
Ahrnbach
Uttenheim
Antholz-Obertal
Gaisjochspitze 2641
Gitsch 2510
Pfunderertal
Tauferer Tal
Riesenfernergr
Ahrn
Vals
Weitental
Terenten
Pichlern
Gais
Antholz-N
Meransen
Obervintl
St. Georgen
Tesselberg
Antholz
Niedervintl
St. Sigmund
Kiens
Pfalzen
Mühlbach
Pustertal
Bruneck
Antholzer Bach
Eisacktal
Rienz
Nasen
Rasen
Rodeneck
St. Lorenzen
Natz-Schabs
Montal
Reischach
Olang
Taister
5 km
169
57
ss621
ss49
ss244
ss12
A22
E45
A
E

AUSGANGSORT

BRUNECK/ BRUNICO

Das 1256 erstmals urkundlich erwähnte Bruneck liegt im Pustertal direkt an der Mündung der Ahr in die Rienz. 2006 feierte es sein 750-jähriges Bestehen, gegründet wurde der Ort durch den Fürstbischof Bruno von Kirchberg, der über dem Ort sein heutiges Wahrzeichen, das Schloss Bruneck, erbauen ließ. Wenngleich direkt an der überaus verkehrsreichen SS 49 gelegen, ist Bruneck ein beliebtes Tourismuszentrum. Von hier aus liegen die Highlights des westlichen Pustertales allesamt nur einen Steinwurf entfernt.

Genau hinschauen: Die Schönheit Brunecks zeigt sich oft im Verborgenen.

Zwar wenig offroadtauglich, dennoch liebe ich BMWs super bequeme Sporttourer. Gerade auch in den Alpen.

BRUNECK EINMAL GANZ ANDERS

Die Nordflanke des Pustertales rund um Bruneck hat dem erkundungsfreudigen Biker viel zu bieten. Steigen Sie hinauf zu idyllischen Stauseen, erkunden Sie geschichtsträchtige Bergdörfer oder malerische Hochtäler. So manch herrlicher Bergsee lädt auch zum Baden ein – zumindest alle Kaltduscher.

Für den Charme Brunecks müssen Sie sich unbedingt Zeit nehmen. Es gibt ihn, er ist nur schwer zu entdecken. Vielleicht heute Abend. Den Tag allerdings lassen Sie uns in den Tälern verbringen, in den Sackgassen im Norden der Stadt. Zum Beispiel mit einer Visite in Rein in Taufers.

Erstmals 1225 urkundlich erwähnt, reichen die Wurzeln des Ortes aber bis in die Mittlere Steinzeit, also bis 5000 vor unserer Zeitrechnung zurück. Im Jahr 1992 wurden in der Umgebung sogar Bekleidungsstücke aus der Eisenzeit gefunden. Idyllisch inmitten des Naturparks Rieserferner-Ahrn gelegen, ist Rein Ausgangspunkt für Wander- und Bergtouren und äußerst beliebt wegen seiner Naturschönheiten. Eine Vielzahl von Hotels, Gaststätten und Einkehrmöglichkeiten lockt nicht nur Wanderer hinauf in diese mächtige Bergwelt.

TOUR-CHECK

Tourenlänge: 250 km

Reine Fahrzeit: 5–6 Stunden

Kehren: 23

Schwierigkeit: leicht

Hotel Basisort: Hotel Goldene Rose, www.hotelgoldenerose.com

Weitere Hotelempfehlungen: TF Hotel Burgfrieden, www.hotel-burgfrieden.com; TF Hotel Reipertingerhof, www.reipertingerhof.com

Einkehrtipp: Restaurant Mausefalle, Wiesenhofstraße 64, I-39032 Sand in Taufers, www.pizzeria-mausefalle.bz

Der Weg zum mächtigen Lago di Neves zweigt dann kurz vor Sand in Taufers nach Westen ab und führt das Mühlbachtal entlang zügig bergan. Der idyllisch gelegene, um 1964 errichtete Stausee liegt ganz am Talende, rechts und links der bis zu 20 Prozent steilen und stellenweise extrem schmalen mautpflichtigen Strecke gruppieren sich auch hier zahlreiche Almen. Der türkis schimmernde See selbst ist ein beliebter Ausgangspunkt für Wander- und Bergtouren, aber auch eine einfache Seeumrundung bietet sich an. Am See liegen Park- und schöne Rastplätze.

Retour in Campo Tures oder Sand in Taufers haben wir uns einen Einkehrschwung redlich verdient – nicht zuletzt, da Bergluft erwiesenermaßen hungrig macht. Wie wäre es mit einer Portion leckerer italienischer Teigwaren? Bevor Sie wieder gen Süden in das Pustertal huschen, werfen Sie noch einen Blick auf die gewaltige Burg Taufers am Nordrand des Ortes. Vor allem an Tagen, an denen schwere Regenwolken über dem Ort hängen, könnte es sein, dass Ihnen die Burg bekannt vorkommt. Denn es halten sich hartnäckig Gerüchte, dass jene Burg Roman Polanski als Kulisse für zahlreiche Szenen aus seinem »Tanz der Vampire« gedient haben soll. Auf der Burg werden dem Besucher ein Gruselzimmer sowie extrem verwinkelte Gänge und Kammern als Beweis präsentiert. Echt unheimlich …

Noch eine hochalpine Sackgasse lohnt unsere Erkundung: das Pfunderertal mit seiner wilden Bergwelt und rauschenden Wasserfällen – ausgeschildert bei Vintl/Vandoies, auch als Val di Fundres. Am späten Nachmittag schwingen wir ganz entspannt retour nach Bruneck und lassen den Tourentag in dessen Altstadtgassen ausklingen. Am besten zu Fuß, denn es gibt viele sehenswerte Details zu entdecken.

ÖSTERREICH
SCHWEIZ
ITA
Silvrettagruppe
Unterengadin
Oberengadin
Schweizer Nationalpark
Bergell
Valle San Giacomo
Val Malenco
Val Poschiavo
Valtellina
Rheinwald
Domleschg
Schons
Albula
Rhein
Vorderrhein
Hinterrhein
Plessur
En
Gelgia
Adda
Mera
Liro
Oglio
Davosersee
Lai da Marmorera
Lago di Livigno
Lago di Poschiavo
Lago di Mezzola
Lago di Como
Chur
Davos
St. Moritz
Samedan
Pontresina
Silvaplana
Maloja
Scuol
Zernez
Susch
Lavin
Guarda
Ardez
Ftan
Sent
Zuoz
S-chanf
Cinuos-chel
Brail
S-charl
Tschierv
Santa Mari
Livigno
Isolaccia
Bórm
Sondalo
Grosio
Tirano
Brusio
Campocologno
Poschiavo
La Rösa
Chiesa
Torre di Santa Maria
Sondrio
Ponte in Valtellina
Bianzone
Tèglio
Aprica
Lòvero
Vezza d'Oglio
Èdolo
Sònico
Eita
Chiareggio
Chiavenna
Somaggia
Novate Mezzola
S. Martino
Gravedona
Nuova Olonia
Colico
Delebio
Mantello
Mello
Dazio
Ardenno
Berbenno
Morbegno
Fusine
Caiolo
Soglio
Stampa
Campodolcino
Madèsimo
Splügen
Sufers
Andeer
Ausserferrera
Innerferrera
Cresta
Avers-Juf
Thalkirch
Thusis
Tenna
Bonaduz
Flims
Tamins
Felsberg
Domat Ems
Vättis
Untervaz
Trimmis
St. Peter
Arosa
Lenzerheide
Wiesen
Alvaneu
Filisur
Tiefencastel
Stierva
Salouf
Savognin
Rona
Radons
Mulegns
Bivio
Bergün
Chants
Glaris
Sertig Dörfli
Klosters-Serneus
Küblis
Furna
3247 Ringelspitz
Hochwang 2533
2843 Weissfluh
Silvrettahorn 3244
Fluchthorn 3398
Piz Buin 3312
3410 Piz Linard
3173 Piz Pisoc
Piz Ses 3204
Stätzer Horn 2574
Aroser Rothorn 2980
2383 Flüelapass
Piz Beverin 2998
Hoch Ducan 3063
Piz Kesch 3418
Albulapass 2312
Ofenpass 2149
P. Quattervals 3165
3378 Piz d' Err
Splügenpass 2113
3209 Piz Timun
Julierpass 2290
P. Corvatsch 3451
Forc. di Livigno 2315
Piz Paradisin 3302
Cima de Piazzi 3439
2328 Berninapass
Piz Bernina 4049
Piz Palü 3901
3374 Cima Viola
Piz Duan 3131
Malojapass 1815
3025 Piz Corbet
Pizzo Stella 3163
3375 Cima di Castello
3678 M. Disgrazia
3323 Punta Scalino
2503 Piz Ledù
2976 Cime del Calvo
A13
13
19
3
27
28
29
ss36
ss38
ss39
ss42
58
59
60
61
A
E
8 km

AUSGANGSORT

SANKT MORITZ

Im Sommer öffnet sich das einstmals vor allem durch seine Heilquellen berühmt gewordene Bergdorf auch normal verdienenden Reisenden, also all jenen, die ein gutes Preis-Leistungs-Verhältnis in Sachen Übernachtung suchen. Dann döst der Ort in einzigartiger Postkartenlage gemütlich vor sich hin und freut sich über jeden Gast. 300 Sonnentage pro Jahr und das italienisch milde »Champagner-Klima« lassen gerade auch im Sommer einen Aufenthalt in den historischen Gassen des Ortes zu einem Erlebnis werden.

Im Sommer gänzlich frei von Schickimicki: Sankt Moritz und sein herrlicher See

58

Achtung Tempo 80 – selbst am Berninapass fällt das kaum unangenehm auf.

ZWISCHENWELTEN

Diese tagesfüllende Tour kombiniert nicht nur das Ober- mit dem Unterengadin, sondern auch die berühmtesten Pässe der Region zu einer Fahrt, die Ihnen in Erinnerung bleiben wird. Auch deshalb, weil sie uns trotz richtig hoher Pässe zu keiner Zeit fahrerisch überfordert.

Richtung Samedan und Zuoz verlassen wir am Morgen das gastliche Sankt Moritz. Mein Tipp: Wählen Sie so oft wie möglich die linker Hand oberhalb des Tales verlaufenden Pisten, etwa über das sehenswerte Zuoz mit seinen imposanten Bürgerhäusern rund um den Dorfplatz. Oder auch Guarda und Ardez, die »Juwele des Engadins«. Beide Weiler liegen auf natürlichen Felsterrassen hoch oben am Berg über dem Inntal und gleichen einem Freilichtmuseum mit freiem Eintritt, das Sie in beiden Fällen allerdings möglichst zu Fuß erkunden sollten. Parkplätze gibt es jeweils am Ortsrand.

Neben prächtigen Sgraffiti – jenen künstlerischen Verzierungen rund um Fenster und Hausecken – findet sich hier allerorten auch Schriftzüge in Rätoromanisch, insbesondere Vallader, einem von fünf geheimnisvollen Dialekten des Rätoromanischen, an den Häuserwänden. Gleichwohl die Zahl der Menschen, die diese Dialekte verstehen oder gar sprechen können, immer geringer wird, in der Baukunst der Häuser bleiben sie lebendig.

Auch der Weiler Ftan – ebenfalls hoch auf einer natürlichen Terrasse gelegen – ist ein beschauliches Engadiner Dorf mit langer Geschichte. Lawinen und Feuersbrünste machten Teile des hübschen Ortes immer wieder dem Erdboden gleich. Doch mit viel Enthusiasmus konnten einige der schönsten Engadiner Häuser wieder aufgebaut werden.

Nahe Scuol wählen wir dann einen Teilabschnitt der Tour 52, die sich als perfekte Ergänzung empfiehlt. Über Nauders und den Reschenpass flitzen wir hinab nach Mals im Vinschgau und sodann über das malerische Val Müstair zur Freihandelszone von Livigno. Dort können wir erneut unschlagbar günstig volltanken, bevor uns das Kurvenparadies des Forcola di Livigno

TOUR-CHECK

Tourenlänge: 225 km

Reine Fahrzeit: 5–6 Stunden

Kehren: 43

Schwierigkeit: leicht

Hotel Basisort: Hotel Laudinella, www.laudinella.ch

Weitere Hotelempfehlungen: TF Ferienhaus Auer, Nauders, www.ferienhaus-auer.at; TF Hotel Hochland GmbH, www.hochland.at; TF Hotel Am Reschensee, www.hotel-reschensee.com; TF Hotel Traube Post, Graun, www.traube-post.it

Einkehrtipp: Café-Bistro Münsterhof, Via Maistra 40, CH-7537 Santa Maria im Val Müstair, www.muensterhof.ch

Einzigartig: Blumenfenster mit Sgraffiti-Kunst sind im Engadin recht weitverbreitet.

empfängt. Auf gut ausgebauter Piste geht es durch einige Lawinengalerien zügig bergan, die Passhöhe auf 2315 Metern gehört eher der Marke »unscheinbar« an und erfreut den weitschweifenden Blick eigentlich nur durch die freie Sicht auf die mächtigen Drei- und Viertausender der Bernina-Gruppe im Südwesten.

Nach dem meistens problemlosen Grenzübertritt retour in die Schweiz zweigen wir rechts ab zum berühmten Berninapass. Recht majestätisch schiebt sich der Piz Bernina, der einzige Viertausender Graubündens, ins Bild. Etwas unterhalb der kargen Passhöhe liegen das Ospizio Bernina mit großem Bikertreff sowie zwei kleinen Gletscherseen. Vor allem der Blick auf die vor uns liegenden Eisriesenwelten ist ein Genuss, den wir uns ausgiebig gönnen sollten. An herrlichen Sommertagen bietet sich die Sonnenterrasse des Bernina-Hospizes für einen ausgiebigen Boxenstopp geradezu an. Vielleicht sogar mit einem erinnerungswürdigen Sundowner. Über die gut ausgebaute Bernina-Passstraße kehren wir anschließend zurück nach Sankt Moritz – dies ist auch im Halbdunkel der Nacht gefahrlos möglich.

Sagte ich wohl schon einmal – auch diese Passhöhe ist in puncto Schönheit »ausbaufähig«.

Der Winter lässt schon grüßen – und die Westrampe des Albulapasses gehört uns.

DAS HERZ DES ENGADIN

Das Engadin ist auch die Heimat der berühmtesten Pässe der Ostschweiz. Und die wollen wir auf dieser heutigen Tour einsammeln. Diese Runde lässt den Gleichgewichtssinn jubilieren – versprochen!

Haben Sie gestern einen erinnerungswürdigen Sundowner oben am Berninapass erleben dürfen? Wenn nicht oder falls Sie noch mehr Erinnerungen einsammeln möchten, mein Tipp: Auch der Sonnenaufgang oben am Bernina ist ein Bild für die Ewigkeit, zumindest für echte Frühaufsteher.

Ebenjener Berninapass zählt zu den berühmtesten Alpenquerungen der Schweiz, sein Ruf ist legendär. Die Gründe dafür sind seine fahrerisch recht abwechslungsreiche, uns wohl niemals überfordernde Streckenführung ebenso wie die grandiose Landschaft, in der dieser Pass »spielt«: Der gewaltigen Berninagruppe mit ihren bis zu 4000 Meter aufragenden, bereits lebensfeindlichen Gipfelwelten nähern wir uns diesmal aus dem Westen.

Auf der Passhöhe heißt es erneut, die Grenzbeamten freundlich grüßen, dann geht es über den Forcola di Livigno hinab in die berühmte Freihandelszone. Volltanken lautet es an dieser Stelle erneut, und auch heute mein Tipp, vielleicht gehen Sie auch ein wenig shoppen. Wie schon einmal erwähnt: Nicht alles, was hier nach Schnäppchen aussieht, ist auch eines.

Vorbei am malerischen Lago di Livigno geht es zur Schweizer Grenze und durch den dreieinhalb Kilometer langen Munt-la-Schera-Mauttunnel hinüber in den Schweizer Nationalpark. Haben Sie den heimeligen Ofenpass schon besucht? Wenn nicht, bitte hier kurzerhand rechts abbiegen zu einem schnellen Abstecher.

Ansonsten wählen wir den linken Abzweig nach Zernez, vielleicht sogar in Kombination mit einem mittäglichen Einkehrschwung. Gestärkt und ausgeruht

Oben: Lange musste ich suchen: Legal befahrbare Offroadpiste am Ofenpass
Unten: Oben am Flüelapass liegt nahezu ganzjährig der kalte Gruß des Winters herum.

nehmen wir dann einen weiteren berühmten Engadiner Pass in Angriff: den Flüelapass, unseren höchsten Punkt für heute. Fahren Sie trotz allem den Kurvenspaß vorsichtig, denn hier können uns auch im Sommer noch die zähen Reste eines viel zu langen Alpenwinters überraschen. Bis weit in den Juni türmen sich die Altschneewälle in den schattigen Nordhangkurven, verwandeln die Straße in eine Wasserpiste.

Schon Thomas Mann weilte in Davos auf 1600 Metern und sammelte hier Eindrücke für seinen berühmten »Zauberberg«. Schauen auch Sie sich ein wenig um, bevor es über den letzten Pass des heutigen Tages retour nach Sankt Moritz geht. Der Albulapass (2312 Meter) verbindet das Tal des Hinterrheins mit dem Engadin und gestattet uns erneut eine ausgiebige Kurvenhatz inmitten prächtiger hochalpiner Landschaften. Auf der Passhöhe weitet sich der Blick, das Albula-Hospiz lädt zu einem Einkehrschwung ein, und wer ab und an ein schrilles Pfeifen hört, der ahnt, dass es sich hier oben auch als Murmeltier gut leben lässt.

TOUR-CHECK

Tourenlänge: 190 km
Reine Fahrzeit: 5 Stunden
Kehren: 49
Schwierigkeit: mittelschwer
Hotel Basisort: Hotel Laudinella, www.laudinella.ch
Einkehrtipp: Restaurant Il Fuorn im Hotel Parc Naziunal, Il Fourn, CH-7530 Zernez, www.ilfuorn.ch

Das sehenswerte Örtchen Sils ist eine der touristischen Perlen des Oberengadins.

BLICK IN DIE LOMBARDEI

Namhafte Pässe würzen das Roadbook dieser Tour ebenso wie der abwechslungsreiche Blick hinab in den Norden der Lombardei. Retour geht es durch das herrliche Bergell in der fahrerisch anspruchsvollsten Richtung über den legendären Maloja.

Ein letztes Mal in diesem Tourenbuch gönnen wir uns die Westrampe des Berninapasses als morgendliches Warm-up. Diesmal gilt es aber, den Blinker oben an der Passhöhe rechts zu setzen und tief in die Welt des Puschlavtales einzutauchen. Auf höchst kurvenreicher Straße geht es durch verträumte Bergdörfer mit freundlich winkenden Menschen, die soeben erst ihr Tagwerk beginnen. So manche Ortsdurchfahrt ist aufregend eng, aber, solange Sie nicht hinter einem Lkw feststecken, problemlos zu passieren. Erst hinter dem Lago di Poschiavo weitet sich das Tal, bevor es im quirligen Tirano ausläuft.

Das Valtellina oder Veltlin steht als nächstes Zwischenziel groß auf unserem Roadbook, eine der wohl bekanntesten und wohl auch schönsten Regionen der Lombardei. Sie erstreckt sich von Bormio bis zum Nordrand des Comer Sees und ist weithin bekannt auch für

TOUR-CHECK

Tourenlänge: 250 km

Reine Fahrzeit: 5–6 Stunden

Kehren: 90

Schwierigkeit: leicht

Hotel Basisort: Hotel Laudinella, www.laudinella.ch

Weitere Hotelempfehlungen: TF Hotel Schweizerhaus, Maloja, www.schweizerhaus.swiss; TF Hotel Ristorante Maloia, www.hotelmaloia.it; TF Agriturismo Giacomino, Sorico/Italien www.agriturismogiacomino.it

Einkehrtipp: Pasticceria Mastai, Piazza Donegani 3, I-23022 Chiavenna, www.barmastai.it

ihre prämierten Weinlagen, ebenjenen Veltliner, der seit Jahrhunderten traditionell aus den Trauben der Weinberge des mittleren und unteren Veltlins gekeltert wird. Er soll sogar im angrenzenden Schweizer Graubünden so etwas wie ein Nationalgetränk sein und passt perfekt zum nicht minder berühmten Bündner Fleisch.

In Morbegno wenden wir uns wieder nordwärts, wählen aber möglichst nicht die SS 36 nach Chiavenna, sondern die Bergstrecke über Mello und Cercino. Im bunt-fröhlichen Chiavenna heißt es dann für heute Abschied nehmen von Italien. Vielleicht mit einem Einkehrschwung?

Die Sommer im Bergell rund um Soglio sind kurz, dafür aber eine Wucht für alle Sinne. Die Natur explodiert förmlich in allen Farben, herrlich bunte Almen laden allerorten zu einem Sonnenbad, und von einer sonnigen Felsterrasse »winkt« uns das Bergdorf Soglio zu sich hinauf. Gleichwohl es nur zu Fuß zu erkunden ist, sollten Sie sich diesen Abstecher gönnen. Es ist wie eine Zeitreise in längst vergangene Tage, eine gratis Geschichtsstunde sozusagen. Das Motorrad parkt derweil sicher auf dem großen Parkplatz am Ortseingang.

Schließlich folgt unser Heimweg über den berühmten Malojapass. Der ist fahrerisch ein für »Erstbezwinger« vermutlich überraschendes Kinderspiel. Denn eigentlich ist der Maloja gar kein richtiger Pass, eher ein Steilanstieg hinauf auf 1815 Meter Höhe. Er verbindet das Schweizer Engadin mit Italien und ist fahrerisch mit Ausnahme einiger Kehren im oberen Drittel recht anspruchslos. Seine Scheitelhöhe fällt flach ab zu der uns am Nordende des Passes erwartenden malerischen Seenplatte der Silvaplana. Genießen Sie die Ausblicke auf Seen und Berge, das Panorama ist wohl einmalig. Einige schöne Pausenplätze entlang der Strecke laden dazu ein, die letzten Reste des Reiseproviants in prächtiger Umgebung zu verspeisen.

Postkarten-tauglich: der Anblick der malerischen Seenplatte rund um Silvaplana

Da muss ich ganz bald mal wieder hin: Am Moped sieht man, wie alt das Bild schon ist.

ZUM HÖCHSTEN DORF DER ALPEN

Noch einmal geht es hinab ins traumhafte Bergell, sodann via Splügenpass zum höchsten, ganzjährig bewohnten Dorf der Alpen in einzigartiger Höhenlage. Fahrerisch klingt der Tag dann über den Julierpass perfekt aus.

Tiefgründiges Schmelzwasser streitet mit azurblauem Himmel und schneeweißen Gipfelwelten um die Gunst des Augenblicks, Fischer dümpeln mit ihren Kähnen auf dem Gletschersee und vervollständigen eine der schönsten Postkartenlandschaften der Schweiz – die Silvaplana-Seenplatte. Vor allem zum Sonnenauf- und -untergang geht wohl jedem Besucher hier das Herz auf. Auch wenn unsere Tagestour mit 240 Kilometern recht lang erscheint, nehmen Sie sich Zeit für die herrlichen Ausblicke und genießen Sie die Pracht bis ins kleinste Detail.

Dann geht es hurtig den Malojapass hinab ins malerische Bergell, ein gänzlich anderes optisches High-

TOUR-CHECK

Tourenlänge: 240 km

Reine Fahrzeit: 5–6 Stunden

Kehren: 113

Schwierigkeit: mittelschwer

Hotel Basisort: Hotel Laudinella, www.laudinella.ch

Weitere Hotelempfehlungen: TF Hotel Romana, Savognin, www.hotel-romana.ch; TF Berggasthaus Beverin, Tschapina, Glaspass, www.berggasthaus-beverin.com; TF Pension Italo-Svizzero, San Giacomo Filipo/Italien, www.italosvizzero.com

Einkehrtipp: Restaurant Bergalga, Juppa 40, CH-7447 Avers, www.bergalga.ch

light der Alpen. Hier explodieren die kurzen Sommer in Orgien aus Farben und Düften, das Wort Almwiese bekommt eine gänzlich neue Bedeutung. Da hat es unser Boxenstopp Chiavenna richtig schwer, gegen derartig tief greifende Sinneseindrücke anzukommen. Nun ja, zumindest der Cappuccino-Boxenstopp in der Bar Povero Diavolo, Largo Antonino Pio 7, lohnt sich allemal.

Ab sofort heißt es: volle Konzentration. War der Maloja soeben nur ein »halber« Pass, so besteht beim Splügen (2113 Meter) keinerlei Zweifel daran, dass es sich hierbei um einen waschechten Pass handelt. Er verbindet den Schweizer Kanton Graubünden mit Chiavenna in der italienischen Provinz Sondrio und war bereits den überaus reisefreudigen Römern bekannt. 1823 wurde die heutige Passstraße erbaut. Erfreulich für uns Motorradfahrer ist, dass die verkehrstechnische Bedeutung des Passes seit der Eröffnung des San-Bernardino-Tunnels rapide gesunken ist. Damit gehört der Splügen viele Tage im Jahr uns allein. Aber aufgepasst: Seine Piste ist schmal und sehr kurvenreich, seine Tunnel sind unbeleuchtete Einspur-Erlebnisse, und die Kehren besitzen ordentliche Steilanstiege. Anfänger sollten sich bitte auch am Splügen von erfahrenen Bikern möglichst auf der Ideallinie leiten lassen.

Im Hinterrhein-Tal bei Andeer geht es blutdrucksenkend und gemütlich weiter gen Nordosten, bis der Wegweiser Richtung Avers-Juf vor uns auftaucht. Hier dann unbedingt abbiegen zu einem erinnerungswürdigen Besuch im höchstgelegenen, ganzjährig bewohnten Dorf der Alpen. Dort oben auf 2126 Metern Höhe, weit über Baumgrenzen und Alltag, hindert uns nichts mehr daran, den Blick bis in die Unendlichkeit der Schweizer Gipfelregionen schweifen zu lassen. Wer sich ein ganz besonderes Nachtquartier gönnen möchte, dem sei die Pension »Edelweiss« empfohlen. Oder zumindest der Einkehrschwung bei den freundlichen Wirtsleuten.

Zum Abschluss dieses kurven- und kehrenreichen Tages bringt uns dann der Julierpass auf gut ausgebauter Piste nochmals ganz hoch hinauf. Der Pass verbindet mit seiner Scheitelhöhe von 2290 Metern das Oberhalbsteiner Tal mit dem Engadin. Fahrerisch ist die Strecke äußerst reizvoll, ohne jemals richtig schwierig zu werden. Wenige Kilometer vor der Passhöhe liegt der bezaubernde Lai da Marmorera, ein Stausee, der sich für eine letzte Verschnaufpause ganz hervorragend eignet.

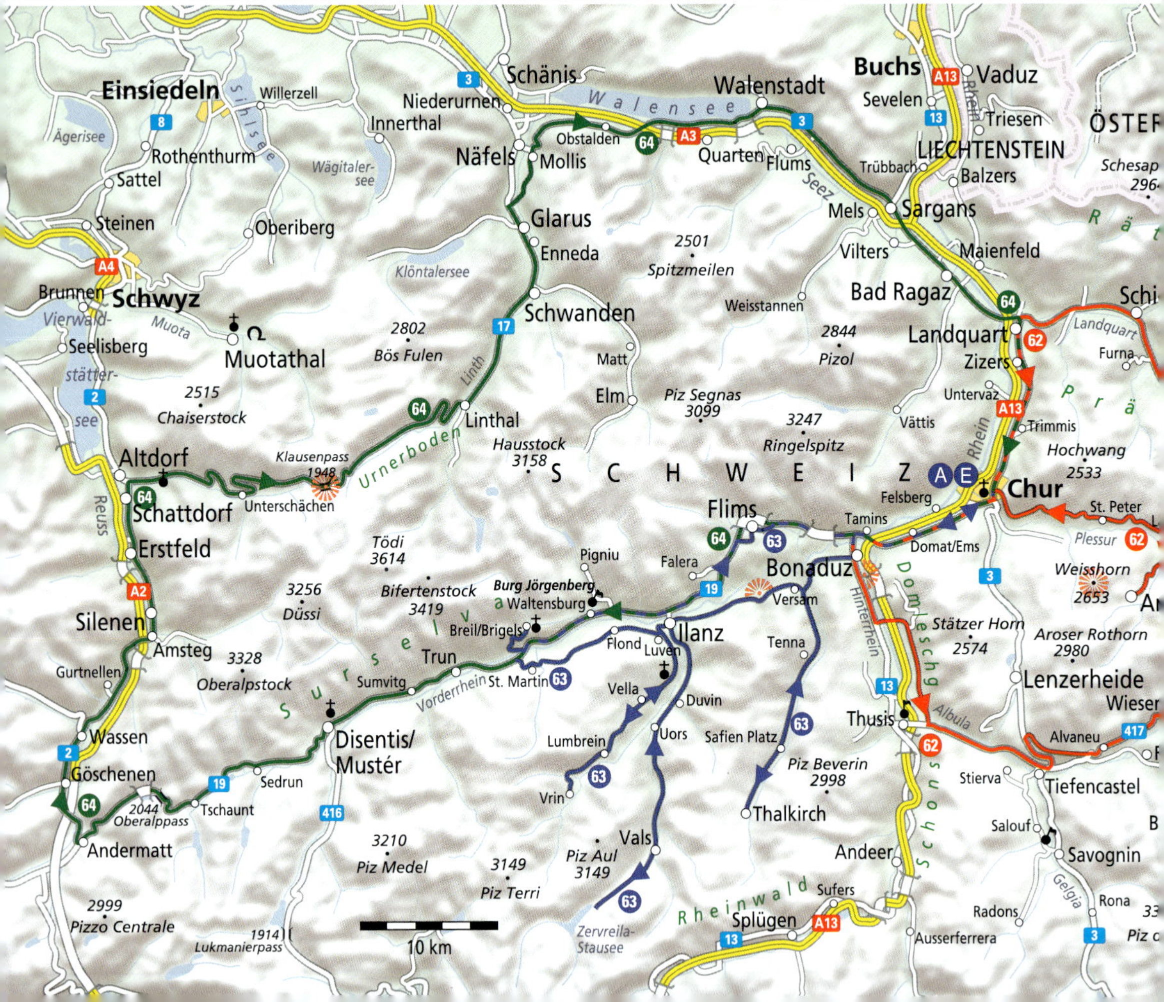

Einsiedeln
Sihlsee
Willerzell
Ägerisee
Rothenthurm
Sattel
Steinen
Oberiberg
Wägitalersee
Innerthal
Niederurnen
Schänis
Walensee
Walenstadt
Obstalden
Näfels
Mollis
Quarten
Flums
Buchs
Sevelen
Vaduz
Triesen
LIECHTENSTEIN
Trübbach
Balzers
ÖSTER
Schesap
Seez
Mels
Sargans
Vilters
Maienfeld
Bad Ragaz
Glarus
Enneda
Klöntalersee
2501
Spitzmeilen
Weisstannen
Brunnen
Schwyz
Vierwald-
stätter-
see
Muota
Seelisberg
Muotathal
2802
Bös Fulen
Schwanden
Linth
Matt
Elm
2844
Pizol
Landquart
Zizers
Furna
Untervaz
Trimmis
Vättis
Hochwang
2533
2515
Chaiserstock
Linthal
Piz Segnas
3099
3247
Ringelspitz
Altdorf
Klausenpass
1948
Urnerboden
Hausstock
3158
S C H W E I Z
Chur
St. Peter
Schattdorf
Unterschächen
Reuss
Erstfeld
Flims
Tamins
Felsberg
Rhein
Domat/Ems
Plessur
Tödi
3614
Pigniu
Falera
Bonaduz
Weisshorn
2653
Burg Jörgenberg
Waltensburg
Versam
Hinterrhein
Domleschg
3256
Düssi
Bifertenstock
3419
Silenen
Amsteg
Breil/Brigels
Ilanz
Stätzer Horn
2574
Aroser Rothorn
2980
Flond
Luven
Tenna
Gurtnellen
3328
Oberalpstock
Surselva
Trun
Sumvitg
Vorderrhein
St. Martin
Vella
Duvin
Lenzerheide
Wieser
Wassen
Disentis/
Mustér
Lumbrein
Uors
Safien Platz
Thusis
Albula
Alvaneu
Göschenen
Sedrun
Vrin
Piz Beverin
2998
Stierva
Tiefencastel
Oberalppass
2044
Tschaunt
Thalkirch
Salouf
Andermatt
3210
Piz Medel
3149
Piz Terri
Piz Aul
3149
Vals
Andeer
Savognin
Schons
Gelgia
Rheinwald
Sufers
Radons
Rona
2999
Pizzo Centrale
1914
Lukmanierpass
10 km
Zervreila-
Stausee
Splügen
Ausserferrera
A4
A2
A3
A13
2
3
8
13
17
19
416
417
62
63
64

AUSGANGSORT

CHUR

Die älteste Stadt der Schweiz und Kantonshauptstadt bietet viel erlebenswertes Ambiente für ein Kontrastprogramm abseits des Mopedsattels. Schier unglaubliche 5000 Jahre reichen deren Siedlungsspuren zurück, heutzutage leben rund 35 000 Einwohner zu Füßen von Brambrüesch und Dreibündenstein. Doch neben all der bedächtig quirligen Lebendigkeit in der Innenstadt von Chur hat die Stadt als Tourenausgangspunkt noch einige weitere Highlights zu bieten, etwa das grandiose Schanfigg-Tal mit seinem Highlight Arosa.

Die schöne Altstadt von Chur: unbedingt auch erkunden

Herrliches Graubünden – der schönste Ort für ein erinnerungswürdiges Saisonfinale

GRAUBÜNDEN PUR

Auf dieser Runde erkunden wir das Herz Graubündens, wir wedeln über kurvenreiche Talstraßen, schwingen immer wieder hinauf zu Abstechern in die prächtigen Schweizer Alpen und genießen die sich allerorten bietenden Möglichkeiten zu einem erfrischenden Einkehrschwung.

Am Wegesrand wartet eine satte Portion spannender Geschichten auf uns. Erneut ein Genuss im und abseits des Sattels. Richtung Domat/Ems und Thusis geht es aus Chur hinaus, ein Stück weit folgen wir dem noch jungen Rhein, biegen dann allerdings ab zu einer der berühmtesten Schluchten Europas. Haben Sie jemals den unvergessenen Gert Fröbe im dramatischen Historienschinken »Via Mala« gesehen? Eine grandiose Geschichte, die rund um ebenjene berühmte Schlucht spielt, die in Jahrmillionen von den Wassern des jungen Rheins gegraben wurde und bereits zu Römerzeiten Teil des Handelsweges zwischen Lindau und Mailand war. Die spektakulärsten Abschnitte der Schlucht lassen sich heutzutage vergleichsweise bequem über Leitern und Holzsteige erkunden. Sehr sehenswert!

Eine ordentliche Portion Schweizer Kantons- und Hauptstraßen sorgt anschließend für rasches Vorankommen, denken Sie aber bitte immer an Tempo 80 und daran, dass in der Schweiz explizit von hinten geblitzt wird! Erst das berühmte Davos bremst unsere Kurvenhatz dann wieder ein, die nach eigenen Angaben »höchstgelegene Ferien- und Kongressstadt Europas« auf 1600 Metern lohnt einen Rundgang, wenn-

TOUR-CHECK

Tourenlänge: 225 km

Reine Fahrzeit: 5–6 Stunden

Kehren: 24

Schwierigkeit: leicht

Hotel Basisort: Comfort Hotel Post, www.hotelpostchur.ch

Einkehrtipp: Restaurant Madrisajoch, Am Platz 21, CH-7246 St. Antönien, www.madrisajoch.ch

gleich heutzutage nur noch wenig von der historischen Substanz des einstigen Bergdorfes vorhanden ist. Der Ausblick vom Davoser See auf die alpine Pracht ist dennoch erinnerungswürdig, wenn Sie es schaffen, die vielen Hotelburgen im Bild einfach auszublenden.

Natur pur können wir anschließend auf der weiteren Fahrt über Klosters hinein ins Prättigau genießen, einem der schönsten Täler Graubündens. Über das Skiresort Klosters hier noch Worte zu verlieren, hieße »Eulen nach Athen zu tragen«. Widmen wir uns lieber der Kurvenhatz an den Rhein. Aber halt – nicht allzu schnell, denn kurz hinter Küblis sollten Sie unbedingt den Blinker rechts setzen und hinauf in das Hochtal nach Sankt Antönien schwingen. Meiner Meinung nach ist dies eine der schönsten Sackgassen Graubündens. Und das Beste: Die Piste haben wir nahezu für uns allein, fahren Sie unbedingt bis zum Talschluss!

Falls dieser Tourentag dann noch mindestens zwei Sonnenstunden für Sie bereithält, wählen Sie in Chur noch die Panoramapiste hinauf nach Arosa. Zwar gleicht Arosa im Sommer einem tief schlafenden, wenig attraktiven Skiresort-Giganten, doch die kurvenreiche Sackgasse durch das Schanfigg-Tal ist ein echter fahrerischer Leckerbissen. 30 kehrenreiche Kilometer und gut 1300 Höhenmeter geht es bergan – und natürlich auch wieder bergab. Viel Spaß dabei!

Manchmal ganz schön eng: Auch abseits der Talstraßen gibt es viel zu entdecken.

Schweiz eben: Selbst die Pisten in die einsamsten Täler sind perfekt asphaltiert.

Unterwegs im Abseits: Auch im Tal des Vorderrheins gibt es viel zu entdecken.

GRAUBÜNDENS SACKGASSEN

Zahlreiche sehenswerte Täler reihen sich im Herzen Graubündens wie Perlen entlang einer Kette. Starten wir daher zu einer Sackgassen-Tour, die uns zu den schönsten Tälern, Dörfern und Stauseen der Region führt.

Ein Nachteil dieser »Runde« sei gleich zu Anfang eingestanden: Sackgassen bedeutet, dass wir an diesem Tag immer wieder umkehren müssen, also das mitunter recht schwere Reisegefährt wenden müssen. Aber das macht nicht nur kräftige Waden- und Oberschenkelmuskeln, es lohnt sich, wie Sie am Ende dieses Tages – vermutlich hundemüde – feststellen werden.

Erneut verlassen wir das gastliche Chur Richtung Westen, setzen aber gleich in Tamins den Blinker links Richtung Versam. In den uns umgebenden Felslandschaften liegt der »Grand Canyon der Schweiz«, die Ruinaulta-Schlucht, ein Eldorado für River-Rafter und Kanuten. Der Weiler Versam selbst ist auch das Tor hinein ins Safiental, einer kleinen, heilen Bergwelt mit mächtigen Häusern, uralten Holzställen und spektakulären Panoramen. Hier ist das »grüne Band« auf alten Landkarten doppelt so breit wie die Straße unter unseren Reifen.

Retour in Ilanz trifft uns der Tagesverkehr dann wie ein Faustschlag. Lassen Sie uns rasch wieder abtauchen, wir setzen den Blinker links zur Valser Hochtalstraße. Entlang des Valser Rheins windet sich die Piste hinauf ins Herz der Graubündner Alpen. Ganz am Talschluss begrüßt uns der Zervreila-Stausee, ein Pausenplätzchen ganz besonderer Qualität mit nettem Berggasthof. Tief unten auf dem Grund des Sees liegt übrigens ein ganzes Bergdorf, dessen Bewohner um 1950 für den Staudammbau zwangsumgesiedelt wurden. Hoffentlich hat man damals niemanden vergessen …

Die folgende Sackgasse nach Vrins trägt uns in ein sehenswertes Bündner Dorf, das sich als Modellprojekt der Heimatpflege einen Namen gemacht hat. Authentischer als hier kann Graubünden nicht sein. Schauen Sie sich ausgiebig um. Via Luven, Flond und Obersaxn kehren wir zum mächtigen Tal des Vorderrheins zurück, auf dessen Nordhang wir den Rest des Tourentages verbringen werden. Mit Breil und Waltensburg erwarten uns hoch über dem Rhein noch so manch sehenswerte Bergdörfer, die einen Boxenstopp inklusive Rundgang allemal lohnen.

Werfen Sie auch einen Blick auf Burg Jörgenberg, die immerhin größte Festungsanlage Graubündens hoch über Waltensburg. Südlich der Anlage stehen zwei steinerne Rundpfeiler des einstigen Galgens von Jörgenberg, die 1998 vor dem Verfall gerettet wurden. Gruselt es Ihnen? Dann lassen Sie sich vom herzlich warmen Flair des Kurortes Flims anstecken, bevor es in das nicht minder freundliche Chur zurück geht.

TOUR-CHECK

Tourenlänge: 250 km

Reine Fahrzeit: 5–6 Stunden

Kehren: 46

Schwierigkeit: leicht

Hotel Basisort: Comfort Hotel Post, www.hotelpostchur.ch

Weitere Hotelempfehlung: TF Berggasthaus Beverin, Glaspass, www.berggasthaus-beverin.com

Einkehrtipp: Restaurant Tödi, Via Tschuppina 34, CH-7165 Brigels, www.restaurant-toedi.ch

Alpengipfel, Berghütte und frisches Quellwasser – gutes Leben kann so einfach sein.

Hoch hinaus geht es auch im Heidiland – hier oberhalb von Flums.

BESUCH BEIM GEISSEN-PETER

Dies ist eine der längsten Touren des Buches und allein aus diesem Grund als mittelschwer eingestuft. Ihre Pässe und Kurvenvergnügen sind allesamt recht einfach zu fahren, ohne das dies unser Vergnügen schmälert.

Diesmal erkunden wir die bislang tunlichst gemiedene Haupt-/Kantonsstraße 19 über Ilanz und Disentis zum Oberalppass. Denn vor allem früh am Morgen sollten wir zügig »Strecke machen«, um für die nachmittäglichen Höhepunkte genügend Zeit zu haben. Der Oberalppass selbst verbindet auf 2044 Metern Höhe die Schweizer Kantone Uri und Graubünden miteinander und stellt eine der wichtigsten regionalen Transitstrecken dar. Wen wundert da noch der Verkehr?

Die Passstraße ist kurvenreich, aber gut ausgebaut. Am Scheitelpunkt direkt an einer Applauskurve liegen einige Einkehrmöglichkeiten, dann geht es in weiten Kurven hinab nach Andermatt. Und keine Sorge beim Anblick der Wegweiser zum St. Gotthard oder Furkapass – die gönnen wir uns im Verlauf dieses Buches allesamt noch mehr als ausgiebig. Heute heißt es in Andermatt erst einmal rechts abbiegen Richtung Göschenen, Wassen und Altdorf im Kanton Uri. Dort erwartet uns nämlich eine weitere Schweizer Passlegende: der Klausenpass. Doch vorher sollten wir uns unbedingt stärken, meinen Tipp dazu finden Sie im Tour-Check.

Der Klausenpass verbindet die Kantone Uri und Glarus miteinander, gleich hinter Altdorf beginnt der Kurventanz. Der Straßenzustand ist ordentlich, unterhalb der Passhöhe auf 1950 Metern empfängt uns das imposante Hotel-Restaurant »Klausenpasshöhe«, die Passhöhe selbst liegt gut einen Kilometer weiter auf der Strecke. Dennoch sollten wir an diesem beliebten Bikertreff kurzerhand den Seitenständer ausklappen, ja, vielleicht sogar einen Einkehrschwung zelebrieren.

Oder zumindest eine Runde Benzingespräche genießen. Oben an der Passhöhe selbst locken vor allem die herrlichen Ausblicke auf die Schweizer Alpen. Und auch der Blick auf Heidis Heimat – das geschichtenreiche Heidiland rund um den malerischen Walensee.

In dieser Mixtur aus engen Tälern und hohen Bergen siedelte die Schweizer Schriftstellerin Johanna Spyri ihre berühmten Kindergeschichten aus einer sehnsüchtig heilen Welt an. Selbst heute, weit über 100 Jahre später, findet sich hier immer noch eine satte Portion davon. Sehr sehenswert! Und ein Postkartenblick, der sich als Abschied tief in unser Gehirn »brennen« kann.

Apropos Abschied: Auch so ein nachmittäglicher Kaffee-und-Kuchen-Boxenstopp direkt am Walensee Ostufer ist ein Genuss, den wir uns redlich verdient haben. Mein Tipp dazu: das Restaurant Seehof in Walenstadt mit einer herrlichen Aussichtsterrasse und ungetrübtem Seeblick. Dort hätte es Heidi garantiert gefallen.

TOUR-CHECK

Tourenlänge: 270 km

Reine Fahrzeit: 6 Stunden

Kehren: 67

Schwierigkeit: mittelschwer

Hotel Basisort: Comfort Hotel Post, www.hotelpostchur.ch

Einkehrtipp: Restaurant Fomaz, Tellsgasse 11, CH-6460 Altdorf, www.fomaz.ch

Bekannt wie ein bunter Hund: der Klausenpass an einem Sommertag

Reuss
2291
Uri Rotstock
Schattdorf
Erstfeld
Unterschächen
Klausenpass
1948
Flims
Engelberg
Tödi
3614
Pigniu
19
Vorderrhein
Bonaduz
3198
Gr. Spannort
3238
Titlis
A2
Silenen
3256
Düssi
Bifertenstock
3419
Burg Jörgenberg
Waltensburg
Breil/Brigels
Flond
Tenna
Amsteg
3328
Oberalpstock
Trun
65
Gurtnellen
11
Sumvitg
Vorderrhein
St. Martin
Vella
2224
Sustenpass
S u r s e l v a
Wassen
2
Disentis/
Mustér
Lumbrein
Göschenen
67
19
Sedrun
65
S C H W E I Z
Piz Bever
2998
3630
Dammastock
2044
Oberalppass
Tschaunt
Vrin
Thalkirch
Gotthardmassiv
Andermatt
Hospental
3210
Piz Medel
3149
Piz Terri
Piz Aul
3149
Vals
U r s e r e n
19
Realp
2999
Pizzo Centrale
P. Blas
3019
67
3190
1914
Scopi
Lukmanierpass
Zervreila-
Stausee
Splügen
Nufenen
A13
Furkapass
2429
2106
St. Gotthard-Pass
67
Airolo
416
Campo
Hinterrhein
13
R h e i n w a
P. Rotondo
3192
Olivone
Rheinwaldhorn
3402
Passo del S. Bernardino
2065
3279
P. Tambo
Splügen
2113
Bedretto
V a l l e L e v e n t i n a
Val Bedretto
Piotta
Aquila
Nufenenpass
2478
Lago del
Naret
66
Ambri
Rodi
Faido
Lago del
Sambuco
Valle di Blenio
3152
Zapporthorn
65
Cristallina
2912
Fusio
3072
P. Campo Tencia
Comprovasco
Dongio
S. Bernardino
Basodino
3272
Lavorgo
Malvaglia
Chironico
Valle San Giacomo
Toce
S. Carlo
S. Carlo
Peccia
Giornico
65
Rossa
Mesocco
3025
P. Corbet
Broglio
A2
67
Soazza
Valdo
Foroglio
66
Bodio
Biasca
Ticino
Sonogno
2
Torent Alto
2952
Valle Mesolcina
Bignasco
66
Gerra
R i v i e r a
Rivasco
Bosco Gurin
Cevio
Osogna
Lostallo
2675
P. della Forcola
66
Valle Verzasca
Brione
Lodrino
Arvigo
S. Rocco
Campo Vallemaggia
Someo
Cama
Lavertezzo
Claro
Grono
Maggia
Maggia
Madonna delle
Grazie
65
2503
Piz Ledù
V a l l e M a g g i a
Vergeletto
Vogorno
Roveredo
67
Mergoscia
A E
ITALIEN
Comologno
Tegna
Sementina
Bellinzona
Minusio
Gordola
13
Giubiasco
Camedo
Locarno
Lago
66
Gravedona
Lago di Como
Sta. Maria Maggiore
Maggiore
A2
Camorino
5 km

AUSGANGSORT

BELLINZONA

Erstmals 590 n. Chr. urkundlich erwähnt, war die zweitgrößte Stadt im Tessin schon immer die Schlüsselstelle zu den Pässen St. Gotthard, Lukmanier und San Bernardino und damit bereits im Mittelalter von großer strategischer Bedeutung. Weltberühmt sind ihre mittelalterlichen Bauten, die seit dem Jahr 2000 zum Weltkulturerbe der UNESCO gehören. Nicht nur in der Altstadt liegen einige hübsche Herbergen, auch direkt an der Stadtgrenze sowie im direkten Umfeld gibt es schöne und ruhige Hotels.

Mit »historischer« Triumph Tiger im historischen Valle Maggia – das passt perfekt.

Tor ins Tessin: Die Rampe des San Bernardino Passes führt uns direkt ins Zielgebiet.

NAHTLOSER ÜBERGANG

Vorbei an spannender Geschichte schwingen wir über berühmte Schweizer Alpenpässe sowie durch das idyllische Tal des jungen Gevatter Rhein. Da können wir dem Bike auch einmal die Zügel lang geben – aber Achtung: Es gilt Tempo 80!

Der erste Teil dieser prallen Tagestour empfiehlt sich – in umgekehrter Richtung – auch als kurven- und abwechslungsreiche Anreise in das Tessin. Noch dazu vignetten- respektive mautfrei. Denn der San Bernardino Pass ist selbst mit voller Beladung noch gut zu fahren. Heute erkunden wir den Pass aber in der entgegengesetzten Richtung und erreichen über Roveredo das Schräglagenrevier der Südrampe, einen fahrerischen Leckerbissen durch atemberaubende Landschaften und Schluchten. Auf der Passhöhe wurde der Weg so verlegt, dass er den natürlichen Felssattel an der tiefsten Stelle überwindet. 1823 wurde dort oben das obligatorische Hospiz eröffnet, heute ein beliebter Bikertreff der Region in einzigartiger Lage.

Garniert ist der Pass mit einem winzigen Bergsee, der allerdings nur wenige Wochen im Jahr tatsächlich auftaut. Selbst »Ganz-kalt-Duscher« werden an dieser Stelle Badesachen nicht auspacken wollen. Lassen Sie uns lieber durch das Tal des Hinterrheins weiter nach Thusis düsen. Erinnern Sie sich an die Abstecher zum Splügenpass oder hinauf nach Avers-Juf? Tour 61 schließt hier gen Süden an. Südlich von Thusis erwartet uns die ebenfalls schon einmal erwähnte, nicht zu Unrecht weltberühmte Via-Mala-Schlucht, der Schauplatz des unvergessenen gleichnamigen Historienschinkens. Thusis selbst ist ein beschauliches Alpen-

Prächtig: Bellinzona ist die bislang sträflich unbeachtete Perle des Tessins.

städtchen, weitgehend befreit vom Durchgangsverkehr und immer gut für einen koffeinhaltigen Boxenstopp.

Bei Bonaduz mündet unser Weg sodann in das mächtige Tal des Vorderrheins, allerdings sollten wir noch bis Ilanz die vielbefahrene Kantonsstraße 19 meiden und über Versam und Valendas gen Westen düsen. Wenngleich vom Durchgangsverkehr täglich malträtiert, ist Ilanz, die selbst ernannte – und wohl wahrheitsgemäße – »Erste Stadt am Rhein« durchaus sehenswert. Eine reiche Geschichte zu erzählen haben unter anderem die Reste der Stadtbefestigung mit Rotem und Obertor aus dem Jahr 1513 sowie zahlreiche Bürgerhäuser im Zentrum des Ortes.

Kurz vor dem Kurvenvergnügen des Oberalppasses biegen wir diesmal in Disentis links ab. Denn der Lukmanierpass wartet dort auf uns. 1914 Meter hoch, ist er typisch für Schweizer Verhältnisse recht ordentlich ausgebaut und mit 14 Kehren fahrerisch auch nicht allzu anspruchsvoll. Der eigentliche Reiz des Lukmaniers liegt in den herrlichen Ausblicken auf das Bleniotal, das selbst ernannte »Herz des Tessins«. Zudem stellt er die einzige Möglichkeit dar, die Schweizer Alpen unterhalb von 2000 Metern zu überqueren. Im Mittelalter galt er deswegen als die wichtigste Nord-Süd-Verbindung der Schweiz, gleich hinter seiner Passhöhe beginnt sozusagen der Süden Europas.

TOUR-CHECK

Tourenlänge: 250 km

Reine Fahrzeit: 5–6 Stunden

Kehren: 98

Schwierigkeit: mittelschwer

Hotel Basisort: Albergo-Ristorante Croce Federale, www.hotelcrocefederale.ch

Weitere Hotelempfehlung: TF Berggasthaus Beverin, Tschapina, Glaspass, www.berggasthaus-beverin.com

Einkehrtipp: Restaurant Städtlibeiz, Rosmaringässli 1, CH-7130 Ilanz, www.staedtlibeiz.ch

Belohnung: Alle, die nicht zu früh wenden, erwartet der Lago del Sambuco.

TESSINER TÄLERSCHAU

Den Norden des Tessin prägen herrliche Hochtäler, denen wir uns auf dieser Tour ausführlich widmen wollen. Als Kontrastprogramm gönnen wir uns einen Boxenstopp im wärmsten Ort der Schweiz. T-Shirt und Sonnencreme bitte also nicht vergessen.

Über Giubasco und Minusio erreichen wir zügig jenes sonnenverwöhnte Tessiner Städtchen namens Locarno, sollten uns aber erst einmal dem fahrerisch mittelschweren Tagwerk widmen, bevor wir an Locarnos Uferpromenaden unsere müden »Gräten« strecken. Gleich nördlich von Locarno wartet das bezaubernde Valle Maggia auf uns, das wohl bekannteste Tessiner Tal. Über 2000 Höhenmeter sind bis zu seinem Talschluss zu bewältigen, ungezählte Wanderwege und gut 40 idyllische Bergseen würzen den Reisegenuss. Beliebte Ausflugsziele in dieser auch historisch sehr abwechslungsreichen Gegend sind die Kirche Madonna delle Grazie in Maggia mit ihren Renaissancefresken, die Piazza mit Museum in Cevio, der Ort Gurin sowie die angrenzenden Täler von Bavona und Lavizzara. Eine der Touristenattraktionen ist auch der imposante Wasserfall von Foroglio.

Der majestätische, 1460 Meter hoch gelegene Lago del Sambuco ganz am Ende des Hochtales kurz vor der obligatorischen Umkehr ist übrigens an Sommerwochenenden ein beliebter Bikertreff oberhalb der Ortschaft Fusio. In seiner unmittelbaren Nachbarschaft ganz am Ende einer schmalen Talstraße ruht der idyllische Lago del Naret, ebenfalls ein beliebtes Ausflugsziel. Die uralte Piste zum See kann aber mit Schranken abgeriegelt werden, notfalls einfach in Fusio einen Einheimischen fragen.

Das Valle Verzasca ist unsere letzte Tessiner Sackgasse für heute, ein wildes Tal mit steilen Hängen und unzähligen Wasserfällen. Es ist touristisch deutlich geruhsamer als das westlich angrenzende Valle Maggia. Das beschert ihm seinen ganz eigenen Charme. Die

TOUR-CHECK

Tourenlänge: 290 km

Reine Fahrzeit: 6 Stunden

Kehren: 55

Schwierigkeit: mittelschwer

Hotel Basisort: Albergo-Ristorante Croce Federale, www.hotelcrocefederale.ch

Weitere Hotelempfehlung: TF Grotto di Baloi, CH-6690 Fontana/Cevio, E-Mail: renatosessanta@gmail.com

Einkehrtipp: Ristorante Albergo Pineta, Via Cantonale, Fusio

Häuser im Verzascatal sind aus grauem Stein mit weißen Fensterumrandungen und schweren Steinplattendächern, sie sind typisch nur für dieses Tal. In Mergoscia am Talanfang liegt übrigens das geografische Zentrum des Tessins. Der Fluss Verzasca wird am Talausgang zum beliebten Badeparadies Lago di Vogorno aufgestaut.

Apropos Paradies: Der Lago Maggiore, der berühmteste See der Alpen, empfängt uns zu guter Letzt zum wohlverdienten Tagesausklang. Entlang der Viale Verbano in Locarno heißt es nun ausspannen, flanieren und die Tessiner Lebensfreude inhalieren. Zurück nach Bellinzona findet unser Moped fast von allein …

Lavertezza im Valle Verzasca – schauen Sie sich unbedingt ausgiebig um. Toll!

Highlight aller Tessiner Täler: Das Valle Maggia verzaubert wohl jeden Besucher.

Härtetest für lockere Schrauben: das historische Kopfsteinpflaster der Tremola

AUF DIE HARTE TOUR?

Diese Runde können Sie auf zwei Arten genießen: Gemütlich und stressfrei, dann fahren Sie entgegen dem Uhrzeigersinn und nehmen vom Gotthard bergab die neue Straße. Oder herausfordernd, dann zweigen Sie gleich in Airolo zur legendären »Tremola« ab.

Ja genau, die »Tremola« ist jene historische Gotthard-Südrampe, die unbedingt in Bikers Lebens-Roadbook gehört. Aber bitte nicht als Anfänger und keinesfalls bei Nässe, das wäre zu gefährlich. Denn bei Regen verwandelt sich das historische Kopfsteinpflaster in eine schmierig-rutschige Buckelpiste. Für das Warm-up unseres Tourentages wählen wir die linke, westliche Talseite hinauf nach Biasca im Bleniotal und wedeln über die Weiler Moleno und Lodrino gen Norden. Das Bleniotal gehört mit seinen Pässen zu den schon im Mittelalter begangenen Alpenquerungen, ja, einige der Pässe sollen sogar schon von den Kelten genutzt worden sein.

In Biasca teilt sich dann unsere Tour, rechter Hand geht es zur leichteren Variante, linker Hand nach Faido und Airolo zur Südrampe des Gotthardpasses. Seine Geschichte gehört zu den spannendsten aller Alpenpässe. Über seinen mit Granitplatten gepflasterten Saumweg zogen jährlich bis zu 12 000 Menschen, das Gotthard-Hospiz wurde ab 1685 von Kapuzinermönchen geführt – diese bekamen wegen des extremen Wetters sogar die Sondergenehmigung, Schuhe tragen zu dürfen.

In beiden Weltkriegen wurde der Gotthard als geheime Festung ausgebaut, zu der von Süden nur ein Weg hinaufführte: die legendäre »Tremola«, die historische Gotthard-Südrampe, die man auch heute noch, oder besser gesagt, wieder befahren kann. Eine einstmals üble Schlaglochpiste, deren authentisch restauriertes Kopfsteinpflaster dafür aber unzählige Geschichten von Freud und Leid zu erzählen hätte. Wenn Steine denn reden könnten …

Mein Tipp: Vergessen Sie die neue Gotthardstraße und gönnen Sie sich mit ruhiger Gashand und korrekt eingestelltem Federbein die »Tremola« von Airolo hinauf zum Pass. Es ist historischer Boden in des Wortes kühnster Bedeutung! Wenn Sie Anfänger im Mopedsattel sind, nehmen Sie sich einfach viel Zeit für die Strecke. Sie ist ohne jeden Zweifel »bezwingbar«.

Oben am Hospiz angekommen, haben wir uns dann eine Verschnaufpause redlich verdient, bevor es auf vergleichsweise einfacher Piste hinab nach Andermatt geht. Den Oberalppass erkunden wir heute von seiner Westrampe aus, er verbindet auf 2044 Metern Höhe die Schweizer Kantone Uri und Graubünden miteinander und stellt eine der wichtigsten Verbindungsstrecken dar. Die kurvenreiche, aber gut ausgebaute Passstraße bietet genügend Möglichkeiten für weitschweifende Ausblicke und macht Lust auf mehr.

TOUR-CHECK

Tourenlänge: 210 km

Reine Fahrzeit: 5 Stunden

Kehren: 63

Schwierigkeit: anspruchsvoll

Hotel Basisort: Albergo-Ristorante Croce Federale, www.hotelcrocefederale.ch

Weitere Hotelempfehlung: TF Hotel-Restaurant Astoria AG, Ulrichen, www.astoria-obergoms.ch

Einkehrtipp: Gasthaus Zum schwarzen Bären, Gotthardstraße 157, CH-6490 Andermatt, www.baeren-andermatt.ch

Dieses »Mehr« folgt dann auch sogleich in Disentis mit dem Abzweig zum Lukmanierpass. Kurz vor dessen Passhöhe liegt einer der schönsten Pausenplätze der Alpen – das Ostufer des Lago di Santa Maria auf gut 1900 Höhenmetern. Hier bitte unbedingt noch einmal den Seitenständer ausklappen und den Ausblick genießen. Und gleich hinter der Passhöhe beginnt wieder unser Thema »Tessin«.

Reisewarnung: Die Tremola geht auch mit Choppern, aber niemals ohne genügend Erfahrung.

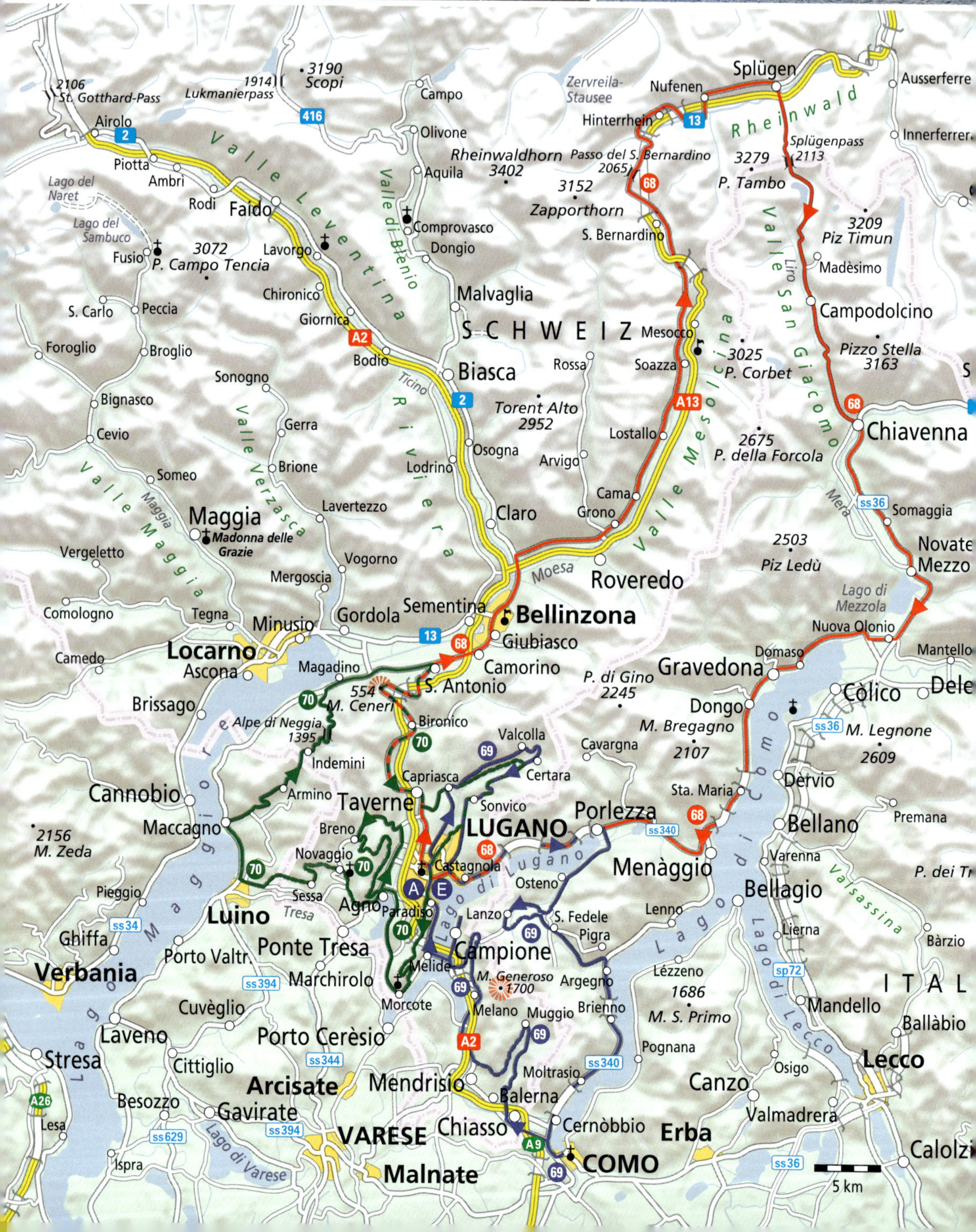

2106
St. Gotthard-Pass
1914
Lukmanierpass
3190
Scopi
416
Campo
Zervreila-Stausee
Nufenen
Splügen
Ausserferre
Airolo
2
Piotta
Ambri
Rodi
Faido
Valle Leventina
Olivone
Aquila
Valle di Blenio
Rheinwaldhorn
3402
Passo del S. Bernardino
2065
Hinterrhein
13
Rheinwald
Splügenpass
2113
Innerferrera
3279
P. Tambo
3152
Zapporthorn
68
Lago del Naret
Lago del Sambuco
Fusio
3072
P. Campo Tencia
Lavorgo
Chironico
Giornico
Comprovasco
Dongio
S. Bernardino
3209
Piz Timun
Madèsimo
Valle San Giacomo
Liro
Campodolcino
S. Carlo
Peccia
Malvaglia
SCHWEIZ
Mesocco
3025
P. Corbet
Pizzo Stella
3163
Foroglio
Broglio
A2
Bodio
Biasca
Rossa
Soazza
Sonogno
Ticino
Riviera
Torent Alto
2952
A13
Bignasco
Gerra
Valle Verzasca
Cevio
Brione
Osogna
Lodrino
Arvigo
Lostallo
2675
P. della Forcola
Chiavenna
Valle Mesolcina
Someo
Valle Maggia
Maggia
Lavertezzo
Claro
Cama
Grono
Mera
ss36
Somaggia
Madonna delle Grazie
Vergeletto
Vogorno
Moesa
Roveredo
2503
Piz Ledù
Novate Mezzo
Mergoscia
Comologno
Tegna
Minusio
Gordola
Sementina
Bellinzona
Lago di Mezzola
Nuova Olonio
Locarno
Ascona
Camedo
Magadino
Giubiasco
Camorino
Domaso
Mantello
Gravedona
Brissago
554
M. Ceneri
S. Antonio
P. di Gino
2245
Còlico
Dele
70
Alpe di Neggia
1395
Bironico
Dongo
M. Bregagno
M. Legnone
2609
Valcolla
Cavargna
2107
Indemini
69
Certara
Cannobio
Armino
Capriasca
Dèrvio
Taverne
Sonvico
Sta. Maria
Maccagno
LUGANO
Porlezza
ss340
Bellano
Premana
2156
M. Zeda
Breno
Lago di Lugano
Novaggio
Castagnola
Menàggio
Varenna
P. dei Tre
Lago Maggiore
Pieggio
Sessa
Agno
Osteno
Bellagio
Valsassina
Luino
Tresa
Paradiso
Lanzo
S. Fedele
Lenno
Lierna
Ghiffa
ss34
Pigra
Lago di Como
Bàrzio
Porto Valtr.
Ponte Tresa
Campione
Verbania
Melide
M. Generoso
1700
Argegno
Lèzzeno
sp72
ss394
Marchirolo
Morcote
1686
M. S. Primo
ITAL
Cuvèglio
Melano
Muggio
Brienno
Mandello
Laveno
Ballàbio
Porto Cerèsio
Pognana
Lago di Lecco
Stresa
Cittiglio
ss344
Moltrasio
Osigo
Lecco
Arcisate
Mendrisio
Canzo
A26
Besozzo
Balerna
Gavirate
Valmadrera
Lesa
ss629
ss394
VARESE
Chiasso
Cernòbbio
Erba
Lago di Varese
A9
COMO
ss36
Calolzi
Ispra
Malnate
5 km

AUSGANGSORT

LUGANO

Die Universitäts-, Kongress- und Kulturstadt zieht zahlreiche Besucher aus allen Ecken Europas an, sehenswert sind unter anderem der Parco Civico mit der Villa Ciani sowie die Seepromenade bis in den Vorort Paradiso. Und natürlich der Lago Lugano selbst mit den Aussichtsbergen Monte Brè (925 m), Monte San Salvatore (912 m) sowie Monte Generoso (1700 m). Er liegt auf der Grenze zwischen Tessin und der italienischen Provinz Lombardei. Auf den kommenden drei Touren werden wir die Uferpromenaden ausgiebig erkunden.

Lugano, sein See und die umliegenden Berge – eine wahrlich traumhafte Kombination

Das Tor in den Süden Europas: der San Bernardino Pass macht die Seele weit.

ENTLANG HERRLICHER SEEN

Auf dieser Runde kombinieren wir hohe Pässe mit den prächtigen oberitalienischen Seen. Das bedeutet fröhliche Kurvenhatz gepaart mit sonnenverwöhntem Sightseeing. Und NEIN, ich habe mich bei der Anzahl der Kehren nicht verzählt …

Auch wenn der Tour-Check recht anspruchsvoll klingt, nehmen Sie doch eine Badehose mit, denn hier in den Südalpen können sogar Warmduscher baden gehen – also zumindest sonnenbaden. Tunlichst die vignettenpflichtige A 2 meidend, fahren wir morgens zunächst Richtung Norden und gönnen uns den unscheinbaren Monte Ceneri, einen Minipass südöstlich des Lago Maggiore. Wäre der Pass nicht so bewaldet, gäbe es vielleicht die eine oder andere Chance auf einen prächtigen Seeblick. So aber lautet mein Fazit »Fehlanzeige«.

Dafür entschädigt uns wenig später der Anblick Bellinzonas, unseres vorhergehenden Tourenstandortes. Ab jetzt lautet die Devise: ab in die Berge. Über Roveredo und Logiano erreichen wir das Kurvengemenge des San Bernardino Passes. Achtung: Bitte nicht versehentlich in die Tunnelzufahrt einbiegen! Oben am Hospiz treffen sich gerne auch Tessiner Töfffahrer, der heute so friedliche Laghetto Moesola hat schon so manche Kriegsgräuel erlebt.

Im Tal des Hinterrheins schwingen wir weiter nach Splügen zur Nordrampe des gleichnamigen Passes. Der Splügen (2113 Meter) verbindet Graubünden mit Chiavenna in Italien und war bereits den überaus reisefreudigen Römern bekannt. 1823 wurde die heutige Passstraße erbaut, ihre heutige verkehrstechnische Bedeutungslosigkeit erkennt man vor allem auch an den Schlaglochpisten der Südrampe, die wir auf einer der vorangegangenen Touren bereits erobert haben. Bekanntes Gelände also, dennoch bitte volle Konzentration und eine ruhige Gashand.

Vor allem in den unbeleuchteten, extrem engen, ja sogar mit Kehren gebauten uralten Tunneln. Hupen sei hier ausnahmsweise erlaubt, um Dosenfahrer rechtzeitig zu entdecken.

In Chiavenna dürfen wir uns und unserem Bike eine Verschnaufpause spendieren, vielleicht garniert mit einem kraftspendenden Einkehrschwung, bevor unsere Reise weiter Richtung Comer See führt. Der See ist nicht nur der fischreichste aller oberitalienischen Seen, seine einzigartige Lage zieht zudem viele Prominente wie George Clooney, Madonna oder Brad Pitt magisch an. Sie alle setzen ihre versteckt in den Hügeln um den See liegenden Zweit- und Drittwohnsitze vermutlich komplett von der Steuer ab, mit dem Argument, dass der Comer See immer wieder auch als Filmkulisse dient.

Wir werden den See noch ausgiebiger erkunden und dabei erkennen, warum er die perfekte Filmkulisse ist. Für heute genießen Sie die beschauliche Heimfahrt entlang des Westufers über Domaso, Dongo nach Menaggio. Kurz hinter Porlezza weitet sich der Blick noch einmal und Lugano kommt wieder in Sichtweite. Jetzt nur noch kurz die Grenze passieren und schon sind wir wieder am Ausgangspunkt.

TOUR-CHECK

Tourenlänge: 230 km

Reine Fahrzeit: 5 Stunden

Kehren: 161

Schwierigkeit: mittelschwer

Hotel Basisort: TF Hotel Vezia, www.hotelvezia.ch

Weitere Hotelempfehlung: TF Pension Italo-Svizzero, San Giacomo Filipo/Italien, www.italosvizzero.com

Einkehrtipp: Ristorante San Lorenzo, Via Giuseppe Garibaldi 3, I-23033 Chiavenna

Das hübsche Morcote am Lago Lugano – außerhalb der Sommersaison ganz entspannt

Wohin des Weges? Die Uferstrecken des Comer Sees bergen so manche Überraschungen.

PROMI-WATCHING INKLUSIVE

Diese Runde führt nicht nur zu den schönsten Plätzen im Hinterland von Luganer- und Comer See, auch ungezählte kurvenreiche Nebenstrecken sind hier zu entdecken. In den herrlich gelegenen Seeorten tummeln sich immer wieder Promis – vorzugsweise ganz privat. Mal schauen, wen Sie entdecken?

Fahren wir uns nach dem Frühstück erst einmal warm, düsen über Capriasca, Valcolla und Certara durch eine Landschaft, in der das Leben noch nie übermäßig laut brummte. Macht aber nichts, es ist feinstes Kontrastprogramm. An dieser Stelle empfehle ich Ihnen noch einmal, den GPS-Datendownload zu nutzen.

In Castagnola geht es dann links ab, erneut zur italienischen Grenze – hoffentlich werden die Zollbeamten nicht misstrauisch, Sie heute Morgen erneut zu erblicken. Über Porlezza und San Fedele erreichen wir ein neues Stück Comer Seeufer, dem wir bis hinab nach Como hautnah folgen. Das nenn ich Navigation von seiner entspanntesten Art: So lange Sie den See linker Hand sehen, fahren Sie goldrichtig. Schauen Sie sich um: Weite Abschnitte der Uferstraße rund um Como schwelgen förmlich in Luxus, winzige Dörfer in atemberaubender Hanglage wachsen bis hinunter an das Wasser, ihre Gassen sind derart steil, dass man sich über Wendemöglichkeiten durchaus vorab Gedanken machen sollte.

Durch Comos enge Vorstadtgassen geht es direkt zum Hafen, zum historischen Kern der Stadt, zur Piazza Cavour. Hier pulsiert das Leben sieben Tage die Woche von früh bis spät. Streifen Sie unbedingt zu Fuß eine Runde umher und lassen Sie die lebensfrohe Quirligkeit auf sich wirken. Comos Klima gehört übrigens zu den angenehmsten der gesamten Südalpen, selbst im Hochsommer sorgen bora-ähnliche Fallwinde dafür, dass es hier niemals unangenehm heiß wird.

Mit Chiasso erreichen wir dann wieder Schweizer Territorium und schwingen über Mendrisio nach Melide. Vorher allerdings lassen Sie uns noch einen Blick auf den Monte Generoso werfen, den Berg mit dem schönsten Panorama im Tessin. Bei klarem Wetter hat man von seinem Gipfel einen Blick über die gesamten Südalpen bis zur Berninagruppe. Echte Glücksritter werden allerdings den Boxenstopp in Campione d'Italia bevorzugen. Diese meistens nur Campione genannte Ortschaft ist eine sehenswerte italienische Enklave im Herzen des Schweizer Kantons Tessin. Ihr besonderer Status geht auf das Jahr 777 zurück, im Ersten Weltkrieg wurde in Campione die erste Spielbank eröffnet mit dem Hintergedanken, ausländischen Diplomaten in entspannter Atmosphäre militärische Geheimnisse zu entlocken. Heute ist es das größte Casino Europas. Da die Enklave zolltechnisch Teil der Schweiz ist, müssen Sie Ihre Seitenkoffer voller Spielbankgewinne nicht einmal deklarieren. Zumindest nicht in der Schweiz …

TOUR-CHECK

Tourenlänge: 175 km

Reine Fahrzeit: 4–5 Stunden

Kehren: 62

Schwierigkeit: leicht

Hotel Basisort: TF Hotel Vezia, www.hotelvezia.ch

Weitere Hotelempfehlung: Hotel Campione, CH-6816 Lugano-Bissone, www.hotelcampione.ch

Einkehrtipp: Ristorante The Market Place, Via Giuseppe Rovelli 51, I-22100 Como, www.themarketplace.it

Leider unverkäuflich – Hütte mit Seeblick nahe Como …

Und diese Hütte hier am Westufer des Lago Maggiore ist wohl eher unbezahlbar!

LUGANO UND DAS OUTBACK

Wie ein Dorn reicht das Schweizer Tessin hinein nach Norditalien. Auf dieser tagesfüllenden Tour erkunden wir jenen »Dorn« ausgiebig und auf den kleinsten und kurvenreichsten Landstraßen, die unser GPS-System berechnen kann. Das wird ein Spaß!

Beginnen Sie den Tag, indem Sie die Morgenstimmung über dem Lago Lugano genießen, zunächst geht es am Ufer entlang zum Vorort Paradiso. Der Name ist Programm und dennoch wohl eher zufällig entstanden. Die Höhenstraße über Paradiso, Pazzallo und Carabbia führt uns dann mit prächtigen Ausblicken und 17 Kehren hinab nach Morcote am Südzipfel des Lago Lugano.

Das sehenswerte Küstendorf ist ein viel besuchtes Touristenziel und liegt gut zehn Kilometer südwestlich von Lugano, direkt am Fuße des 800 Meter hohen Monte Arbostora. Der früher wichtige Handelsort ist heute mit seiner schönen Lage am Hang, den Palazzi, einer monumentalen Treppe mit 400 Stufen, Kirchen und Arkaden eine Idylle für sich. Bis 1847 war Morcote ein wichtiger Warenumschlagplatz und der größte Hafen am Luganer See. Davon können auch heute noch viele der sehenswerten Villen entlang der Küstenstraße berichten, wenngleich bei einem Erdrutsch 1862 so manche von ihnen im See versanken.

Immer am See entlang geht es weiter nach Collina d'Oro, über das Südende des Luganer Flughafen-Areals erreichen wir anschließend ein Konglomerat winziger Landstraßen, deren »grünes Band« besonderer Schönheit oft erneut doppelt so breit ist wie der eigentliche Asphalt unter unseren Reifen. Genießen Sie die Strecke über Breno nach Novaggio, Astano und Sessa – das

Einkehrschwung mit Seeblick: Entlang der Tessiner Seen ist die Auswahl riesig.

allein sind schon beinahe 20 Spitzkehren auf engstem Raum. Da schunkelt unser Gleichgewichtssinn noch Stunden später im Takt der Kurven.

Einen weiteren Grenzübertritt später stehen wir dann in Luino am Ufer des berühmten Lago Maggiore. Okay, es ist zwar das einstige »Arme-Leute-Ufer« des Lago Maggiore – die Prominenz weilte früher im Norden und Westen des Sees, in Cannobio, Verbania und vor allem Locarno –, dennoch ist es auch hier der weltberühmte Lago Maggiore, der viel besungene und unzählige Male schon beschriebene majestätische Alpensee, dessen Wasser an die Ufer schwappen. Berühmt ist übrigens auch seine seit 1826 existierende Passagierschifffahrt zu den Borromäischen Inseln im See: Falls Sie Zeit haben, bringt Sie die Fähre von Laveno nach Verbania diesen prächtigen Naturschauspielen ganz nah. Planen Sie dazu aber mindestens zwei weitere Stunden ein. Zeit genug haben Sie vermutlich.

Die letzten Kurvengenüsse beschert uns heute die Piste über Maccagno und Indemini hinauf zur Alpe di Neggia, einem 1400 Meter hohen Pass mit prächtigen Ausblicken auf den See und seine Alpenwelt. Die Westflanke hinauf zur Alpe ist anspruchsvolles Terrain, die Kehren sind teilweise eng und recht steil. Fahren Sie voll konzentriert. Ganz in der Ferne erwartet uns bereits wieder Lugano. Welch ein erinnerungswürdiger Tagesausklang!

TOUR-CHECK

Tourenlänge: 185 km

Reine Fahrzeit: 4–5 Stunden

Kehren: 139

Schwierigkeit: leicht

Hotel Basisort: TF Hotel Vezia, www.hotelvezia.ch

Einkehrtipp: Pizza – Ristorante Sibilla, Corso Venticinque Aprile 1945 81, I-21016 Luino

Buchs
Rümlang
Bassersdorf
Würenlos
Opfikon
Neuenhof
Regensdorf
Effretik
Birr
Spreitenbach
Weiningen
Wallisellen
Küttigen
Mellingen
Möriken
Erlinsbach
Dietikon
Volketswil
Buchs
Aarau
Dottikon
Schlieren
Dübendorf
Lenzburg
ZÜRICH
Suhr
Schönenwerd
Greifensee
Birmensdorf
Fällanden
Gränichen
Wohlen
Oberentfelden
Seon
Zollikon
Bremgarten
Muhen
Greifensee
Teufenthal
Villmergen
Kölliken
Adliswil
Küsnacht
Seengen
Safenwil
Unterkulm
Bonstetten
Boswil
Hedingen
Thalwil
Schöftland
Egg
Meister-
schwanden
Ottenbach
Hallwilersee
Beinwil
Oberrieden
Muri
Affoltern a.A.
Meilen
Sure
Mettmenstetten
Reiden
Reinach
Stäfa
Triengen
Hausen a.A.
Horgen
Menziken
Zürichsee
Hitzkirch
Wädenswil
Beromünster
Steinhausen
Richterswil
Baldeggersee
Baar
Sins
Cham
Sursee
Schötz
Hochdorf
Menzingen
Ballwil
Zug
Ettiswil
Unterägeri
Sempachersee
Sempach
Oberägeri
Grosswangen
Rotkreuz
Eschenbach
Willisau
Zugersee
Ägerisee
Root
Einsied
Buttisholz
Rothenburg
Walchwil
Rothenth
Neuenkirch
Emmen
Ebikon
Ruswil
Arth
Küssnacht
LUZERN
Wolhusen
Littau
1798 • Rigi
Goldau
Steinen
Meggen
Malters
Weggis
Kriens
Horw
Vierwaldstättersee
Schwyz

AUSGANGSORT

LUZERN

Luzern ist das gesellschaftliche, wirtschaftliche und kulturelle Zentrum der Zentralschweiz. Vor allem in der Altstadt rund um die Kapellbrücke mit ihren Bildtafeln zur Stadtgeschichte oder den dicken Wasserturm begeistert es mit seiner sehenswerten historischen Bausubstanz. Seine interessante Geschichte in Kombination mit seiner idyllischen Lage am Vierwaldstättersee gibt Luzern seinen ganz besonderen Reiz. Warum verlängern Sie nach den Touren Ihren Aufenthalt in der Stadt nicht um ein paar Tage?

Luzerns Altstadt mit Wasserturm – ein neuer Höhepunkt dieses ganzen Buches

Lust auf Schifffahren? Nicht nur am Hallwiler See verkehren Ausflugsboote.

FÜNF SEEN UND VIELE KURVEN

Mit Sempacher-, Hallwiler-, Baldegger-, Zuger- und Vierwaldstättersee erkunden wir gleich auf der ersten Tour durch die prächtige Zentralschweiz den landschaftlich äußerst reizvollen Kern dieser Region.

Natürlich kombinieren wir auch diesen entspannten Reisetag mit den kurvenreichsten Landstraßen der Zentralschweiz – das nenne ich Motorradtouren par excellence. Übrigens: Noch vor dem Start in den Morgen sollten Sie entscheiden, ob Bikini und Badehose Berechtigung auf einen Platz in Topcase oder Tankrucksack haben. Zeit und Gelegenheiten für einen Badestopp gibt es zuhauf auf dieser Tour.

Wir verlassen das gastliche Luzern Richtung Norden und schwingen über Rothenburg sogleich zum ersten möglichen Badestopp, dem Sempachersee, einem »Toteisloch« der letzten Eiszeit und heute beliebten Naherholungsparadies. An diesem frühen Morgen haben Sie vermutlich noch viele Sonnen- und Badeplätze zur freien Auswahl. Mein Tipp: Lassen Sie uns erst einmal noch eine ausgiebige Runde über die Dörfer huschen.

Am Ostufer des Sempachersees geht es schwungvoll weiter über Sempach nach Sursee mit seiner hübschen Altstadtzone, die vom historischen Rathaus dominiert wird. Wir folgen der Sure hinaus aus der Stadt, schwingen gemütlich über Tringen nach Schöftland durch beschauliche Schweizer Ortschaften, frei von Überholspuren und roten Ampeln. Über Teufenthal mit seiner stattlichen Trostburg erreichen wir sodann den Hallwilersee, das wohl beliebteste Badeparadies der gesamten Region.

Kleines Detail am Rande: Um dessen Wasserqualität zu optimieren, wird der See künstlich beatmet. Kein Witz! Entlang des Seegrundes werden über spezielle Rohre und Leitungen gut 1600 Tonnen Sauerstoff pro Jahr in das Wasser eingeblasen. Auch der Baldeggersee am Südrand von Hitzkirch retour auf Luzerner Territorium wird auf die gleiche Art künstlich belüftet. Und das schon seit 1982 und damit als erster See weltweit.

Hoch über seiner gepflegten Pracht thront alsbald Schloss Heidegg aus dem 13. Jahrhundert vor unserem Windshield und weist uns den weiteren Weg nach Zug. Der Zugersee – schon unsere vierte sommerliche Bademöglichkeit an diesem Tag – ist zudem weithin berühmt für seine malerischen Sonnenuntergänge. Da den See im Nordwesten keine Berge umrahmen, versinkt die Sonne hier sozusagen »direkt« im Wasser.

Der Kantonshauptstadt Zug können Sie entweder jetzt oder aber morgen einen Besuch abstatten, wenn wir uns entlang des Ostufers des Zugersees »winden«.

Jeden Cent wert: Am Vierwaldstättersee kostet der Kaffee ein wenig mehr.

Zu guter Letzt wedeln wir heute noch Richtung Küssnacht und werfen einen Blick in die ausgeschilderte und weltberühmte »Hohle Gasse«. In diesem schulterschmalen Hohlweg tötete Wilhelm Tell wohl seinen Erzfeind, den Landvogt Hermann Gessler. Ob in echter Notwehr oder nicht, das mögen Schweizer Juristen entscheiden. Wir genießen den Tag und das schöne Leben auf unserem letzten Abschnitt retour an den Vierwaldstättersee und nach Luzern.

TOUR-CHECK

Tourenlänge: 145 km

Reine Fahrzeit: 3–4 Stunden

Kehren: 10

Schwierigkeit: leicht

Hotel Basisort: The Bed and Breakfast, www.theBandB.ch

Einkehrtipp: Restaurant Sternen, Luzernerstraße 6, CH-6284 Gelfingen, www.sternenhotel.ch

Bitte ernst bleiben: Sozia Kirstens Interpretation des Mordes in der Hohlen Gasse

Weites Land – großes Vergnügen: Gemütliches Touren im Schweizer Mittelland

EINE WEITERE PORTION MITTELLAND

Bevor wir uns der spannenden Geschichte um den Schweizer Nationalhelden Wilhelm Tell nochmals nähern, lassen Sie uns eine ausgiebige Runde durchs Mittelland – Hobbits würden sagen die Schweizer Mittellerde – räubern. Es gibt viel zu entdecken.

Baldegger- und Hallwilersee stimmen uns bereits frühmorgens gleich nach dem Start in den Tag ein auf das vor uns liegende Tourenpaket. Und gleichwohl uns allerorten an den beiden Seen Ausflugsrestaurants, Strandbäder und Cafés mit Sonnenterrassen vom »rechten« Weg abbringen wollen, sollten wir »on track« bleiben. Über Lensburg, Bremgarten und Affoltern am Albis erreichen wir recht zügig den imposanten Zürichsee.

Sein eigentlicher Name »Züricher See« ist in der Schweiz wenig gebräuchlich, sein Hauptzufluss ist die Linth aus dem Kanton Glarus, und sein Seewasser hat geprüfte Trinkwasserqualität – auch gänzlich ohne künstliche Belüftung. Der See selbst begeistert neben Badegästen vor allem auch Taucher sowie Kapitäne von Segel- und Motorbooten, die sich das Wasser mit den Fährschiffen teilen müssen.

Zürich selbst ist das wohl wichtigste Wirtschafts- und Kulturzentrum der Schweiz und hat sich trotz aller Geschäftigkeit einen eher gemütlichen, kleinstädtischen Charme bewahrt. Sehenswert, weil weltberühmt sind die Bahnhofstrasse, eine Shoppingpassage der Luxusklasse, sowie die Altstadt mit ihren verwinkelten Gassen, winzigen Plätzen, Cafés und urgemütlichen Kneipen. Mein Tipp dazu: Buchen Sie doch eine geführte Stadtbesichtigung, die Sie geschichtenreich zu den interessantesten Orten der Zürcher Altstadt führt.

Für dieses Erlebnis sollten Sie mindestens ein bis zwei Stunden Zeit einplanen.

Via Ostufer des Zürichsees erreichen wir dann das historische Rapperswil gerade recht zur Mittagszeit. Meinen Einkehrtipp finden Sie im Tour-Check. Hier schließen übrigens die Touren 73 und 74 nahtlos an. Alle Kombinationsmöglichkeiten sind am Anfang des Buches aufgelistet.

Über die Höhenrücken zwischen Zürich- und Zugersee schwingen wir nachmittags gen Westen. Auf die Kantonshauptstadt Zug am Ostufer des Sees haben wir ja gestern bereits einen ersten Blick geworfen. Sie gilt übrigens sogar innerhalb der Schweiz als wahre Steueroase, da sie die niedrigsten Steuersätze des ganzen Landes gewährt. Und die sollen – man mag es kaum glauben – sogar noch individuell verhandelbar sein. Wahrlich paradiesische Zustände!

Über den Ostrand des imposanten Rigi-Bergmassivs erreichen wir dann wieder Küssnacht. Apropos: Jener Rigi wird gerne auch als »Königin der Berge« bezeichnet, bereits im 18. Jahrhundert war er dank seiner einzigartigen Lage als Ausflugs- und Ferienparadies weithin bekannt. Vor allem der Panoramablick über den Vierwaldstättersee und die Alpen ist ein Gedicht. Für uns heißt es am Abend nun die Seitenkoffer packen, um das Basislager zu wechseln. Hinüber nach Einsiedeln ist es nur ein Katzensprung.

TOUR-CHECK

Tourenlänge: 220 km

Reine Fahrzeit: 5 Stunden

Kehren: 8

Schwierigkeit: leicht

Hotel Basisort: The Bed and Breakfast, www.theBandB.ch

Einkehrtipp: Restaurant La Fuente, Hauptplatz 9, CH-8640 Rapperswil, www.restaurante-lafuente.ch

Stadt der Rosen: Rapperswil am Zürichsee begeistert nicht nur mit 15 000 Rosen.

Gasthaus zum Adler

ZÜRICH
Greifensee
Pfäffikon
Bauma
Mosnang
Bütschwil
Zollikon
Greifensee
Bäretswil
Küsnacht
Uster
16
Adliswil
Gossau
Wetzikon
Lichtensteig
74
Urnäsch
Appenzell
Egg
Hinwil
Wattwil
Thalwil
17
A52
Zürichsee
Meilen
Grüningen
Wald
Ebnat-Kappel
Oberrieden
Hombrechtikon
Rüti
74
8
Horgen
Stäfa
Eschenbach
Thur
Hausen a.A.
4
A3
3
17
Rapperswil-Jona
A52
Uznach
Gommiswald
16
Nesslau
Wädenswil
8
Schmerikon
Kaltbrunn
Gams
Richterswil
Wangen
Tuggen
Benken
16
A4a
Baar
Menzingen
Freienbach
3
Lachen
A3
Linthkanal
73
Grabs
74
Siebnen
Schänis
SCHWEIZ
Zug
Unterägeri
73
Reichenburg
25
A
E
Willerzell
3
Walenstadt
Oberägeri
Sattelegg 1190
Niederurnen
Walensee
Zugersee
Ägerisee
Einsiedeln
Sihlsee
A3
Walchwil
Rothenthurm
74
Wägitalersee
Näfels
74
Quarten
Seeztal
73
8
Mollis
Seez
Arth
A4
Netstal
Steinen
Klöntal
74
Glarus
Heidiland
Goldau
Spitzmeilen 2501
Schwyz
Ibergeregg 1406
Klöntalersee
17
Brunnen
1550 Pragelpass
Schwanden
2b
Vierwaldstättersee
74
Sernftal
Muotathal
A2
73
Surenstock 3056
73
Linthal
Urner See
P. Segnas 3099
Ringelspitz 3247
Schächental
Altdorf
17
Hausstock 3158
Bürglen
Klausenpass 1948
5 km
A2
Schattdorf

AUSGANGSORT

EINSIEDELN

Das Kloster Einsiedeln mitten im Ort wurde im Jahr 1130 gegründet und beherbergt heute eines der ältesten Benediktinerinnenkloster der Schweiz, dessen größter Schatz eine Figur der Schwarzen Madonna darstellt, eine unter Katholiken hochgeschätzte Wallfahrtsfigur. Diese macht das imposante Kloster zu einer der wichtigsten Stationen des Jakobsweges. Gleichwohl dies bedeutet, dass in Einsiedeln ganzjährig Touristen wuseln, lohnt es sich dennoch in diesem sehenswerten Ort, unser Lager aufzuschlagen.

Ein Wallfahrtsort als Basislager und eine Kultfigur als Begleiter – das wird interessant.

Prächtig: Rathaus-Fassade in Schwyz

SCHWEIZER GESCHICHTSSTUNDE

Die heutige Geschichtsstunde zählt zweifelsohne zu den kurvenreichsten, die Sie jemals in Ihrem Leben genießen dürfen. Sie ist geprägt vom berühmten Freiheitskämpfer Wilhelm Tell und der immerwährenden Frage: Gab es ihn tatsächlich?

Gleichwohl uns im Basislager Einsiedeln bereits früh am Morgen zahlreiche Cafés mit ihren Sonnenterrassen zur Spontaneinkehr locken, lassen Sie uns erst einmal eine ausgiebige Runde Motorrad fahren. Gleich im Osten unseres Standortes erwartet uns nämlich schon das erste Kontrastprogramm des Tages: Der idyllische Sihlsee im Hochtal von Einsiedeln ist mit elf Quadratkilometern der größte Stausee der Schweiz und lässt sich ganz legal komplett im Mopedsattel umrunden.

Schöne Ausblicke auf den imposanten See hat man auch von der mächtigen Viaduktbrücke zwischen den Orten Birchli am West- und in Willerzell am Ostufer. Hier oder einige Kilometer südlich queren auch wir den Sihlsee und setzen über Willerzell unsere Reise hinauf zum Sattelegg-Pass auf gut 1200 Höhenmeter fort. Der ist vor allem an Sommerwochenenden ein äußerst beliebter Töfftreff.

Das Südufer des Zürichsees leitet uns dann nach Uznach, via Näfels und Glarus pendeln wir durch den gleichnamigen Kanton und werden bald darauf von der Ostrampe des Klausenpasses zum Kurventanz aufgefordert. Ein Vergnügen mit 30 Spitzkehren, die dank tadellosem Straßenbelag auch für Einsteiger geeignet sind.

In Bürglen am Urner See, dem Ostzipfel des Vierwaldstättersees, mündet die Passstrecke schließlich in praller Schweizer Geschichte. Der beschauliche Ort gilt als die Heimat Wilhelm Tells, im Tell-Museum findet sich eine wohl einzigartige Sammlung von Dokumenten, Darstellungen und Gegenständen histori-

Bereits die Anreise zum Beispiel aus Richtung Uri wird zum porentiefen Genuss.

scher und künstlerischer Art aus über sechs Jahrhunderten über den berühmten Schweizer Freiheitshelden. In einer Tonbildschau wird er sogar wieder zum Leben erweckt.

Am Ostufer des einzigartigen Vierwaldstättersees geht es dann Richtung Norden. Kurz vor dem Ort Brunnen sollten Sie einen Blick gen Westen werfen, denn dort am anderen Seeufer liegt sie: die legendäre Rütliwiese, jener geheimnisvolle Ort, an dem sich in der mondlosen Nacht auf den 1. August 1291 die Abgesandten von Schwyz, Uri und Unterwalden trafen, um an Eides statt zu schwören, ihr Land von der Herrschaft der Habsburger Landvogte zu befreien.

Friedrich Schiller ersetzte einen der Abgesandten aus dramaturgischen Gründen durch Wilhelm Tell und ließ ihn das feierliche Bündnis schwören, das seitdem als der Beginn der Schweizer Eidgenossenschaft gilt. Ja, seit 1994 ist der 1. August sogar der höchste Schweizer Nationalfeiertag. Auch in unserem nächsten Zwischenstopp, dem Städtchen Schwyz im gleichnamigen Kanton – der übrigens dem gesamten Land dereinst seinen Namen gab! –, erinnert man sich wahrlich großflächig an die Geschichte des Landes.

Denn in Schwyz befindet sich nicht nur das Bundesbriefmuseum mit dem Bundesbrief von 1291, also die Gründungsurkunde der Schweizerischen Eidgenossenschaft. Am reich verzierten Rathaus wird auch von der blutigen Schlacht bei Morgarten nahe dem Ägerisee berichtet, wo 1315 die Bürger aus Schwyz, Uri und Unterwalden erstmals ihre Unterdrücker, die Habsburger, vernichtend in die Flucht schlugen. Sehenswert!

TOUR-CHECK

Tourenlänge: 200 km

Reine Fahrzeit: 4–5 Stunden

Kehren: 42

Schwierigkeit: leicht

Hotel Basisort: Hotel Linde, www.linde-einsiedeln.ch

Einkehrtipp: Gasthaus Ochsen, Bahnhofstraße 18, CH-6440 Brunnen, www.hotelochsen.ch

Gruezi du Kuh! Gemeinsam und gemütlich geht's im Frühtau zu Berge.

HEIDI LÄSST HERZLICH GRÜSSEN

Wir besuchen die wohl berühmteste »Göre« der Schweiz – die Heidi auf ihrer Alm mit »Großvaterrrr« und dem Geißen-Peter – und streifen das Fürstentum Liechtenstein, bevor es via Appenzell zurückgeht.

Frühstücken Sie bitte früh und gut, denn als Einstieg in diesen Tourentag gilt es, einen fast unbekannten Pass zu erobern, der uns sogleich fahrerisch herausfordert. Nein, ich meine nicht den Ibergeregg mit 1406 Metern Höhe südlich unseres Tourenstandortes Einsiedeln. Der ist im Vergleich zu dem, was nun folgt, echtes »Pillepalle«. Via Schwyz erreichen wir das verträumte Muotathal und suchen uns nun den Einstieg zum Aufstieg zum Pragelpass. Dieser ist entgegen so mancher auch heute noch verkaufter Straßenkarte kein Wanderweg, sondern tatsächlich eine legal befahrbare Passstrecke.

Zunächst von Muotathal aus recht harmlos beginnend, wird die Straße im oberen Bereich nahezu einspurig, einige deutliche Anstiege verlangen zudem volle Aufmerksamkeit. Bei Regen sollten auch erfahrene Biker das Terrain meiden. Erfreulicherweise hält sich der Verkehr auf dem Pass in Grenzen, nur Schweizer Töfffahrer schätzen ihn als Geheimtipp. Die schlichte Passhöhe zieren eine kleine Kirche und einige Pausenplätze. Achtung: An Wochenenden gilt bislang von Glarus aus ein Fahrverbot für motorisierte Fahrzeuge, das allerdings – so hört man immer mal wieder – gekippt werden soll. Vor allem die Gasthöfe rund um den herrlich gelegenen Klöntalersee drängen wohl darauf. Im Sommer wird das Klöntal übrigens mit Postautobussen befahren, die uns dann auf der schmalen Piste mit polizeiähnlicher Weisungsbefugnis entgegenkommen.

Genießen Sie auch den Anblick des Klöntalersees, einem der schönsten Speicherseen der Schweiz. Spätestens beim Anblick des malerischen Walensees, den wir sodann via Glarus erreichen, sinkt unser Blutdruck wieder auf ein gesundes Mittelmaß. Heidis Heimat rund um den Walensee hatten wir bereits auf Tour 64 schon einmal besucht, diese Runde schließt hier direkt an. So

Oben: Vielleicht die Spiegel einklappen? Uferpiste am Klöntaler See
Unten: Fernab jeglichen Rummels – die Passhöhe des Pragelpasses unter der Woche

wie im Norden auch das Fürstentum Liechtenstein mit 25 Kilometern Länge, zwölf Kilometern Breite und gerade einmal 160 Quadratkilometern Fläche ein sehenswerter Zwergstaat Europas ist. Nach einer Stippvisite erreichen wir dann das schönste Kontrastprogramm dieses Tages, das Städtchen Appenzell, Zentrum des gleichnamigen Doppelkantons und eines der beliebtesten Touristenziele der Schweiz. Das Ortsbild von Appenzell ist geprägt durch die Bauten aus der Zeit nach dem Brand von 1560. Bunt bemalte Holzhäuser mit ausladenden Giebeln verleihen ihm seinen besonderen, sehenswerten Charakter. Vor allem in der Hauptgasse gibt es viel an Appenzeller Ursprünglichkeit zu entdecken. Und urgemütliche Einkehrmöglichkeiten dazu, wie auch mein Einkehrtipp beweisen wird.

Alternativ darf ich Ihnen zur gelungenen Einkehr in Appenzell aber auch den Töfftreff am Eggli ans Bikerherz legen. Gleich im Osten der Stadt und auf 1200 Metern Höhe erwartet uns das Berggasthaus Eggli von Astrid und Emil. Vor allem an Wochenenden geht hier die berühmte »Post« ab. Lassen Sie sich Zeit bei der Einkehr, im letzten Licht des Tages huschen wir dann über Wattwil und Uznach retour nach Einsiedeln.

TOUR-CHECK

Tourenlänge: 270 km

Reine Fahrzeit: 6 Stunden

Kehren: 53

Schwierigkeit: mittelschwer

Hotel Basisort: Hotel Linde, www.linde-einsiedeln.ch

Einkehrtipp: Restaurant Marktplatz, Kronengarten 2, CH-9050 Appenzell, www.marktplatz-appenzell.ch

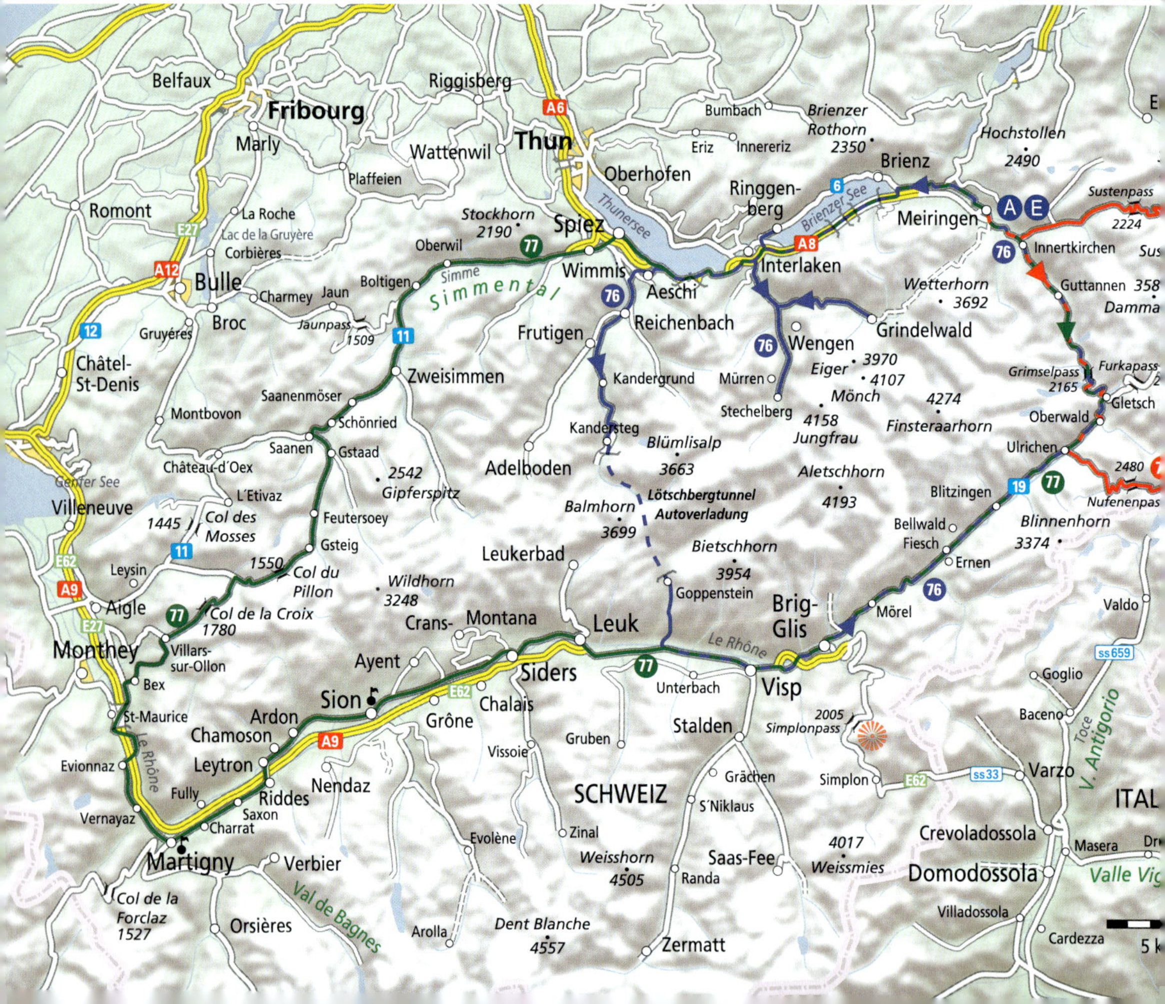

Belfaux
Fribourg
Riggisberg
Marly
Wattenwil
Thun
Bumbach
Brienzer Rothorn 2350
Eriz
Innereriz
Brienz
Hochstollen 2490
Oberhofen
Plaffeien
Romont
La Roche
Lac de la Gruyère
Corbières
Stockhorn 2190
Thunersee
Ringgenberg
Brienzer See
Meiringen
Sustenpass 2224
Innertkirchen
Spiez
Oberwil
Bulle
Charmey
Jaun
Boltigen
Simme
Simmental
Wimmis
Aeschi
Interlaken
Wetterhorn 3692
Guttannen
Jaunpass 1509
Reichenbach
Gruyères
Broc
Frutigen
Wengen
Grindelwald
Châtel-St-Denis
Zweisimmen
Eiger 3970
Kandergrund
Mürren
4107
Mönch
4274
Grimselpass 2165
Furkapass
Saanenmöser
Stechelberg
4158
Jungfrau
Finsteraarhorn
Oberwald
Gletsch
Montbovon
Schönried
Kandersteg
Blümlisalp 3663
Ulrichen
Château-d'Oex
Saanen
Gstaad
Adelboden
Aletschhorn 4193
2480
Genfer See
2542 Gipferspitz
Lötschbergtunnel Autoverladung
Blitzingen
Nufenenpass
Villeneuve
L'Etivaz
Balmhorn 3699
Bellwald
Blinnenhorn 3374
1445
Col des Mosses
Feutersoey
Fiesch
Gsteig
Bietschhorn 3954
Ernen
Leysin
1550
Col du Pillon
Leukerbad
Wildhorn 3248
Goppenstein
Aigle
Col de la Croix 1780
Crans-Montana
Leuk
Brig-Glis
Mörel
Valdo
Monthey
Villars-sur-Ollon
Ayent
Le Rhône
Bex
Sion
Siders
Unterbach
Visp
Goglio
St-Maurice
Ardon
Chalais
2005 Simplonpass
Baceno
Chamoson
Grône
Stalden
Evionnaz
Le Rhône
Leytron
Vissoie
Gruben
Grächen
Simplon
Varzo
Toce
V. Antigorio
Nendaz
Fully
Riddes
SCHWEIZ
S'Niklaus
Saxon
ITAL
Vernayaz
Charrat
Zinal
Evolène
Crevoladossola
Masera
Martigny
Verbier
Weisshorn 4505
Saas-Fee
4017 Weissmies
Domodossola
Randa
Valle Vig
Col de la Forclaz 1527
Val de Bagnes
Villadossola
Orsières
Arolla
Dent Blanche 4557
Zermatt
Cardezza

AUSGANGSORT

MEIRINGEN

Meiringen liegt im östlichen Berner Oberland, genauer gesagt im Haslital am Oberlauf der Aare, die sich nach Westen hin in den Brienzer See hin ergießt. Krimifans sind die Reichenbach-Wasserfälle wohl bekannt, denn in die sollen sich Sherlock Holmes und Professor Moriarty am 4. Mai 1891 hinabgestürzt haben, nur Holmes überlebte den Sturz. Im Meiringer Sherlock-Holmes-Museum wird die ganze Geschichte wieder lebendig. Wichtig für Biker: Meiringen liegt direkt am Fuß verschiedener namhafter Schweizer Pässe.

Ausflug zu Eiger, Mönch und Jungfrau – natürlich in diesem Kapitel

Spektakuläre Konstruktion: Die Nordrampe des Grimselpasses, von Meiringen kommend

GENUSS FÜR GEÜBTE

Diese Rundtour sollten Sie mit einer ordentlichen Portion Passerfahrung und Motorradbeherrschung angehen. Und der technische Zustand des Mopeds sollte auch tadellos sein (wie immer). Alles andere wäre unnötiger Stress.

Ein Tipp vorweg: Im Uhrzeigersinn ist diese Tagestour mittelschwer, in entgegengesetzter Richtung sogar richtig anspruchsvoll, denn sie beinhaltet erneut die legendäre »Tremola«, die historische Gotthard-Südrampe, ein vor allem bergauf, aber auch bergab ordentlich schwieriges Pflaster. Aber zur »Not« liegt gleich nebenan in Sichtweite die neue, autobahnähnliche Rampe. Wenngleich fahrerisch echt langweilig …

Über Guttannen und das beschauliche Haslital steigt die gut ausgebaute Piste von unserem Basislager Meiringen allmählich Richtung Grimselpass an und erlaubt eine forsche Kurvenhatz unter Beachtung des auch hier geltenden Tempolimits (80 km/h). Wenige Kehren vor der eigentlichen Passhöhe sollten Sie dem legendären Grimsel-Hospiz rechter Hand noch einen Abstecher widmen. Bereits 1397 stand deutlich unterhalb des Passes jene Unterkunft für Säumer, Viehhirten und Wanderer. Mitte des 19. Jahrhunderts war es sogar eines der besten Alpenhotels der Schweiz. Niedergebrannt und wieder aufgebaut, beherbergt das imposante Gebäude heute erneut ein Hotel mit berühmtem Weinkeller, und seine Sonnenterrasse ist vor allem am Wochenende nachmittags ein sehr beliebter Bikertreff.

Der Grimselpass selbst auf 2165 Metern zählt zu den Top Ten der Schweizer Alpenpässe, das Gasthaus Alpenrösli auf seiner Scheitelhöhe ist natürlich DER Treff auf dem Grimsel und Schauplatz ungezählter Selfies. Über die in einem »Park« zur Schau gestellten

Murmeltiere kann man geteilter Meinung sein. Ich vermute aber, die Tiere könnten dem Ringelpiez durchaus entkommen – wenn sie denn wollten.

Hinab Richtung Wallis winkt linker Hand der Furkapass mit seiner historischen Bahnlinie zu uns herüber – den erkunden wir auf den kommenden Touren noch intensiver. Heute erwartet uns erst einmal der Nufenenpass, mit 2480 Metern der höchste Pass der Schweiz. Er ist zudem eine jener Passstrecken, die auf ihrer gesamten Länge das grüne Band besonderer landschaftlicher Schönheit tragen. Genießen Sie den Nufenen ausgiebig und ohne Zeitdruck. Vor allem im oberen Viertel können wir ordentlich Schräglage zelebrieren. Die Passhöhe besetzen ein Gasthaus sowie ein Andenkenladen, in weiten Kurven und vielen Serpentinen geht es sodann hinunter nach Airolo zum Einkehrschwung.

Jetzt heißt es erneut eine wichtige Entscheidung treffen: »Tremola« oder neue Gotthard-Rampe? Wählen Sie bitte ganz nach Ihrem Geschmack. Das Nationale S. Gotthard Museum direkt auf der Passhöhe erzählt die spannende Geschichte dieses wichtigen Handelsweges. Unten im Tal in Andermatt können Sie, falls noch nicht geschehen, dem nahe liegenden Oberalppass noch einen Besuch abstatten, bevor wir uns über Göschenen und Wassen dem letzten Highlight des Tages widmen: dem Sustenpass.

Für manchen Biker ist er mit seinen 2224 Metern die schönste Schweizer Alpenstraße überhaupt. Vorbei an unzähligen »Biker willkommen«-Schildern geht es durch das hübsche Gadmental zur Passhöhe, die vom Anblick des Steingletschers dominiert wird. Die eigentliche Scheitelhöhe des Passes liegt fahrerisch allerdings unerreichbar im Felsengewirr über dem Gipfeltunnel.

TOUR-CHECK

Tourenlänge: 210 km
Reine Fahrzeit: 4–5 Stunden
Kehren: 122
Schwierigkeit: mittelschwer
Hotel Basisort: TF Hotel Alpbach, www.alpbach.ch
Einkehrtipp: Ristorante Forni, Via della Stazione 19, CH-6780 Airolo, www.forni.ch

Wo sind wir? Am Dauerschnee fast schon zu erraten – das muss der Susten sein.

Während die Asiaten noch frühstücken: Morgenstimmung nahe Grindelwald

EIN THEMA – ZWEI VARIANTEN

Die beiden folgenden Touren kurven nur um ein einziges Thema: die mächtigen Alpen des Berner Oberlandes. Allerdings in zwei grundverschiedenen Varianten – das nenn ich pure Abwechslung.

Diese Tour ist eine 265 Kilometer lange, recht einfache Runde inklusive Tunnelverladung, die folgende Nr. 77 ist die 350 Kilometer lange Ausnahmetour, die einen sonnigen Hochsommertag mit exzessiver Kurvenhatz randlos füllen wird. Aber beginnen wir der Reihe nach und ganz gemütlich mit einem Besuch bei Eiger, Mönch und Jungfrau.

Richtung Brienzer See wedeln wir morgens aus Meiringen hinaus und wählen die Norduferstrecke über Brienz nach Interlaken. Der See ist übrigens einer der saubersten der gesamten Schweiz, die Brienzersee-Fische, insbesondere der Egli, ein Flussbarsch, gelten allesamt als begehrte Delikatesse. Über Interlaken wenden wir uns dem ersten Höhepunkt des Tages zu, der Auffahrt nach Grindelwald. Einzigartig und gewaltig türmt sich die Felskulisse rund um das berühmte Alpendorf auf. Und gleichwohl der hauseigene Gletscher in heißen Sommern dramatisch an Substanz verliert, hat der malerische Ort bis heute nichts von seiner Anziehungskraft verloren.

Nicht nur Japaner begeistert die Fahrt mit der Zahnradbahn zum »Top of Europe«, dem auf über 3500 Metern gelegenen Gletscherhaus des Jungfrauenjochs. Der Eiger dominiert gemeinsam mit Mönch und Jungfrau die Landschaft des zentralen Berner Oberlandes. Die etwa 3000 Meter über dem Tal aufragende Nordwand des Eigers wurde durch unzählige dramatische

Eiger, Mönch oder Jungfrau? Gar nicht so einfach zu beantworten für uns.

Besteigungsversuche weltberühmt. Vor allem auch deswegen, da man die Nordwand von Grindelwald aus mit Feldstechern nahezu komplett einsehen kann.

Retour in Interlaken, ist der prächtige Thuner See unser nächstes Ziel. Und dort ganz besonders das beschauliche Örtchen Spiez mit meinem Einkehrtipp. Unseren Nachmittag füllt dann einmal mehr intensiver Kurventanz durch die schönsten Regionen des Oberlandes und des Wallis. Ganz am Ende des Kandertals auf gut 1200 Metern Höhe erwartet uns Kandersteg mit seiner Autoverladung, für uns heute der richtige Weg, um ins angrenzende Wallis zu kommen.

Das gesamte Kandertal gehört zum Umfeld des UNESCO-Weltnaturerbes Jungfrau-Aletsch-Bietschhorn, schauen Sie sich in Ruhe um, bevor die Fahrt durch den Berg beginnt. In Goppenstein erblicken wir das Licht des Wallis und wedeln über die Hauptstraße 19 hinauf zum Grimselpass. Diesmal aus entgegengesetzter Richtung und mit gänzlich neuen Einblicken. Wenn Sie noch etwas Zeit haben, sollten Sie entlang der Kantonsstraße noch ein paar Abstecher einbauen, zum Beispiel hinauf nach Bellwald. Die Pracht des Wallis werden wir übrigens noch intensiver erkunden – für heute jedoch geht es via Grimselpass retour in unser Basislager.

TOUR-CHECK

Tourenlänge: 265 km

Reine Fahrzeit: 5–6 Stunden

Kehren: 54

Schwierigkeit: leicht

Hotel Basisort: TF Hotel Alpbach, www.alpbach.ch

Weitere Hotelempfehlungen: TF Hotel-Restaurant Marmorbruch, Grindelwald, www.marmorbruch.ch; TF Hotel-Restaurant Astoria AG, Ulrichen, www.astoria-obergoms.ch

Einkehrtipp: Restaurant Seegarten Marina, Schachenstraße 3, CH-3700 Spiez, www.seegarten-marina.ch

Nur auf den ersten Blick unscheinbar: Brig-Glis im unteren Wallis

HÖHEPUNKTE EN MASSE

Das Wallis im Schnelldurchlauf ist eigentlich schändlich – heute aber entschuldbar, denn im Westen des Berner Oberlandes erwarten uns noch einige Höhepunkte, die diese Rundtour zu einem Highlight machen.

Versprochen: Das Wallis als eine der Top-Destinationen der Schweiz werden wir ab Tour 81 noch ausgiebig erkunden, heute huschen wir auf Kantonsstraßen sozusagen im Schnelldurchlauf durch das Flusstal. Aber Achtung: Das Tempo-80-Limit gilt auch auf diesen breiten Pisten. Ein letztes Mal nutzen wir die gut ausgebaute Nordrampe des Grimselpasses für unser Warm-up, grüßen oben auf der Passhöhe früh aufstehende Bikerkollegen sowie vermutlich noch recht schläfrige Murmeltiere und wedeln dann über den historischen Weiler Gletsch gen Westen in das Flusstal namens Wallis.

Die Haupt-/Kantonsstraße 19 zählt zu den landschaftlich schönsten Strecken der Nordalpen, genießen Sie die aussichtsreiche Fahrt über Ulrichen und Fiesch nach Brig, einem sehenswerten Walliser Städtchen mit hübscher Fußgängerzone. Wie wäre es mit einem schnellen Boxenstopp zum Beispiel im Teehaus Ganter am sehenswerten Stadtplatz? So viel Zeit muss sein …

Über Visp und Leuk erreichen wir dann Sion, seit über 1000 Jahren nun schon die Hauptstadt des Kantons Wallis zu Füßen der mächtigen Festung Valère. Zeit für eine ausgiebige Erkundung zu Fuß haben wir auf Tour 83 und 84, wenn Sion unser Basislager stellt. Deshalb wählen wir unseren heutigen Mittags-Boxenstopp im nahen Martigny, einem wichtigen Verkehrsknotenpunkt, der aber auch zahlreiche touristische Sehenswürdigkeiten besitzt, wie zum Beispiel das Schloss Bâtiaz oder die Wassermühle Semblanet. Und nicht zu vergessen, das »Musée et Chiens du Saint-Bernard« mit Exponaten zum berühmtesten Lawinenhund der Welt namens Barry.

Ein Stück weit folgen wir anschließend der Rhône Richtung Genfer See, hinter Saint-Maurice heißt es aber den Blinker rechts setzen und über Bex und Villars-sur-Ollon den nächsten Pass in Angriff nehmen. Okay, der Col de la Croix ist mit seinen 1780 Höhenmetern nicht unbedingt spektakulär, führt aber auf panoramareicher Strecke durch alpine Landschaften. Und dann via Col du Pillon (1550 Meter) auf herrlich kurvenreicher Straße retour ins Berner Oberland, direkt in das idyllische Simmental mit echten Bilderbuchlandschaften.

In Spiez treffen wir dann erneut auf den imposanten Thunersee, dessen Uferstraße uns über Interlaken retour nach Meiringen leitet. Apropos Interlaken: Bereits die Römer sollen hier »inter lacus« (zwischen den Seen) gesiedelt haben, um 1800 machten die Schwärmereien namhafter »Reisejournalisten«, etwa Johann Wolfgang von Goethe, und anderer Promis wie Lord Byron und Felix Mendelssohn Bartholdy den Ort dann endgültig weltbekannt. Das historische Zentrum ist sehr sehenswert, auch noch im letzten Licht eines langen Tourentages.

TOUR-CHECK

Tourenlänge: 350 km

Reine Fahrzeit: 7 Stunden

Kehren: 73

Schwierigkeit: mittelschwer

Hotel Basisort: TF Hotel Alpbach, www.alpbach.ch

Einkehrtipp: Café Restaurant Les 3 Couronnes, Place du Bourg 8, CH-1920 Martigny, www.les3couronnes.ch

Wer hat's erfunden? Perfekte Passstrecken können die Schweizer am besten.

Bern
Ostermundigen
Muri b. B.
Worb
Signau
Langnau
Schüpf
Emmental
Mühleberg
L. de Morat
Murten
Laupen
Neuenegg
Köniz
Rubigen
Belp
Escholzmatt
Wiggen
Flühli
Avenches
Ueberstorf
Konolfingen
Courtepin
Saane
Düdingen
Toffen
Münsingen
Eggiwil
Marbach
Gürbe
Aare
Belfaux
Schwarzenburg
Oberdiessbach
Freiburg
1200
Schangnau
Sörenb
Villars-s.-G.
Alterswil
Riggisberg
Seftigen
Heimberg
Schwarzenegg
Schallenbergpass
Emme
Embergboden
Matran
Marly
Guggisberg
Wattenwil
Uetendorf
Steffisburg
Brienz
Brienzersee
Le Mouret
Plaffeien
1750
Gurnigel-Pass
Thun
Oberhofen
Sigriswil
Ringgenberg
Rossens
Iseltwald
Thunersee
Merligen
La Roche
Spiez
Unterseen
Bönigen
Schw
Lac de la Gruyère
Schwarzsee
Weissenburg
Erlenbach
Wimmis
Interlaken
Corbières
Oberwil
Simme
Oey
Aeschi
Bulle
Boltigen
Simmental
Saxeten
Zweilütschinen
Charmey
Jaun
Zwischenflüh
Reichenbach
Grinde
Broc
Frutigen
Kiental
Lauterbrunnen
Gruyères
Jaunpass
1509
Grimmialp
La Sarine
Mönch
4107
Zweisimmen
Mürren
Griesalpe
Kandergrund
Stechelberg
Gspaltenhorn
3436
Saanenmöser
Schönried
St- Stephan
Matten
Adelboden
Kandersteg
Montbovon
Château-d'Oex
Saanen
Gstaad
Lenk
5 km
Aletschhorn
4193

AUSGANGSORT

THUN

Thun ist eines der bedeutendsten touristischen Zentren des Kantons Bern und gleichzeitig das Tor zum prächtigen Berner Oberland. Der historische Stadtkern mit dem Schlossberg, der Unterstadt, der oberen Hauptgasse und dem Bälliz lohnt eine ausführliche Erkundung. Jener Bälliz ist eine Insel in der Aare, die seit dem 14. Jahrhundert zur Stadt gehört und seit dem Jahr 1988 eine riesige Fußgängerzone – und heutzutage das kulturelle Zentrum sowie eine beliebte Flaniermeile direkt am herrlichen Thuner See.

Unser Basislager und Hauptort vieler Schweizer »Kampfmaschinen«: Thun

Wie bitte? Der Glaubenbüelenpass ist selbst Schweizern oftmals unbekannt.

EINE PORTION »EINGEMACHTES«

Der Norden des Berner Oberlandes liegt heute vor dem Windshield. Auf einsamen Landstraßen pendeln wir von einem Höhepunkt zum nächsten, tauchen tief ein in die Geschichte und genießen atemberaubende Ausblicke auf die Berner Alpen am Horizont.

TOUR-CHECK

Tourenlänge: 195 km

Reine Fahrzeit: 4–5 Stunden

Kehren: 37

Schwierigkeit: leicht

Hotel Basisort: Zunfthaus zu Metzgern, Thun, www.zumetzgern.ch

Weitere Hotelempfehlungen: TF Hotel Alpbach, Meiringen, www.alpbach.ch; TF Hotel-Restaurant Marmorbruch, Grindelwald, www.marmorbruch.ch

Einkehrtipp: Restaurant-Hotel Lindenhof, Lindenhofweg 15, CH-3855 Brienz, www.hotel-lindenhof.ch

In Steffisburg im Norden Thuns finden wir sogleich den Einstieg zu dieser Tourenrunde, über Embergboden und Schwarzenegg erklimmen wir den Schallenbergpass. Sein Scheitelpunkt liegt auf 1200 Metern. Oben an der Passhöhe befindet sich ein Restaurant mit grandiosen Ausblicken hinüber zu den Berner Alpen. Nicht nur deshalb ist der einfach zu fahrende Pass auch ein beliebter Töfftreff im Berner Oberland.

Tja, und dann breitet sich das berühmte Emmental vor uns aus. Mit seinen verträumten Dörfern und sehenswerten Kulissen, die direkt aus einem unvergesslichen Heimatfilm entsprungen sein könnten. Irgendwie erinnert hier alles an eine längst verloren geglaubte heile Welt. An ein Stückchen friedliche, bedächtige und gerade deshalb wohl so erholsame Welt. Klingt mächtig pathetisch? Ist es auch, aber sobald Sie selbst einmal durch das Emmental gefahren sind, werden Sie mir zustimmen.

Bei Schüpfheim am Ostrand der Region – hier schließen übrigens die Touren 71 und 72 nahezu nahtlos an – wenden wir uns südwärts Richtung Glaubenbüelenpass. Noch nie davon gehört? Macht nichts, der Glaubenbüelenpass zählt zu jenen Pässen, für die man sich am Bikerstammtisch keinesfalls schämen muss, für die man aber auch nicht unbedingt ehrfürchtiges Schulterklopfen erwarten kann. Eher unscheinbar im Orchester der Großen, doch überzeugend genussvoll zwischen seinen Basisorten. Die Westrampe entsteigt dem Emmental, schwingt durch den Naturpark Entlebuch zur unscheinbaren Passhöhe, die Ostflanke führt direkt hinunter zu den Seen rund um Sarnen. Und das mit immerhin 131 Kehren – noch irgendwelche Zweifel?

Gerade einmal 1007 Höhenmeter zählt der Brünigpass auf unserem Rückweg Richtung Thun. Fahrerisch eher anspruchslos, ist das Schönste am »Brünig« vor allem der Blick zurück auf das Sarner Land und den Lungerersee. Und die genüssliche Kurvenhatz hinab nach Brienz.

Entlang des Nordufers des Brienzer Sees erreichen wir zu guter Letzt noch ein gänzlich anderes Highlight des Berner Oberlandes: Das Freilichtmuseum Ballenberg ist kein gewöhnliches Museum. Auf dem Ballenberg ist die Schweiz so, wie sie einmal war, allerdings befreit von verstaubtem, musealem Charakter, ein Erlebnis für alle Sinne. Echte Menschen entführen uns live in längst vergangene Zeiten, der Korbflechter kennt sein Handwerk von klein auf, der Brotbäcker backt nach originaler Rezeptur, und der Inhalt des Kessels in der uralten Käserei wird nicht allabendlich heimlich weggeschüttet, sondern unter unseren Augen zu echtem Schweizer »Chäs« nach alter Tradition verarbeitet. Ein toller Abschluss dieses Tages!

Schalten Sie in den Zweiten: Gemütlich geht es durch Beatenberg nahe Thun.

Ganz ihr »Ding«: Von Pausenplätzen mit Aussicht bekomme ich Kirsten kaum weg.

Nichts für schwache Nerven: Engstelle am Aufstieg zur Griesalpe …

BERNER BEAUTIES

Auch im Süden des Berner Oberlandes gilt: Herrliche Sackgassen führen zu den schönsten Plätzen – wer zu früh wendet, macht einen groben Fehler. Diese Tour beweist es Ihnen einmal mehr.

Da Bewegung abseits des Sattels dem Hörensagen nach sehr gesund sein soll, nehmen Sie heute doch ein paar Wanderschuhe mit. Es bieten sich prächtige Gelegenheiten. Am Südufer des Thuner Sees geht es zunächst nach Spiez, drapiert um ein sehenswertes Schloss mit ausgedehntem Park. Im historischen Hotel Belvédère wohnte übrigens 1954 die deutsche Nationalmannschaft während der Fußball-WM. Sie muss sich dort sehr gut erholt haben, wurden sie doch anschließend immerhin Weltmeister.

Das Simmental im westlichen Berner Oberland gehört zu den besonders malerischsten Tälern der Schweiz. Bereits Felix Mendelssohn Bartholdy schwärmte von ihm als »dem grünsten Tal Europas«, war begeistert auch vom heute weltberühmten Kurort Gstaad. Schauen wir uns ausgiebig um, bevor wir Richtung Kandertal ostwärts düsen. Adelboden ganz am Ende des Kandertales ist ein weithin bekanntes Urlaubsziel für Familien, Wanderer und Bergsteiger, Mountainbiker, Drachen- und Gleitschirmflieger. Berühmt sind auch die Engstligenfälle südlich von Adelboden. Kandersteg im Nachbartal haben wir ja auf Tour 76 schon besucht, wenn Sie mögen und Ihr Magen bereits knurrt, folgen Sie doch meinem Einkehrtipp.

Denn für den Nachmittag sollten Sie gestärkt und erholt sein, es wartet der Geheimtipp Griesalp auf uns im idyllischen Kiental. Das einstige Viehzentrum des Berner Oberlandes begeistert mit prachtvollen Bauernhäusern. Die einzige Straße des Tales steigt sofort mit

... dabei fängt unten im Kiental alles so genüsslich an.

15 Prozent bergan und stimmt uns auf kommende Highlights ganz an ihrem Ende ein. Durch den Weiler Kiental auf einem idyllischen Hochplateau geht es noch recht gemütlich zu, einige Kilometer weiter stehen auch Sie dann wahrscheinlich zweifelnd vor der Mautstelle und dem Steilanstieg zur Griesalpe.

Inmitten einer herrlich grünen Bergwelt warnt eine überdimensionale Hinweistafel vor dem Kommenden: 28 Prozent Steigung auf ausgesetzter, kehrenreicher und nur wenig mehr als lenkerbreiter Piste, natürlich mit Gegenverkehr, zum Beispiel in Form des straßenfüllenden Postbusses alle 30 Minuten oder den Geländewagen der Bauern. Ach ja: Und nicht zu vergessen, der eine oder andere vor Angst schwitzende Tourist. Mein Tipp deshalb: Sind Sie ein erfahrener Biker und solo auf Ihrer von Seitenkoffern befreiten Maschine unterwegs, dann gönnen Sie sich diesen Abstecher über die steilste Postbusstrecke der Alpen, vorbei an rauschenden Sturzbächen hinauf auf die Alpe. Ein schöneres Pausenplätzchen findet man selten. Aber achten Sie unbedingt auf das Hupzeichen des Postbusses – der hat IMMER Vorfahrt. Anfänger oder randvoll beladene Bikes sollten an der Mautstelle umdrehen – auch ich habe es schon zweimal getan. Das ist kein Grund, sich zu schämen. Umso mehr, als der Heimweg nach Thun ein viel gemütlicherer fahrerischer Leckerbissen ist.

TOUR-CHECK

Tourenlänge: 200 km

Reine Fahrzeit: 5 Stunden

Kehren: 19

Schwierigkeit: leicht (1 Abschnitt anspruchsvoll)

Hotel Basisort: Zunfthaus zu Metzgern, www.zumetzgern.ch

Weitere Hotelempfehlungen: TF Hotel Alpbach, Meiringen, www.alpbach.ch; TF Hotel-Restaurant Marmorbruch, Grindelwald, ww.marmorbruch.ch

Einkehrtipp: Restaurant Ermitage, Oeschinenstraße 49, CH-3718 Kandersteg, www.ermitage-kandersteg.ch

Nix als Natur: Rund um den Gurnigelpass kommen Wanderer voll auf ihre Kosten.

DAS OBERLAND IM WESTEN

Auf dieser Runde widmen wir uns dem Hinterland, dem echten Berner Oberland mit unzähligen Kurven, herrlichen Ausblicken und idyllischen Bergdörfern. Gehen Sie diese Runde gemütlich an, es gibt viel zu schauen.

Ausschlafen und gemütlich frühstücken ist heute problemlos möglich, denn die Rundtour mit gerade einmal 170 Kilometern ist auch an einem halben Sommertag absolvierbar. Über Uetendorf und Wattenwil erreichen wir recht zügig die Hügelkette rund um den idyllischen Gurnigelpass auf 1750 Höhenmetern. Der markante, weithin sichtbare Felsgipfel »Obergurnigel« war schon bei den Römern berühmt und gehörte im 19. Jahrhundert bei den Kurgästen des Gurnigelbades zum Pflichtprogramm körperlicher Ertüchtigung.

Etwa auf halber Höhe der Passstrecke liegt das einstmals berühmte Gurnigelbad, früher eines der bekanntesten Kurhotels der Schweiz. Das Wasser der stark schwefelhaltigen Quellen galt damals als heilend und wurde sowohl getrunken als auch als Badewasser benutzt. Rasch entstand um die Quellen ein reger Kurbetrieb, der allerdings der Weltwirtschaftskrise zum Opfer fiel und 1931 Konkurs anmeldete. Die Schweizer Armee nutzte die Gebäude als Truppenunterkunft. Im Jahr 2005 übernahm eine Pächterfamilie das geschichtenreiche Hotel-Restaurant Gurnigelbad. Kuren gibt es keine mehr, gleichwohl im Park des Gurnigelbades immer noch Schwefelwasser aus einem kleinen Brunnen strömt.

Unser nächstes Ziel Fribourg oder Freiburg, die Stadt der Kunst und Kultur, liegt direkt an der deutschfranzösischen Sprachgrenze und besitzt eines der schönsten erhaltenen spätmittelalterlichen Ortsbilder Europas. Den besten Rundumblick hat man übrigens vom Turm der St.-Niklaus-Kathedrale. Auch perfekt geeignet, um ein sonniges Plätzchen in einem der zahlreichen Cafés im Zentrum der Stadt als Boxenstopp auszuwählen.

Ganz in der Ferne grüßt dann auch schon unser nächster Boxenstopp herüber, das Städtchen Bulle im welschsprachigen Teil des Kantons Freiburg, gleich westlich des Stausees Lac de la Gruyère. Auch der Jaunpass gehört zu den Alpenquerungen, die nur selten Erwähnung finden. Er verbindet das Freiburger Land östlich des Genfer Sees mit dem Berner Oberland. 1878 wurde die heutige Passstraße als Militärstraße fertiggestellt, im Laufe der letzten Jahrzehnte immer wieder ausgebaut und erneuert, führt sie heutzutage durch ein kleines Wintersportzentrum entlang der Passhöhe.

Der Pass bildet mit seinen 1509 Höhenmetern zudem die deutsch-französische Sprachgrenze innerhalb der Schweiz. In der französischen Version heißt der Pass deshalb auch »Col de Bellegarde«, eine Bezeichnung, die allerdings kaum verwendet wird. Echte Kurvenhatz inmitten der herrlichen Landschaften des Berner Oberlandes bietet vor allem die Ostrampe, die uns am Nachmittag wieder hinunter nach Oberwil im Simmental leitet. Aussichtsreiche Rastplätze entlang der Strecke laden immer wieder zum Verweilen ein. Genießen Sie die Ausblicke auf die imposanten Berner Alpen im Süden. Und natürlich den abendlichen Tagesausklang im Städtchen Thun, zum Beispiel auf der Bälliz-Halbinsel, dem touristischen Zentrum von Thun.

TOUR-CHECK

Tourenlänge: 170 km

Reine Fahrzeit: 4 Stunden

Kehren: 29

Schwierigkeit: leicht

Hotel Basisort: Zunfthaus zu Metzgern, www.zumetzgern.ch

Weitere Hotelempfehlungen: TF Hotel Alpbach, Meiringen, www.alpbach.ch; TF Hotel-Restaurant Marmorbruch, Grindelwald, www.marmorbruch.ch

Einkehrtipp: Restaurant La Cabane à Sucre, Grand-Rue 67, CH-1630 Bulle

Frühes Aufstehen lohnt auch hier: Unterwegs hinauf zum Gurnigel-Pass.

Brienzersee
Iseltwald
Meiringen
Innertkirchen
Nessental
Sustenhorn
3503
Meien
Wassen
Disentis
Mustèr
Schwarzhorn
2928
Wetterhorn
3692
Grindelwald
Ritzlihorn
3282
Guttannen
Dammastock
3586
Göschenen
Oberalppass
2044
Sedrun
Curaglia
Tschamut
Andermatt
Hospental
Realp
SCHWEIZ
Mönch
4107
Grimselpass
2165
Furkapass
2431
St. Gotthard
Tremola
2106
P. Centrale
2999
Lago di
Santa Maria
Lukmanierpass
1915
Finsteraarhorn
4274
Oberwald
Ulrichen
Airolo
Lago Ritom
Ticino
Bedretto
Quinto
Piotta
Ambri
Rodi
Faido
Dalpe
Lavorgo
Chironico
Valle di Blenio
Gr. Wannenhorn
3906
Aletschhorn
4193
Münster
Reckingen
Bellwald
Blitzingen
Nufenenpass
2478
Val Bedretto
Blinnenhorn
3374
Fusio
Peccia
Broglio
Fiesch
Ernen
Ofenhorn
3235
Val Bavona
P.Malora
2640
Valdo
Binn
Blatten
Mörel
Heiligkreuz
Naters
Mund
Brig-
Glis
Rivasco
Bosco Gurin
Bignasco
Cevio
Sonogno
Gerra
Brione
Val Verzasca
S. Rocco
Goglio
Someo
Valle Maggia
Lavertezzo
Baceno
M. Leone
3553
2005
Simplonpass
Toce
V. Antigorio
Maggia
Vergeletto
Cordo
Gondo
Varzo
Iselle
Diveria
Simplon
Comologno
Russo
Loco
Tegna
Locarno
Gordola
ITALIEN
Orselina
Intragna
3993
Fletschhorn
Zwischbergen
Crevoladossola
Borgnone
Camedo
Losone
Minusio
Ascona
Ronco
Lago Maggiore
Magadino
Masera
Druogno
Sta Maria
Maggiore
4017
Weissmies
Re
Brissago
Gerra
Trontano
Valle Vigèzzo
Domodossola
5 km
Finero
Mezzovico
A8
A9
A2
A13
E35
E62
ss33
ss337
ss659
ss631
ss34
ss394

AUSGANGSORT

ULRICHEN

Das Schönste an Ulrichen ist dessen Ortszentrum mit seinen dunklen Walliser Holzhäusern, mit den Geschichte atmenden Bauernstuben sowie dem zaghaften Tourismus, der sich im nach wie vor hoch authentischen Ortskern breitgemacht hat. Bis 1999 wurde hier der höchstgelegene Militärflugplatz der Schweiz betrieben. Nach dem Abzug der Luftwaffe wurden Teile der militärischen Anlage in einen schönen Badesee umgewandelt – welch eine prächtige Nutzungsänderung! Dazu gibt es Freizeitanlagen inklusive einer Gokart-Piste.

Historisch wertvoll: Ulrichen im Oberwallis ist ein Traum für Entdecker.

Mein Anreisetipp: Kommen Sie mautfrei ins Wallis ganz einfach über den Furkapass.

FÜNF BERÜHMTHEITEN

Fünf der berühmtesten Schweizer Alpenpässe in einer Runde vereint – das ist ein Kurvengenuss, wie Biker ihn sich wünschen. Und mit ein wenig Erfahrung im Sattel lässt sich diese Tour auch ganz entspannt angehen.

Unmittelbar im Zentrum unseres Ausgangsortes Ulrichen zweigt sie ab, die Piste hinauf zum Nufenenpass, dem, wie schon erwähnt, höchsten Pass der Schweiz. Genießen Sie möglichst früh am Morgen die unbeschwerte Kurvenhatz entlang landschaftlich abwechslungsreicher Tallandschaften, erst im oberen Drittel wird die Welt deutlich karger um uns herum. Die Passhöhe dominiert ein riesiger Parkplatz samt meistens geöffneter Gastwirtschaft – und definiert damit den Begriff »karg«.

Dafür holt uns »downhill« Richtung Airolo das Grün der Alpenflora rasch wieder ein, ja, in Airolo, dem Tor zum Tessin ist es meistens sogar deutlich sonniger und wärmer als oben am Nufenen. Den bereits hinlänglich beschriebenen Gotthardpass samt legendärer »Tremola« ignorieren wir heute einmal komplett, wedeln stattdessen hinab nach Faido und Biasca und setzen erst dort den Blinker links und biegen auf die Südrampe zum Lukmanier ein.

Der Pass ist auf nahezu der gesamten Strecke in tadellosem Zustand und erlaubt eine zügige Kurvenhatz, seine immerhin zwölf Kehren sind fahrerisch nicht allzu anspruchsvoll. Gleich hinter der Passhöhe erwartet uns das wohl schönste Pausenplätzchen des Lukmaniers, das Ufer des Lago di Santa Maria. Allein hierfür lohnt es sich schon, am morgendlichen Frühstücksbüfett ein extra Pausenbrot zu schmieren.

TOUR-CHECK

Tourenlänge: 220 km

Reine Fahrzeit: 5 Stunden

Kehren: 79

Schwierigkeit: mittelschwer

Hotel Basisort: TF Hotel-Restaurant Astoria AG, www.astoria-obergoms.ch

Einkehrtipp: Restaurant Galenstock, an der Furkapass-Strecke

Hinab nach Disentis lassen wir das Bike gemütlich rollen und biegen dort Richtung Oberalppass und Andermatt ab zum Einstieg in das Kurvenrevier des Furkapasses. Jetzt bitte Knie an den Tank und volle Konzentration. Der Furkapass mit insgesamt 2431 Höhenmetern verbindet nicht nur die Schweizer Kantone Uri und Wallis, er war sogar schon einmal Schauplatz eines James-Bond-Films. 1964 wurden hier oben einige Filmszenen von »Goldfinger« mit Gert Fröbe und Sean Connery gedreht. Die ordentlich ausgebaute Passstraße folgt auf ihrer Westseite der ehemaligen Furka-Oberalp-Zahnradbahn, deren historische Dampfloks sich heute noch an manchen Sommertagen mit mächtig viel Ruß den Berg hinauf quälen. Deren Station ist unter anderem in Gletsch.

Sind Ihnen die rußenden Dampfloks heute auch schon begegnet? Die technisch hoch anspruchsvolle Zahnradstrecke wurde 1925 eröffnet, kam aber aufgrund alljährlicher fast siebenmonatiger Zwangs-Winterpause rasch in finanzielle Not. Bereits 1981 wurde sie komplett eingestellt, den vollständigen Rückbau der Bahnstrecke konnten der Verein »Furka Bergstrecke« sowie die »Dampfbahn Furka-Bergstrecke AG« allerdings erfolgreich verhindern. Im Jahr 1992 wurden erste Teilabschnitte als Museumsbahnlinie wieder eröffnet, seit 2010 ist beinahe die gesamte historische Strecke erneut befahrbar. Ein Erlebnis nicht nur für Eisenbahnfans! Schauen auch Sie sich um im Weiler Gletsch, und buchen Sie vielleicht eine Fahrt mit der historischen Dampfbahn. Anschließend können Sie die wenigen Kilometer retour nach Ulrichen ganz entspannt genießen.

Für Eisenbahner: Mit viel Liebe zum Detail wurde die Furka-Oberjoch-Bahn zu neuem Leben erweckt.

Hier braucht niemand eine Vignette – und Tempo 80 stört auch (fast) keinen.

Legende der Alpen: Die Tremola führt von Süden hinauf zum Gotthardpass.

APROPOS TESSIN

Wer das Kapitel »Tessin« dieses Buches bereits erfahren hat, wird auf dieser Tour einige Höhepunkte erneut entdecken. In Kombination mit bislang unbekannten Strecken entsteht ein tagesfüllender Tourenspaß aus zwei Welten, Wallis und Tessin.

Schon der Auftakt zu dieser Rundfahrt ist Neuland. Erklimmen wir den Furkapass diesmal aus dem Westen, dabei sind die Rhônegletscher nahezu durchgängig im Blickfeld, deren jahrtausendealte Eismassen die Rhône randvoll füllen. Zumindest derzeit noch, denn der alljährliche Schwund des Gletschers im Sommer ist dramatisch und mit bloßem Auge festzustellen.

In Andermatt kennen wir uns ja nun schon recht gut aus, die Drehscheibe zu den schönsten Alpenpässen lohnt aber immer wieder einen kurzen Boxenstopp. Dies natürlich auch, um unsere Konzentration zu sammeln. Denn heute gönnen wir uns die legendäre Gotthard-Rampe, die »Tremola« einmal bergab. Das ist bei trockenem Wetter auch für Neulinge im Mopedsattel im Grunde gefahrlos möglich, bei durchdringender Nässe seien Sie bitte äußerst vorsichtig. Oder wählen Sie die neue Rampe am westlichen Talhang.

Airolo am Fuß des Gotthards sowie Biasca sind rasch durchquert, Zeit für einen Blick hinein nach Bellinzona mit seiner imposanten Festungsanlage sollten Sie sich aber nehmen. Und dann natürlich auch für einen ausgiebigen Boxenstopp im herrlichen Locarno am weltberühmten Lago Maggiore. Hier ist zwar alles ein wenig teurer, das Ambiente dafür auch ganz besonders.

Die Uferstraße des Lago Maggiore gehört zu den schönsten der Welt, Locarno ganz am Ostrand des gewaltigen Maggia-Deltas ist das pulsierende Zentrum des Sees mit Kopfstein gepflasterter Piazza Grande und der steil am Berg emporragenden Wallfahrtskirche Madonna del Sasso. Den schönsten Blick auf die Stadt hat man übrigens von der Bergstation der »Funicolare Locarno-Orselina« aus. Folgen Sie einfach den kleinen Wegweisern Richtung Orselina.

Allzu lange sollten wir allerdings nicht in Locarno verweilen, denn die Heimfahrt über Borgnone sowie Domodossola hinauf zum letzten Pass dieses Tages ist recht lang und kurvenreich und erfordert Konzentration. Vor allem, da wir streckenweise direkt in den gleißenden Sonnenuntergang schwingen. Da ist es gut, dass der Simplonpass trotz seiner 2005 Höhenmeter fahrerisch eher einer Schnellstraße gleicht. Kein Geringerer als Napoleon ließ von 1801 bis 1805 die erste befestigte Passstraße bauen, um den Übergang für den Transport seiner Artillerie nutzbar zu machen. 1801 wurde mit dem Bau des Simplon-Hospizes begonnen, doch es sollten satte 30 Jahre vergehen, bis es vollendet wurde.

Auf der Passhöhe hat man eine traumhafte Aussicht auf die umliegenden Gipfel- und Gletscherwelten der Berner Alpen. Die Passhöhe erkennen Sie übrigens an jenem überdimensionalen Granitadler, der sich dort seit über 60 Jahren im Sonnenschein räkelt. Er wurde von der Gebirgsbrigade 11 erbaut, zur Finanzierung hat jeder Soldat einen Tagessold gespendet. Ob dies immer freiwillig geschehen ist, ist nicht überliefert und eher zweifelhaft …

TOUR-CHECK

Tourenlänge: 280 km

Reine Fahrzeit: 6 Stunden

Kehren: 73

Schwierigkeit: mittelschwer

Hotel Basisort: TF Hotel-Restaurant Astoria AG, www.astoria-obergoms.ch

Einkehrtipp: Ristorante Vallemaggia, Via Varenna 1, CH-6600 Locarno, www.ristorantevallemaggia.ch

Unverkennbar der Simplon: Ein rosa Turm-Restaurant gibt's nirgendwo sonst.

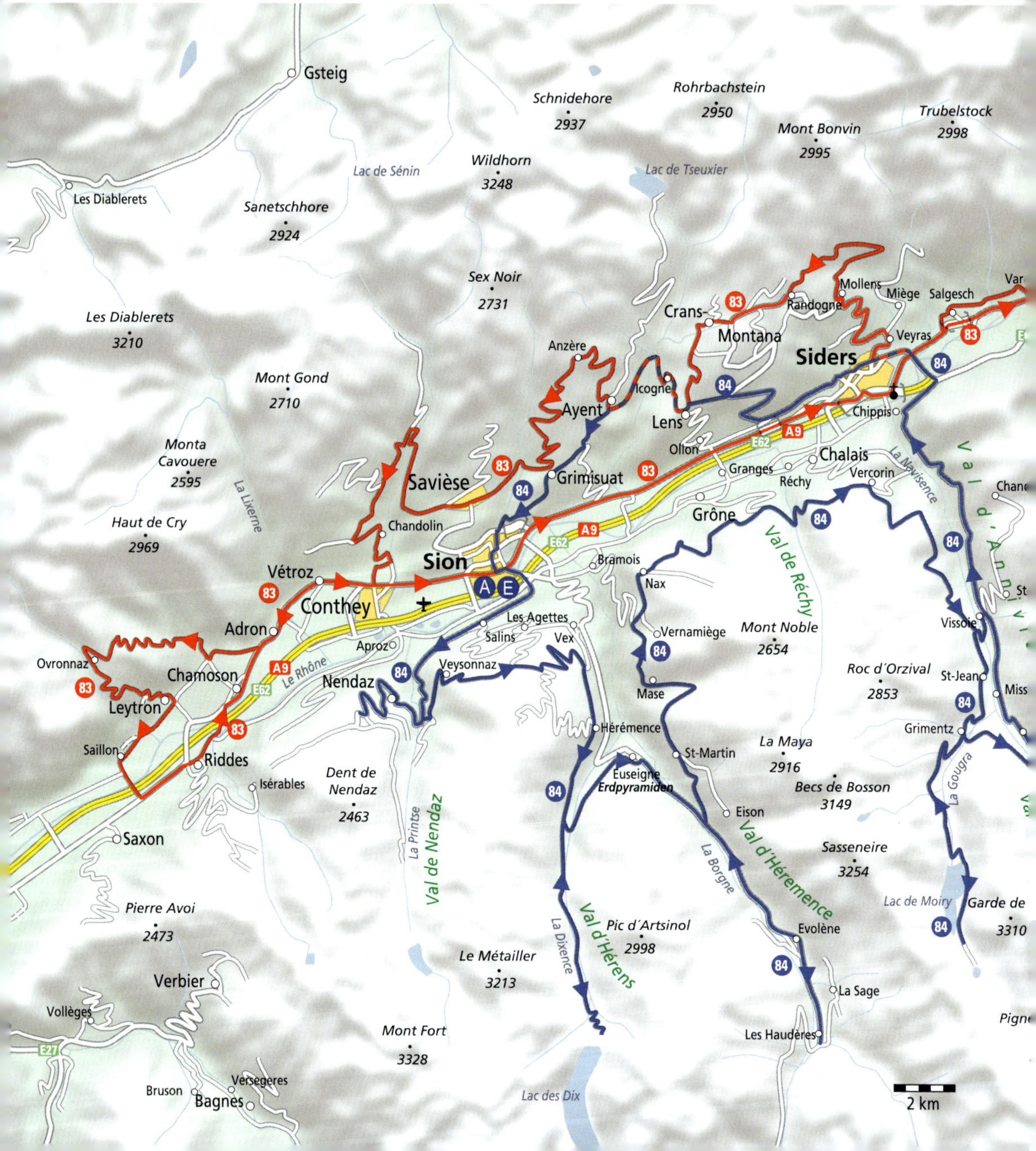
Gsteig
Schnidehore
2937
Rohrbachstein
2950
Trubelstock
2998
Mont Bonvin
2995
Lac de Sénin
Wildhorn
3248
Lac de Tseuzier
Les Diablerets
Sanetschhore
2924
Sex Noir
2731
Les Diablerets
3210
Crans-
Montana
Mollens
Randogne
Miège
Salgesch
Var
Veyras
Siders
Anzère
Icogne
Ayent
Lens
Ollon
Chippis
Mont Gond
2710
Monta
Cavouere
2595
La Lixerne
Savièse
Grimisuat
Granges
Chalais
Réchy
Vercorin
La Navisence
Val d'Anniviers
Chand
Haut de Cry
2969
Chandolin
Grône
Sion
Bramois
Vétroz
Conthey
Nax
Val de Réchy
Adron
Les Agettes
Salins
Vex
Vernamiège
Mont Noble
2654
Vissoie
Ovronnaz
Aproz
Chamoson
Le Rhône
Nendaz
Veysonnaz
Mase
Roc d´Orzival
2853
St-Jean
Leytron
Hérémence
Grimentz
Saillon
Riddes
Isérables
Euseigne
Erdpyramiden
St-Martin
La Maya
2916
Dent de
Nendaz
2463
Becs de Bosson
3149
La Gougra
Saxon
Eison
La Printse
Val de Nendaz
La Borgne
Val d'Hérémence
Sasseneire
3254
Pierre Avoi
2473
Lac de Moiry
Garde de
3310
Pic d´Artsinol
2998
Evolène
La Dixence
Val d'Hérens
Le Métailler
3213
Verbier
Vollèges
La Sage
Pigne
Mont Fort
3328
Les Haudères
E27
Versegeres
Bruson
Bagnes
Lac des Dix
2 km
A9
E62
83
84
A
E

AUSGANGSORT

SION

Seit über 1000 Jahren ist Sion nun schon die Hauptstadt des Kantons Wallis und bietet heute zu Füßen der mächtigen Festung Valère alle Annehmlichkeiten, die man sich als Biker wünscht. Parken Sie das Moped einfach am Fuß der Burg und schlendern Sie durch die mittelalterlich anmutenden, kaum mehr als schulterbreiten Gassen mit ihren Trödel- und Obstläden, mit winzigen Kneipen und Straßencafés. Und genießen Sie unbedingt auch den Einkehrschwung in Sions Gastronomie mit original Walliser Küche.

Wacht über dem Unterwallis: Sion und seine Festung sind eine abwechslungsreiche Tourenbasis.

Nix als Trauben – am Nordhang des Rhônetales gedeihen köstliche Schweizer Weine.

DAS WALLISER HERZ – TEIL 1

Die Rhône prägte das Gesicht des Wallis und grub sich ihr gewaltiges Bett in den Fels der Alpen. Rechts und links des Flusses liegen herrliche Täler, die wir auf zwei tagesfüllenden Rundtouren erkunden wollen.

Das Wallis intensiv zu erforschen, ist ein ausgesprochener Sackgassen-Genuss. Unzählige Pisten zweigen rechts und links des Flussbettes ab und locken uns in eine einzigartige, ja, mancherorts sogar lebensfeindliche Bergwelt. Also werden wir in diesem und dem nächsten Kapitel eines ganz intensiv üben können: das Moped sicher und in wenigen Zügen wenden. Das wird ein Spaß, ich verspreche es Ihnen.

Lassen Sie uns morgens aber erst einmal gen Nordosten huschen, entlang der Talstraße zügig nach Siders/Sierre und Leuk, dem Tor zum Hochplateau von Leukerbad. Bereits die Römer liebten die heißen Quellen von Leukerbad, dem heutzutage bekanntesten Thermalbad des Wallis. Weit über 20 Quellen spenden täglich gut vier Millionen Liter bis zu 50 Grad heißen Quellwassers direkt aus den unerforschten Tiefen der Berge und bilden auch für Bikers oftmals verspannten Rücken eine Wohltat.

Wer also nicht unbedingt zentral im Wallis wohnen möchte, dem sei vielleicht eines der über 3500 Gästebetten hier in Leukerbad mit entspannender Thermalbademöglichkeit empfohlen. Denn derartige touristische Schätze sollten wir keinesfalls kampflos europäischen Rentner-Kohorten überlassen! Nur vor einem möchte

TOUR-CHECK

Tourenlänge: 185 km

Reine Fahrzeit: 4–5 Stunden

Kehren: 78

Schwierigkeit: leicht (teilweise mittelschwer)

Hotel Basisort: Ibis-Hotel Sion Est, www.ibis.com

Weitere Hotelempfehlung: Chambres D'Hôtes Les Cerisiers, Sion, www.chambres-hotes.fr

Einkehrtipp: Restaurant Thermalp, Route des Bains 93–95, CH-1911 Ovronaz, www.bains-ovronnaz.ch

ich Sie warnen: einen Thermal-Badestopp am Mittag einzulegen. So ein »Leukerbad« macht rechtschaffen müde, an eine Weiterfahrt mit dem Moped ist da keinesfalls zu denken.

Für unsere Weiterfahrt wählen wir keine Talstraßen mehr, sondern die aussichtsreichen Höhenstraßen am Nordrand des Flussbettes. Über Varen und Salgesch erreichen wir Crans-Montana – vermutlich zu einer Jahreszeit, in der dieses berühmte Skiresort im Herzen der Walliser Alpen gemütlich vor sich hindöst. Seine Vielfalt aus Neuem und Altem, aus modernen Hotelburgen und historisch verwurzelten Gasthöfen ist sehenswert. Das Beste an Crans-Montana ist für uns Biker allerdings die Anfahrt über Veyras, Venthone, Mollens und Aminona-sur-Sierre. Von einer Schräglage schwingen wir in die nächste, jede Spitzkehre trägt uns einige Meter höher hinauf. Da haben wir uns einen kurzen Boxenstopp im historischen Zentrum des Ortes mehr als verdient.

Ebenfalls hoch auf einem natürlichen Plateau drapiert sich bald darauf Anzère vor unserem Windshield. Rundum findet man auch heute noch viele jener »Mayens«, also einfache Alpbehausungen aus Stein und sonnenverbranntem, schwarzem Holz. Der sehenswerte Dorfplatz von Anzère lohnt einen Abstecher, er ist mit seinen holzverkleideten Chalets, Galerien, Boutiquen und Restaurants das Herz des Ortes und ein beliebter Anziehungspunkt. Wir bleiben dann tunlichst

Töfffahrer sind heutzutage willkommen – die Schweizer Gastronomie sieht uns gerne.

auf den Höhenstraßen des Nordhanges und wenden uns dem kleinen Ferien- und Kurort Ovronnaz zu.

Ovronnaz natürlicher Schatz sind ebenfalls einige bis zu 35 Grad warme Thermalquellen. Wundern Sie sich also nicht, wenn auf dem Parkplatz des Thermalbadezentrums »Thermalp les Bains« einige Motorräder parken, während ihre Biker sich von einem umfangreichen Wellnessprogramm begeistern lassen. Als Tagesausklang unbedingt empfehlenswert.

Noch eine prächtige Sackgasse: Aufstieg nach Leukerbad am frühen Morgen

Schnell noch ein Foto: Die berühmten Erdpyramiden von Euseigne halten nicht ewig.

DAS WALLISER HERZ – TEIL 2

Die Sackgassen an den Südhängen des Rhônetales sind die Höhepunkte dieser Tour – sie prägen nicht nur die Vielfalt des Wallis, sondern auch seinen touristischen Ruf als ganz besonderes Reiseziel.

Je nachdem, wo Sie übernachten, können Sie von Ihrem Hotelfenster aus das erste Täler-Doppelpack des heutigen Tourentages vielleicht bereits erblicken: das Doppeltal Val d'Hérens/Val d'Hérémence. Bereits diese beiden im unteren Drittel miteinander verbundenen Hochtäler bieten ein Kurvenvergnügen der ganz besonderen Art. Den Einstieg dazu suchen wir uns über Nendaz und Veysonnaz sowie Les Mayens-de-Sion.

Typische Walliser Berghütten mit ihrem dunklen, wärmespeichernden Holz säumen unseren Weg hinauf zum Bergdorf Euseigne mit seinen berühmten Erdpyramiden. Die gehören immerhin zum offiziellen Schweizer »Bundesinventar der Naturdenkmäler mit nationaler Bedeutung«. Natürliche Erosion schuf im Laufe von Jahrtausenden diese bis zu 15 Meter aufragenden Felsskulpturen, ebenjene Erosion wird sie eines Tages auch von den Landkarten des Wallis tilgen. Bei der Durchfahrt bitte nicht hupen, die Kegel bröseln heftig.

Kurz hinter Euseigne gabelt sich dann die Straße: Rechter Hand geht es durch das Hochtal Val d'Hérémence zum Stausee Lac des Dix, über die Kupplungshand führt eine zweite Straße nach Arolla in die Gletscherwelten der Seealpen. Jener Lac de Dix ist der größte Stausee der Schweiz. 50 umliegende Gletscher sollen ihn vor allem im Sommer randvoll füllen. Die Piste endet am Fuß der gewaltigen Staumauer. Eine kleine Kabinenseilbahn bringt uns von Juni bis Oktober in nur fünf Minuten hinauf zur Krone der höchsten Staumauer der Welt. Die wiegt übrigens gut 15 Millionen Tonnen, ist an der Basis 200 Meter dick und besitzt etwa 30 Kilometer Wartungsstollen in ihrem Inneren. Ein wahrlich imposantes Gebilde, wenngleich es, in tristem Grau gehalten, so gar nicht in die herrliche Landschaft passt.

Dafür entschädigt uns der Blick in den zweiten Talarm, der Weg hinauf nach Evolène und Les Haudères. Über Nax und Vercorin erreichen wir nachmittags dann das Val d'Anniviers. Es gehört für mich zu den schönsten des gesamten Alpenraumes. Zielstrebig schlängelt sich die Landstraße gen Süden, gräbt sich mitten hinein in die Walliser Alpen. In Vissoie scheiden sich die Wege, rechts geht es über Grimentz hinauf zum Lac de Moiry, einem herrlichen Speichersee auf 2250 Metern Höhe. Mein Tipp: Dessen Ostufer ist asphaltiert und legal befahrbar. Üben Sie den Wendevorgang Ihres Mopeds also keinesfalls zu früh, sondern erst an der offiziellen Straßensperre. Linker Hand geht es in Vissoie weiter zur Zinal-Hochtalstraße, einer bis auf 1700 Meter Höhe reichenden kleinen Panoramastraße zum Kiesbett des Flusses Navisence. Herrlich, oder?

TOUR-CHECK

Tourenlänge: 220 km

Reine Fahrzeit: 5 Stunden

Kehren: 69

Schwierigkeit: leicht

Hotel Basisort: Chambres D'Hôtes Les Cerisiers, www.chambres-hotes.fr

Weitere Hotelempfehlung: Ibis-Hotel Sion Est, Sion, www.ibis.com

Einkehrtipp: Café Restaurant La Taverne Evolénarde, Rue Centrale 23, CH-1983 Evolène, www.lataverneevolenarde.ch

Und was ist mit Zermatt und Saas-Fee, werden Sie jetzt zu Recht fragen? Nun, beides sind zwar fahrerisch interessante Sackgassen, ihr jeweiliger Talschluss ist allerdings nur gegen einen satten Obolus sowie gänzlich ohne Bike zu erreichen. In puncto Zermatt lohnt das auf jeden Fall, denn ein Rundgang durch das berühmte gleichnamige Bergsteigerdorf zu Füßen des einzigartigen Matterhorns wird definitiv in Erinnerung bleiben …

Porentief rein: Chemtrail-Fanatiker meiden den Lac de Moiry. Gut so …

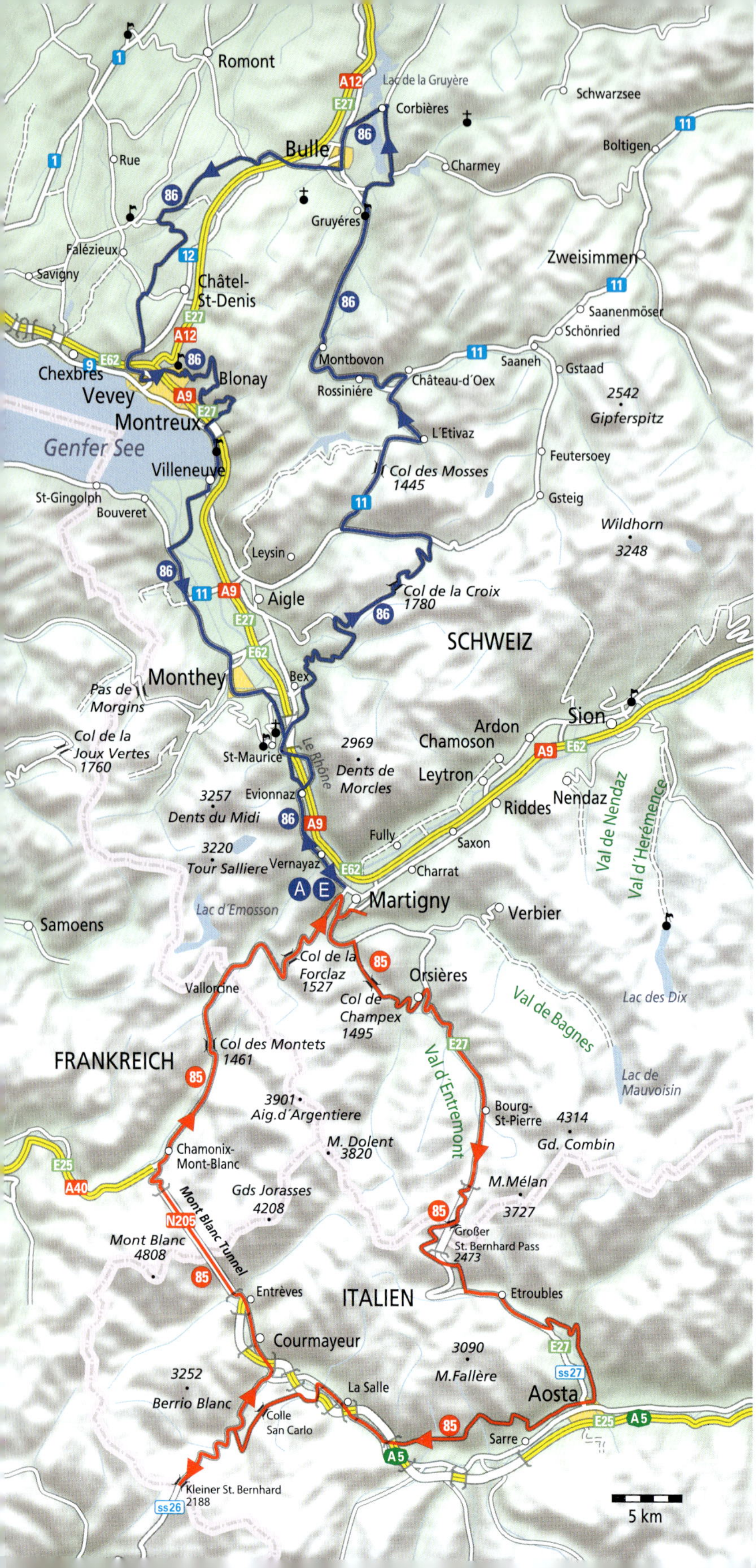

Romont
Lac de la Gruyère
Corbières
Schwarzsee
Bulle
Charmey
Boltigen
Rue
Gruyéres
Faléziex
Savigny
Châtel-St-Denis
Zweisimmen
Saanenmöser
Schönried
Montbovon
Saaneh
Gstaad
Chexbres
Rossinière
Château-d'Oex
Vevey
Blonay
2542
Gipferspitz
Montreux
L'Etivaz
Genfer See
Feutersoey
Villeneuve
Col des Mosses
1445
St-Gingolph
Gsteig
Bouveret
Wildhorn
3248
Leysin
Col de la Croix
1780
Aigle
SCHWEIZ
Monthey
Pas de Morgins
Bex
Sion
Col de la Joux Vertes
1760
2969
Ardon
Chamoson
St-Maurice
Le Rhône
Dents de Morcles
Leytron
Evionnaz
3257
Dents du Midi
Riddes
Nendaz
Val de Nendaz
Val d'Herémence
Fully
Saxon
3220
Tour Salliere
Vernayaz
Charrat
Martigny
Samoens
Lac d'Emosson
Verbier
Col de la Forclaz
1527
Orsières
Vallorcine
Col de Champex
1495
Val de Bagnes
Lac des Dix
FRANKREICH
Col des Montets
1461
Val d'Entremont
Lac de Mauvoisin
3901
Aig.d'Argentiere
Bourg-St-Pierre
4314
Gd. Combin
M. Dolent
3820
Chamonix-Mont-Blanc
M.Mélan
3727
Gds Jorasses
4208
Mont Blanc Tunnel
Mont Blanc
4808
Großer St. Bernhard Pass
2473
Entrèves
ITALIEN
Etroubles
Courmayeur
3090
M.Fallère
3252
Berrio Blanc
La Salle
Aosta
Colle San Carlo
Sarre
Kleiner St. Bernhard
2188
5 km

AUSGANGSORT

MARTIGNY

Wenngleich Martigny heute vor allem ein wichtiger Verkehrsknotenpunkt ist, besitzt der Ort dennoch auch zahlreiche touristische Sehenswürdigkeiten, zum Beispiel das Schloss Bâtiaz oder die Wassermühle Semblanet. Und nicht zu vergessen das »Musée et Chiens du Saint-Bernard« mit Exponaten zum berühmtesten Lawinenhund der Welt namens Barry. Vor allem im Zentrum Martignys lässt es sich abends herrlich unterhaltsam flanieren, hier pulsiert zwischen Einkaufs- und Einkehrmöglichkeiten das Leben der Stadt.

Blick auf Martigny von der Rampe des Col de la Forclaz aus

Gassigehen kostet am Großen Sankt Bernhard extra – Mopedfahren hingegen nix (außer Edelsprit).

RUND UM DEN MONTBLANC

Dieser Tourentag gehört dem legendären Montblanc-Massiv, das wir einmal umrunden werden. Eine Tour gewürzt mit namhaften Pässen und idyllischen Tälern – da stört ganz zum Schluss der Montblanc-Tunnel kaum.

Der erste Höhepunkt unseres neuen Tourentages heißt Großer-Sankt-Bernhard-Pass. Dessen Aufstieg aus Martigny können wir auf zwei Arten gestalten – einmal für Anfänger im Mopedsattel über die ausgeschilderte autobahngleiche Hauptrampe. Erfahrenen Bikern empfehle ich hingegen die weitgehend unbekannte Passstrecke, die in Les Valettes rechts hinauf zum Col de Champex führt. Ab dem Weiler Les Valettes ist volle Konzentration gefordert. Gut 20 überraschend steile Spitzkehren erwarten uns durch dunklen Tann und entpuppen sich als wahrlich kein Übungsgelände für Fahrschüler. Das gilt besonders, wenn uns am Morgen Einheimische auf dem Weg zur Arbeit in Martigny entgegenkommen. Seien Sie wachsam und auf der Hut!

Porentief entspannen können wir oben am idyllischen Lac de Champex oder hinter Orsières beim weiteren gemeinsamen Aufstieg zum Großen Sankt Bernhard. Der Pass war schon zu Zeiten der Römer einer der wichtigsten Alpenübergänge. 1050 n. Chr. gründete Bernhard von Aosta das Hospiz auf 2470 Metern Höhe. Karl der Große, Heinrich IV., Friedrich I. oder auch Napoleon Bonaparte zogen hier vorbei. Heute weithin bekannt ist auch die Bernhardinerzucht auf der Passhöhe, bis zu fünf Jahre muss man auf einen echten Bernhardiner vom Großen St. Bernard warten. Die legendäre Zucht können Sie sofort besichtigen, erwarten Sie aber bitte kein Kuscheltier-Paradies.

Italien und das sonnenverwöhnte Aostatal empfangen uns dann im Süden des Passes. Aosta, die

Hauptstadt der Region, lockt mit einem historisch nahezu intakten Ortskern sowie unzähligen Geschäften, Bars und Restaurants. Knurrt Ihnen der Magen? Dann probieren Sie doch meinen Einkehrtipp. Und als Nachtisch den Kleinen-Sankt-Bernhard-Pass. Auch auf ihm errichtete der wanderlustige Adelssprossling Bernhard von Aosta ein Hospiz und gab dem Pass damit für alle Zeiten seinen Namen. Über den fast unbekannten Colle San Carlo statten wir dem Kleinen Sankt Bernhard einen Kurzbesuch ab, direkt auf der Passhöhe verläuft die Grenze zwischen Italien und Frankreich, einige vom Zahn der Zeit ramponierte Grenzgebäude sowie ein kleines Gasthaus erwarten den Reisenden inmitten eines weiten, geschichtsträchtigen Hochplateaus.

Retour im Aostatal geht es dann nolens volens durch den gewaltigen Montblanc-Tunnel, an dessen Nordausgang uns Chamonix-Montblanc mit seinen zwei Gesichtern erwartet: dem winterlich-weißen Rummelplatz der Eitelkeiten und dem sommerlichen Beinahe-Geheimtipp für alle Genießer einer mehr als grandiosen Bergwelt. Zu den Letzteren zähle ich auch uns Biker. Der unscheinbare Col de la Forclaz (1527 Meter) führt uns am Abend dann sicher und bequem wieder retour nach Martigny. Einige Parkbuchten entlang der Strecke erlauben ausgiebige Rundumblicke bis hin zu den in der Ferne liegenden diesigen Weiten des Genfer Sees.

TOUR-CHECK

Tourenlänge: 290 km

Reine Fahrzeit: 6–7 Stunden

Kehren: 187

Schwierigkeit: mittelschwer

Hotel Basisort: Hotel De La Poste, www.hoteldelapostemartigny.ch

Weitere Hotelempfehlung: TF Rêves Gourmands, Hôtellerie & Gastronomie, Vernayaz, www.revesgourmands.ch

Einkehrtipp: Ristorante Il Vecchio Ristoro, Via Tourneuve 4, I-11100 Aosta, www.ristorantevecchioristoro.it

Trotzdem nein danke: Das Boot gab's günstig, den Liegeplatz am Genfer See auch.

BILDERBUCH-KONTRASTE

Wallis, Berner Oberland und Waadtland – drei ganz unterschiedliche Regionen kommen rund um Martigny zusammen. Diese Tour kombiniert das Dreierpack zu einem höchst abwechslungsreichen Tagesprogramm, das übrigens am herrlich mondänen Genfer See endet.

Schon das Städtchen Bex, wenige Kilometer nach unserem Start, besitzt eine besondere Attraktion: das einzige Salzbergwerk der Schweiz, in dem das »Weiße Gold« sogar im Tagebau abgebaut wird. Echt würzig, sage ich da nur.

Der Schweizer Col de la Croix – es gibt im gesamten Alpenraum mindestens vier davon – erwartet uns wenig später mit einer Scheitelhöhe von 1780 Metern und bis zu zwölf Prozent Steigung auf ordentlicher Piste. Garniert mit prächtigen Panorama-Rundumblicken und sonnenverwöhnten Bergwelten. Das ist Pässefahren in der ganz entspannten Version. Kurvenreich führt die im Sommer meistens recht einsame Passstraße entlang der Baumgrenze hinunter nach Les Diablerets, einem vor allem bei Wintersportlern beliebten Ort. Im Bergsommer sagen sich hier Fuchs und Hase gute Nacht, ja, selbst ein offenes Café für einen kurzen Boxenstopp zu finden, ist mir noch nie gelungen.

Über Château-d'Oex und Grandvillard geht es dann weiter zu einem nicht nur olfaktorischen Höhepunkt, dessen Reiz vor allem Käsefreunde begeistert. Gruyères, ein Bergdorf wie aus dem Bilderbuch, lohnt einen ausgiebigen Boxenstopp. Nette Cafés locken mit Süßem samt Koffein oder Teein und die Schaukäserei am Fuß des Ortes mit der Geschichte rund um den berühmten Greyerzer Käse. Wie Sie die Käserei finden, fragen Sie? Folgen Sie einfach dem typischen Geruch. Oder den zahlreichen Reisebussen.

Sogar Bulle, der beschauliche Hauptort des sogenannten »Greyerzerlandes« hat eine »kasige« Geschichte. Im »Greyerzer Heimatmuseum« kann man sie nachverfolgen, und in den Restaurants der Stadt gehört natürlich eine Speise auf jede Tageskarte: das Schweizer Fondue – wenngleich es im Sommer oftmals nicht angeboten wird, da schlichtweg zu mächtig. Auch für unseren heutigen Mittagstisch möchte ich das leckere Schweizer Nationalgericht eher nicht empfehlen.

Der Nachmittag gehört dann nur noch einem Thema: dem herrlichen Genfer See. Vevey ist dessen wohl bekannteste touristische Perle mit fantastischem Blick auf das Alpenpanorama. Genießen Sie einen Boxenstopp an der mit Palmen und blumengeschmückten Seepromenade, die sich entlang der ganzen Uferstrecke bis nach Montreux zieht. Cafés, wie das Charly's, laden zum Verweilen ein und stolze Schaufelraddampfer zu einem Ausflug auf den malerischen Genfer See. Veveys vermutlich berühmtester Einwohner war übrigens Charlie Chaplin, der hier die letzten 25 Jahre seines Lebens verbrachte. Am Seeufer steht sein Denkmal mit einer seiner berühmtesten Posen.

Hauptstadt der »Waadtländer Riviera« nennt sich Montreux gerne auch. Im Schutz der 2000 Meter hohen Berge gedeihen hier sogar Palmen, Pinien und Zypressen. Von der Uferpromenade genießt man einen atemberaubenden Blick auf den Genfer See, im Sommer untermalt durch die Klänge des berühmten Jazz Festivals sowie anderer Musikevents. Seit dem 19. Jahrhundert gehört Montreux zu einem der bedeutendsten Tourismusorte der Schweiz, Kaiser und Könige erholten sich hier von »anstrengenden« Geschäften, und wir gönnen uns so viele Eindrücke wie möglich als Abschiedsgruß. Denn wir verlassen die gastliche Schweiz Richtung Süden zu ganz neuen Freuden.

TOUR-CHECK

Tourenlänge: 265 km

Reine Fahrzeit: 5–6 Stunden

Kehren: 26

Schwierigkeit: leicht

Hotel Basisort: Hotel De La Poste, www.hoteldelapostemartigny.ch

Weitere Hotelempfehlung: TF Rêves Gourmands, Hôtellerie & Gastronomie, Vernayaz, www.revesgourmands.ch

Einkehrtipp: Restaurant Le Gruyerien, Grand Rue 1, CH-1630 Bulle, www.legruyerienbulle.ch

Olfaktorisch etwas anders: An manchen Tagen riecht man das Highlight von Gruyères.

Renens
Apples
Prilly
Pully
Savigny
Châtel-St-Denis
Morez
St-Georg
Aubonne
Morges
Lausanne
Cully
Chexbres
Vevey
Montreux
SCHWEIZ
Les-Rousses
La Rixouse
Longchaumois
La Bienne
Cinquétral
Gilly
Rolle
Genfer See
Gland
Nyon
Évian-les-Bains
Lugrin
Meillerie
Thonon-les-Bains
Villeneuve
St-Gingolph
Bouveret
Vouvry
Saint-Claude
Septmoncel
Col de la Faucile
1325
Divonne-les-Bains
Crassier
Céligny
Yvoire
Publier
Cumilly
Gex
Commugny
Coppet
Messery
Douvaine
Col du Corbier
1275
Abondance
Col des Moises
1125
Versoix
Bons-en-Chablais
Bellevaux
Le Biot
Pas de Morgins
1369
Champfromier
Ferney-Voltaire
St-Genis-Pouilly
Cern
GENF
St-Jean d'Aulps
St-Cergues
Vernier
Lancy
Thônex
Annemasse
Les Moulins
Col de la Joux Vertes
1760
Col de la Ramaz
1028
Onex
Carouge
Bonne
Morzine
Le Rhône
Les Gets
St-Julien
St-Jeoire
Col des Gets
1164
Reignier
Fry
Taninges
Bellegarde-sur-Valserine
Valleiry
Viry
Moussy
Bonneville
Samoens
Jonzier
Cluses
Saint-Pierre-en-Faucigny
Cruseilles
Groisy
Frangy
Les Usses
Sallenôves
FRANKREICH
Clermont
La Balme-d.-S.
Chaîne des Aravis
Les Alg. Rouges
Pringy
Sallanches
Passy
Annecy
Nonglard
Vallières
Le Rhône
Lac d'Annecy
Rumilly
5 km
St-Gervais-l.-B.
Vallorci
Dent

AUSGANGSORT

THONON-LES-BAINS

Kommt Ihnen der Name bekannt vor? Ja, es ist der Einstiegsort der legendären »Route des Grandes Alpes«. Doch das quirlige, typisch französische Kleinstädtchen hat als Tourenstandort noch viel mehr zu bieten. Zum Beispiel eine reiche Geschichte, gehörte die Stadt doch einstmals zum Schweizer Kanton Wallis. Außerdem war Thonon-les-Bains Teil des sagenhaften Departements Léman, dessen Spuren heute nur noch in Geschichtsbüchern zu finden sind. Abends können Sie mit der Ausflugsschifffahrt den Genfer See erkunden.

Ein weiter See und richtig hohe Berge – Thonon-les-Bains ist das perfekte Basislager.

Da lacht sie: Händewaschen mit echtem Evian-Wässerchen

EINMAL UM DEN SEE

Damit der Abschied aus der Schweiz nicht zu abrupt verläuft, gönnen wir uns heute die komplette Umrundung des Genfer Sees. Das Pflichtprogramm der Region ist ein fahrerischer und touristischer Hochgenuss.

TOUR-CHECK

Tourenlänge: 190 km

Reine Fahrzeit: 4–5 Stunden

Kehren: 0

Schwierigkeit: leicht

Hotel Basisort: Le Comte Rouge, www.lecomterouge.com

Weitere Hotelempfehlung: TF Hôtel Le Christania, Bellevaux, www.hotel-christania.com

Einkehrtipp: Restaurant du Club Nautique, Place de la Navigation 1, CH-1110 Morges, www.restaurant-cnm.ch

Ja, diese Tour bietet ein Kontrastprogramm, wie es selten ist. Zumindest im Mopedsattel. Obwohl wir die Uferstrecken des Genfer Sees niemals im Leben für uns allein haben werden, kann man sehr gemütlich zwischen sehenswertem Schickimicki und prächtigen Panoramen um einen der schönsten Seen der Alpen schwingen. Elf Jahre sollen die Wasser der Rhône benötigen, um einmal von Ost nach West durch den Genfer See zu fließen. Ganz schön lange, aber wohl eher ein Resultat rein statistischer Berechnungen. Hauptsächlich die Rhône ist es, die den mit gut 600 Quadratkilometern größten See der Schweiz mit Frischwasser versorgt.

Unser erster Boxenstopp des Tages ist Genf, die nach Zürich zweitgrößte Stadt der Schweiz. »Hauptstadt des Friedens« wird der europäische Sitz der UNO und Hauptsitz des Roten Kreuzes genannt. Der

Ich bleibe bei dem roten: Sozia Kirsten wollte dann auch keinen anderen Dampfer.

»Jet d'eau«, eine Wasserfontäne von 140 Metern Höhe, ist das Symbol der kleinsten Metropole der Welt, von ihm aus hat man den vielleicht schönsten Blick auf die Stadt.

Genau hier zweigt sie auch rechts ab, ebenjene mächtige Rhône, die uns durch den Vormittag begleiten wird. Mit fantastischen Ausblicken auf den See und horizontweite Weinberge, zum Beispiel rund um die schmucke Kleinstadt Nyon. Im 13. Jahrhundert ließen die Grafen von Savoyen hier ein prächtiges Schloss bauen, unten am Ufer bietet das Genfer See Museum viel Wissenswertes über den größten See Westeuropas.

Herrliche und vermutlich unbezahlbar teure Villengrundstücke ducken sich hinter blickdichten Hecken und lassen erahnen, dass es etwas ganz Besonderes sein muss, hier zu leben. Zumindest für den, der es bezahlen kann und will. Das malerische Stadtbild von Morges scheint längst vergangenen Tagen entsprungen zu sein, die historische Altstadt mit ihren engen Gassen lohnt einen ausgiebigen Boxenstopp, ja, an der bildschönen Uferpromenade klappt sich der Seitenständer des Motorrades beinahe von alleine aus.

Die sonnige Lage Lausannes hoch über dem Genfer See ist malerisch, die fast autofreie Altstadt hat einiges zu bieten – nur eines sollten Sie unbedingt meiden: Lausannes Rushhour. Zwar führt unsere Uferstraße im Süden um das Stadtzentrum herum, dennoch herrscht hier zermürbendes Stop-and-go. Über Vevey und Montreux – siehe Tour 86 – erreichen wir dann wieder den französischen Teil des Sees und das berühmte Evian-les-Bains begrüßt uns mit praller Geschichte.

Im Jahr 1789 wurde die Heilkraft des Wassers der Quellen von Evian entdeckt: Der verschlafene Ort stieg rasch zu einem der Zentren der Bäderkultur auf. Auf der Pariser Weltausstellung bekam das Mineralwasser aus Evian 1878 eine erste Auszeichnung und wurde weltbekannt. Seitdem dreht sich im Ort alles um das Wasser, das übrigens jedermann am historischen Brunnen in der Avenue des Sources kostenlos zapfen kann.

Lebensabend-geeignet: Abondance und die Region Haute-Savoie sind ein Traum.

GRENZLAND-ERFAHRUNG

Am Ufer des Genfer Sees starten wir zu einer ersten intensiven Portion Savoyer Alpen, deren Kurven, Kehren und Panoramen uns auch auf den noch folgenden Runden begeistern werden.

Zweimal müssen wir auf dieser Tour übrigens die Schweizer Grenze passieren, aber das ist für Biker meistens problemlos möglich. Etwas ungewohnt im heutigen Europa heißt es dennoch: Bitte Ausweis bereithalten. Gleich hinter der südlichen Stadtgrenze von Thonon-les-Bains beginnt aber erst einmal das Kurvengemenge der Haute-Savoie. Da heißt es vorher ordentlich frühstücken, denn die oftmals auch schlaglochreichen Pisten fordern volle Konzentration.

Mit dem Col du Corbier nähern wir uns zügig dem ersten Pass des Tages. 1275 Höhenmeter sind zwar nicht unbedingt spektakulär, genießen Sie dennoch die kehrenreiche Fahrt hinab nach Abondance mit seinem mächtigen ehemaligen Kloster. Über den einsamen Weiler Châtel erreichen wir Pass Nummer zwei, den Col de Morgins – auch als Pas de Morgins ausgeschildert – auf gut 1400 Höhenmetern. Er ist für uns heute das Tor zum Schweizer Wallis, dem wir eine Stippvisite abstatten. Das Wallis ausführlich erkunden wir ja auf den Touren 81 bis 85. Den heutigen Abstieg hinab ins Rhônetal nach Saint-Maurice empfehle ich über Choex, Les Giettes und Verossaz zu wählen. Schräglagenreicher geht es kaum.

Zwischen den Ufern des Genfer Sees und den alpinen Gipfeln des Wallis sowie der Savoyer Berge begrüßt uns dann das charmante Wallfahrtsstädtchen Saint-Maurice mit seinem reichhaltigen kulturellen Erbe. Besuchen Sie doch einmal die Abtei mit ihrer umfangreichen Sammlung an Goldschmiede-Kunstwerken aus vielen Jahrhunderten. Oder das Schloss samt Feengrotte mit geheimnisvollem unterirdischem See und Wasserfall.

Anschließend empfehle ich Ihnen einen Besuch der »salzigen« Attraktion von Bex wenige Kilometer weiter. Die Geschichte der Saline und ihres Bergwerks beginnt bereits im 15. Jahrhundert und wird in einer sehenswerten Tonbildschau erzählt. Dann geht es weiter in Richtung Aigle, in Villeneuve erreichen wir das Ufer des Genfer Sees gerade rechtzeitig zum mittäglichen Einkehrschwung.

Zum »Nachtisch« werfen Sie bitte unbedingt noch einen langen Blick auf Château Chillon, eine der schönsten Wasserburgen der Schweiz, erbaut in strategisch höchst wertvoller Lage. Durch die enge Durchgangsstelle zwischen den steil aufragenden Bergen und dem See war die Burg im Mittelalter eine wichtige und vor allem ertragreiche Zollstation. Auch diente das Schloss mit seinen wehrhaften Mauern und Türmen lange Zeit als Gefängnis, sein wohl berühmtester Insasse war François Bonivard, ein Schweizer Freiheitskämpfer, der dort vier Jahre in Ketten lag. Heute ist das Schloss ein Museum. Über die Grenze bei Saint-Gingolph und das quirlige Evian-les-Bains geht es retour zum Abendprogramm in Thonon-les-Bains.

TOUR-CHECK

Tourenlänge: 175 km

Reine Fahrzeit: 4–5 Stunden

Kehren: 58

Schwierigkeit: leicht

Hotel Basisort: Le Comte Rouge, www.lecomterouge.com

Weitere Hotelempfehlung: TF Hôtel Le Christania, Bellevaux, www.hotel-christania.com

Einkehrtipp: Restaurant L'Omnia, Quai Grand Rive 1, CH-1844 Villeneuve

Zum Seufzen: Ein Sundowner am Genfer See ist etwas teurer, aber auch einzigartig.

Weitblick: Unterwegs am Südufer des Genfer Sees

HOCH ÜBER DEM GENFER SEE

Gut 20 Pässe listen detailreiche Straßenkarten in den Hügelwelten der Haute-Savoie zwischen Genfer See und Montblanc-Massiv auf. Trödeln Sie bitte nicht zu lange am Frühstücksbüfett.

Eine »Entwarnung« vorweg: Würden wir alle 20 Pässe auf einer Tour kombinieren, käme eine Strecke von über 500 Kilometern Länge heraus. Ohne Ihre Fahrkünste zu kennen, behaupte ich dennoch: Das ist zu viel für einen Tag! Lassen Sie uns das Gebiet also lieber portionieren und bei Bedarf zweigen Sie einfach spontan ab – irgendein »Col« liegt ganz bestimmt »um die Ecke«.

Mittelschwer ist diese Runde vor allem aufgrund ihrer Länge sowie des Kehrenreichtums auf oftmals mittelmäßiger Piste. Mit ruhiger Gashand und ein wenig Erfahrung ist sie aber problemlos zu fahren. Den ersten Abschnitt der Tour kennen wir bereits, hinunter nach Saint-Maurice wedeln wir über Pass Col de Morgins. Entspannung finden wir auf dem weiteren Weg nach Martigny mit seinen zahlreichen Einkehrmöglichkeiten im Zentrum. Zeit für einen Kaffee sollte eigentlich immer sein, zum Beispiel in der Crêperie le Rustique in der Avenue de la Gare 44.

Die schönsten Blicke auf Martigny und seine Weinberge beschert uns anschließend die gut ausgebaute und dennoch erfreulich kurvenreiche Ostrampe hinauf zum Col de la Forclaz mit seiner unscheinbaren Scheitelhöhe von 1527 Metern. Werfen Sie unbedingt einen Blick zurück. Richtung Chamonix erwartet uns dann der Col de Montets (1461 Meter) kurz vor der Ortschaft

TOUR-CHECK

Tourenlänge: 295 km

Reine Fahrzeit: 7 Stunden

Kehren: 98

Schwierigkeit: mittelschwer

Hotel Basisort: Le Comte Rouge, www.lecomterouge.com

Weitere Hotelempfehlungen: TF Hôtel Le Christania, Bellevaux, www.hotel-christania.com; TF Rêves Gourmands, Hôtellerie & Gastronomie, Vernayaz, www.revesgourmands.ch

Einkehrtipp: Restaurant Le Caveau, 13 Rue Doc Paccard, F-74400 Chamonix-Montblanc

Argentière, der ist aber so unscheinbar, dass Sie sich nicht grämen müssen, falls Sie ihn übersehen. Das erlebenswerte Chamonix zu Füßen des Montblanc-Massivs ist dagegen wahrlich nicht zu übersehen. Es bietet sich für einen frühen mittäglichen Einkehrschwung perfekt an, denn danach geht es in das umfangreiche Schräglagenparadies der Haute-Savoie. Und dazu sollten wir gut gestärkt sein.

Die Savoier Städtchen Passy, Cluses und Taninges markieren den Einstieg in das nachmittägliche Kurvengemenge – auch hier nochmals mein Tipp: Laden Sie unsere GPS-Daten auf Ihr Navi. Der Col des Gets (1164 Meter) leitet uns nach Morzine, einem herrlich verschlafenen Alpendorf, das sich als Etappen-Zielort der Tour de France einen Namen machen durfte. Der Col de la Joux Verte (1760 Meter) führt uns über Ardent zum winzigen Lac de Montriond, der Col de l'Encrenaz (1435 Meter) zum Col de la Savoliere (1416 Meter) und weiter nach Le Praz de Lys. Via Col de la Ramaz (1560 Meter) geht es schließlich zum Col de Jambaz (1028 Meter).

Sie merken vielleicht an den schwindenden Höhen, dass wir uns geruhsam, aber nicht minder kurvenreich wieder hinab zum Genfer See und nach Thonon-les-Bains orientieren. Und falls Sie unterwegs hier und da spontane Abstecher eingebaut haben, ist Ihre Pässeliste des heutigen Tages noch umfangreicher. Respekt!

Ungezählt: Also ich kenne allein vier von diesen Col de la Forclaz – wer bietet mehr?

Mach mal Pause – gerne auch länger: Am Col de Trechauffe gibt es viel zu entdecken.

Sehenswerte Geschichtsstunde: Das Städtchen Yvoire am Genfer See, Südufer …

ZEITREISE RUND UM DAS CERN

Nun heißt es aber endgültig Abschied nehmen vom einzigartigen Genfer See. Mit einer letzten ausgiebigen Runde durch den Westen der Region Waadt. Dort wird der Urknall unseres Daseins erforscht.

TOUR-CHECK

Tourenlänge: 265 km

Reine Fahrzeit: 6 Stunden

Kehren: 56

Schwierigkeit: leicht

Hotel Basisort: Le Comte Rouge, www.lecomterouge.com

Weitere Hotelempfehlung: TF Hôtel Le Christania, Bellevaux, www.hotel-christania.com

Einkehrtipp: Restaurant l'Abero, 213 Grand Rue, F-74350 Cruseilles, www.restaurant-labero.fr

Technikfans, die früher im Physikunterricht aufgepasst haben, kennen natürlich das CERN, den unvorstellbar großen Teilchenbeschleuniger südwestlich von Genf, in dem der Urknall allen Lebens und mehr erforscht werden. Immer wieder gelangen hier spannende Geschichten ans Tageslicht. Das CERN werden wir zwar nicht betreten dürfen, diese letzte Tagestour am Genfer See erkundet aber das Land drum herum – und das ist nicht minder ein Knaller.

Wir starten unsere »Zeitreise« von Thonon-les-Bains aus immer am Ufer des Genfer Sees entlang nach Yvoire, einem mittelalterlich anmutenden Künstlerdorf, dessen enge, kaum lenkerbreite Gassen auch jeden Motorradfahrer überzeugen, sein Gefährt vor dem Ort zu parken. Zumal dort ein kostenloser Mopedparkplatz angelegt wurde. Zu Fuß ist das sehr sehenswerte Dorf mit seinen zahlreichen Handwerkern, Cafés und winzigen Kneipen fernab der Hektik unserer Tage bequem und ausgiebig zu erkunden. Ein Spaziergang durch Yvoire gleicht einem Ausflug in eine längst vergangene Zeit, einer Geschichtsstunde unter freiem Himmel.

Spätestens der Anblick von Genf holt uns dann zurück in das Hier und Heute. Die Genfer »Schokoladenseite« lässt sich bequem vom »Jet d'eau« aus fotografieren, einer 140 Meter hohen Wasserfontäne. Links davon thront die Altstadt, das Herz von Genf mit dem Einkaufs- und Geschäftsviertel, das eigentliche Zentrum befindet sich aber um die Place du Bourg de Four herum, dem ältesten Platz der Stadt.

Über den Vorort Le Grand-Saconnex wedeln wir wieder hinaus aus Genf und hinauf zum Col de la Faucille auf 1325 Metern Höhe. Die ersten Spitzkehren des Tages liegen dann bereits auf französischem Boden, weitere folgen Richtung Lelex und Saint-Jean-de-Gonville. Wir umrunden die Ausläufer des französischen Jura auf winzigen Landstraßen Richtung Bellegarde-sur-Valserine am Austritt der Rhône aus dem Genfer See und wählen die N 508 Richtung Cruseilles für eine kleine Portion schnelles Vorankommen. Denn vermutlich knurrt auch Ihnen bereits der Magen?

Ein herrliches Gemenge kleinster Landstraßen erwartet uns für den Tourennachmittag. Über La Croisette und Mornex erreichen wir Annemasse im Speckgürtel von Genf, wedeln weiter nach Bons-en-Chablais und sodann noch einmal hinauf in die Hügel der Haute-Savoie. Dort warten nämlich noch der Col de Cou (1117 m), der Col de Moises (1125 m) sowie das hübsche Bergdorf Allinges auf uns. Das Dorf an aussichtsreicher Lage südlich des Genfer Sees wird überragt von den Ruinen des Château Vieux und des Château Neuf, die beide spannende Geschichten aus den eher dunklen Tagen des Mittelalters zu erzählen haben. Damit schließt sich auch an diesem Tag der Kreis wieder einmal perfekt …

… sollten Sie unbedingt zu Fuß erkunden. Samt Einkehrschwung.

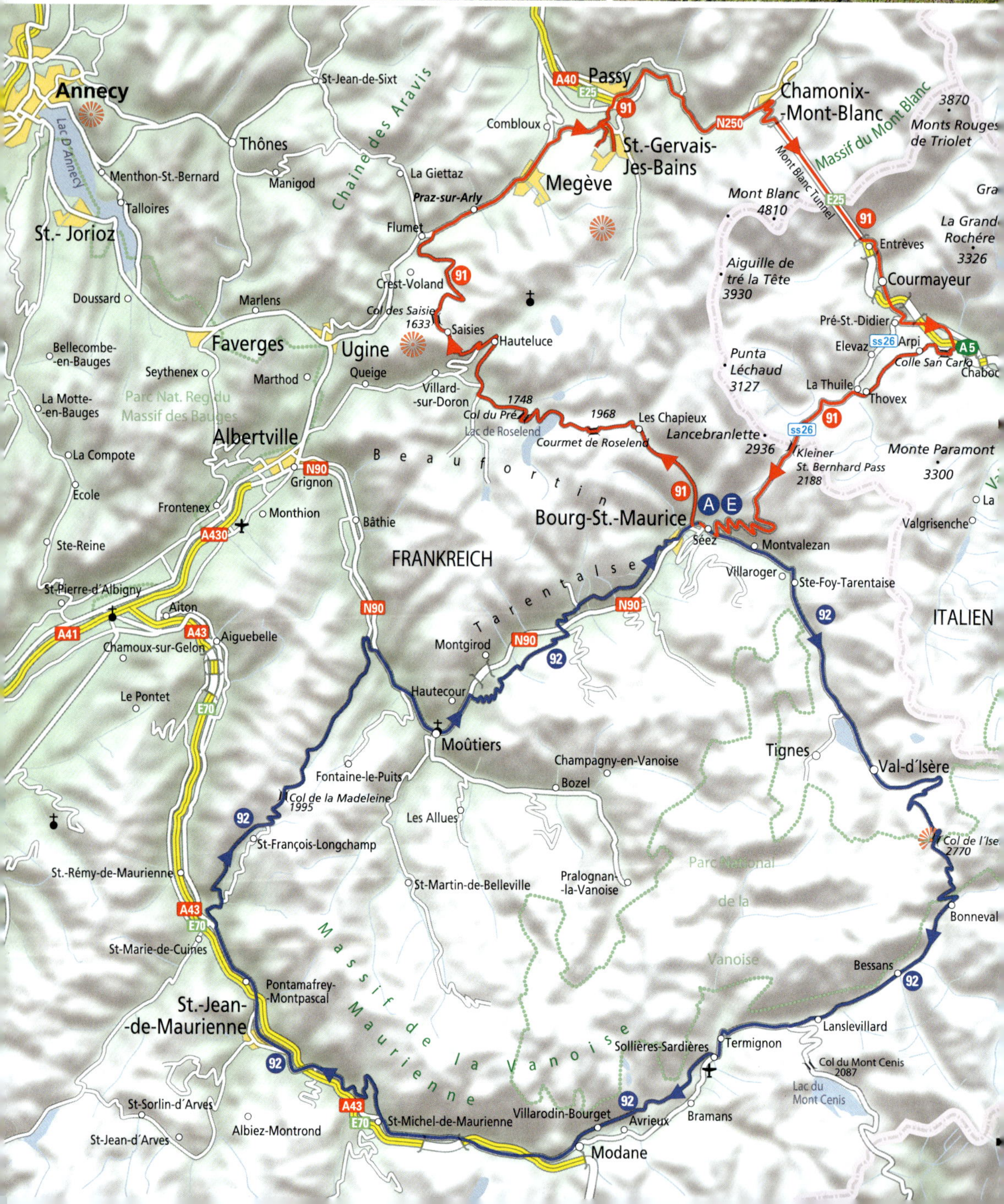

Annecy
Lac D'Annecy
St-Jean-de-Sixt
Thônes
Menthon-St.-Bernard
Manigod
Talloires
St.- Jorioz
Chaîne des Aravis
La Giettaz
Praz-sur-Arly
Flumet
Combloux
Passy
A40
E25
91
St.-Gervais-
Jes-Bains
Megève
Chamonix-
-Mont-Blanc
N250
Massif du Mont Blanc
Mont Blanc Tunnel
3870
Monts Rouges
de Triolet
Mont Blanc
4810
E25
Entrèves
La Grand
Rochère
3326
Aiguille de
tré la Tête
3930
Courmayeur
Pré-St.-Didier
Elevaz
ss26
Arpi
A5
Colle San Carlo
Chaboc
Punta
Léchaud
3127
La Thuile
Thovex
Lancebranlette
2936
ss26
Kleiner
St. Bernhard Pass
2188
Monte Paramont
3300
Doussard
Marlens
Crest-Voland
Col des Saisie
1633
Saisies
Hauteluce
Bellecombe-
-en-Bauges
Faverges
Ugine
Seythenex
Marthod
Queige
Villard-
-sur-Doron
La Motte-
-en-Bauges
Parc Nat. Reg. du
Massif des Bauges
Albertville
1748
Col du Pré
Lac de Roselend
1968
Courmet de Roselend
Les Chapieux
La Compote
N90
Grignon
Beaufortin
Ecole
Frontenex
Monthion
A430
Bâthie
Bourg-St.-Maurice
A
E
Séez
Montvalezan
Valgrisenche
Ste-Reine
FRANKREICH
Tarentalse
Villaroger
Ste-Foy-Tarentaise
St-Pierre-d'Albigny
Aiton
N90
N90
A41
A43
Aiguebelle
Chamoux-sur-Gelon
Montgirod
N90
92
ITALIEN
Le Pontet
E70
Hautecour
Moûtiers
Tignes
Val-d'Isère
Champagny-en-Vanoise
Fontaine-le-Puits
Bozel
Col de la Madeleine
1995
Les Allues
Col de l'Ise
2770
St-François-Longchamp
St.-Rémy-de-Maurienne
Pralognan-
-la-Vanoise
St-Martin-de-Belleville
Parc National
de la
Vanoise
A43
E70
Bonneval
St-Marie-de-Cuines
Massif de la Maurienne
Vanoise
Bessans
Pontamafrey-
-Montpascal
St.-Jean-
-de-Maurienne
Lanslevillard
Termignon
Sollières-Sardières
Col du Mont Cenis
2087
Lac du
Mont Cenis
St-Sorlin-d'Arves
A43
E70
St-Michel-de-Maurienne
Villarodin-Bourget
Avrieux
Bramans
St-Jean-d'Arves
Albiez-Montrond
Modane

AUSGANGSORT

BOURG-SAINT-MAURICE

Bourg-Saint-Maurice liegt am Fuß des Kleinen Sankt Bernhard, des Col de l'Iseran und des Col du Pré sowie des Roselendpasses – einen geeigneteren Basisort für die erste Runde unserer Seealpentouren kann ich weder auf den Landkarten eruieren noch Ihnen aus eigener Erfahrung empfehlen. Der Ort ist umgeben von idyllischen Tälern, namhaften Pässen, aussichtsreichen Hochebenen und jeder Menge alpinem Vergnügen. Dazu bietet er uns Annehmlichkeiten kulinarischer, kultureller und geschichtlicher Art.

Auf geht's – widmen wir uns den schönsten Seiten Frankreichs – den Seealpen.

Erlebenswerter No-Name – der Col du Pré.

DAS GESICHT DES MONTBLANC

Die Westseite des gewaltigen Montblanc-Massivs steht zur Umrundung an. An klaren Tagen können wir jenen im Mopedsattel unerreichbaren Schicksalsberg immer wieder am Horizont glitzern sehen.

Der Courmet de Roselend oder Roselendpass ist unser erstes Etappenziel. Erneut einer jener Pässe, die am Biker-Stammtisch oftmals fragende Blicke provozieren. Nun ja, eventuell nicht bei Radsportfans, war der Pass doch öfters schon Etappenziel der Tour de France. Eine schmale, in Teilbereichen sogar leicht anspruchsvolle Straße führt uns vorbei an alten Festungsruinen in ersten Schräglagen hinauf zum Hochtal von Chapleux. Jenseits der unscheinbaren Passhöhe (1968 Meter) erwartet uns gleich das nächste Highlight, der Lac de Roselend mit dem Col du Méraillet (1605 Meter), linker Hand zweigt das Kurvengemenge zum 100 Meter höher liegenden Col du Pré ab. Erfahrene Biker sollten hier unbedingt kurzerhand abzweigen und die anspruchsvolle Passstraße als Spontanabstecher ihrem Lebens-Roadbook hinzufügen.

Über Beaufort und Villard-sur-Doron erreichen wir dann in ungezählten Rechts-links-Kombinationen Les Saisies mit gleichnamigem Col auf einem weiten Hochplateau und wedeln anschließend hinab in das idyllische Arly-Tal Richtung Megève, einem typisch französischen Wintersportort mit langer Tradition. Dessen Aufschwung begann 1921 dadurch, dass sich Teile der Rothschild-Familie im Ringelpiez von Sankt Moritz nicht mehr wohlfühlten und nach einem Ersatz suchten. Megève wurde als neuer Wohnsitz ausgewählt: Mangels einer existierenden adäquaten Luxusherberge

Legal befahrbar – ich schwöre: die einzigartige Staumauer des Lac de Roselend

ließen sich die Rothschilds einfach das erste Luxushotel erbauen. Natürlich bezahlt aus der familieneigenen Portokasse. Während der Sommermonate besitzt Megève einen ganz eigenen, ruhigen Charme, den wir auch bei einem ausgiebigen Einkehrschwung genießen können.

Über Saint-Gervais-les-Bains und Les Houches erreichen wir sodann Chamonix diesmal aus westlicher Richtung und können uns vor Einfahrt in den Montblanc-Mauttunnel unsere Lungen nochmals prall mit frischer Luft füllen. Jener Montblanc ist übrigens mit seinen imposanten 4810 Höhenmetern der höchste Berg der Alpen, ja, sogar ganz Westeuropas. Der Grenzverlauf über den Gipfel ist seit Jahrzehnten umstritten, sowohl Frankreich als auch Italien beanspruchen den eigentlichen Gipfel für sich.

Erholung finden unsere Lungenbläschen anschließend hoch oben auf den beiden letzten Pässen für heute: dem unscheinbaren Colle San Carlo mit immerhin auch fast 2000 Höhenmetern sowie dem in La Thuile bereits ausgeschilderten Colle del Piccolo San Bernardo. Direkt auf dessen historischer Passhöhe liegen die Reste der Grenzbastion zwischen Italien und Frankreich sowie ein kleines Gasthaus, das uns gerne auch den Nachmittagskaffee serviert. Wenn es denn mal geöffnet hat …

TOUR-CHECK

Tourenlänge: 235 km

Reine Fahrzeit: 5 Stunden

Kehren: 141

Schwierigkeit: mittelschwer

Hotel Basisort: Hotel Arolla, www.hotel-arolla.fr

Weitere Hotelempfehlung: TF Gite-Auberge de Montvilliers, Aime, www.motorradhotel.gite-de-montvilliers.com

Einkehrtipp: Restaurant Le Vieux Megève, 58 Place de la Résistance, F-74120 Megève, www.levieuxmegeve.fr

Pflicht-Selfie: Den Col de l'Iseran bei blauem Himmel zu erleben vergisst du nie mehr.

DER FRANZÖSISCHE HÖHEPUNKT

Nur drei von zwölf Monaten im Jahr ist er für Biker überhaupt befahrbar, der höchste Pass der legendären »Route des Grandes Alpes«, der Col de l'Iseran. Planen Sie diese Runde frühestens ab Juni.

Kein Baum, kein Strauch wächst dort oben auf unwirtlichen 2770 Metern, ein eiskalter Wind pfeift nahezu ganzjährig um die Ecken der einsamen Kapelle auf den Iseran. Und dennoch ist seine Eroberung ein ganz besonderes Erlebnis – packen wir's an.

Emsiges Treiben herrscht in den »Iseran-geeigneten« Sommermonaten im hübschen Bergdorf Val d'Isère. Jetzt wird gebaut, gehämmert, betoniert, rasch werden die unzähligen Hotels um- und ausgebaut und vor allem der Anwesenheit unzähliger Bauarbeiter ist es wohl zu verdanken, dass auch so manches Café für uns geöffnet hat, zumindest mittags. Denn auch ein noch so kurzer Boxenstopp in Val d'Isère hat schon etwas.

Mit atemberaubenden Ausblicken auf das Isèretal geht es dann in anspruchsvollen Kehren hinauf zur Passhöhe des Iseran. Die liegt viele Tage im Jahr in Wolken, ja, selbst im Hochsommer muss man im Umfeld von Schlechtwetterfronten hier oben immer wieder mit einem knöchelhohen Gruß des Winters rechnen. Vor

TOUR-CHECK

Tourenlänge: 265 km

Reine Fahrzeit: 6 Stunden

Kehren: 128

Schwierigkeit: mittelschwer

Hotel Basisort: Hotel Arolla, www.hotel-arolla.fr

Weitere Hotelempfehlung: TF Gite-Auberge de Montvilliers, Aime, www.motorradhotel.gite-de-montvilliers.com

Einkehrtipp: Restaurant San Marco, 1 Place Croix Blanche, F-73140 Saint-Michel-de-Maurienne

allem das Wetter, aber auch die Streckenführung machen die Passfahrt zu einem durchaus anspruchsvollen Unterfangen. Doch haben wir den Pass erst einmal überschritten, beginnt die Wärme des Südens unsere angefrosteten Extremitäten aufzutauen.

In weiten Kurven geht es durch hochalpines Gelände bergab, in Lanslevillard können wir dem Col de Mont Cenis am gleichnamigen See unsere Aufwartung machen. Natürlich auch in Kombination mit einem Offroad-Abstecher zum »Bruder« Col de Petit Mont Cenis. Oder Sie schwingen gleich weiter nach Modane, denn den Mont Cenis erfahren wir noch einmal auf Tour 94.

Auch den in Saint-Michel-de-Maurienne gen Süden lockenden Galibier werden wir später noch ausgiebig erkunden, jetzt lockt erst einmal ein kräftigender Boxenstopp im sehenswerten Ort. Denn sogleich danach erwartet uns der Col de la Madeleine mit satten 1995 Metern und einer kaum mehr als lenkerbreiten Rampe, die fahrerisch durchaus als mittelschwer zu kategorisieren ist. Er gehört seit Jahrzehnten zu den »Ehrenpässen« der Tour de France, nicht unbedingt gefürchtet, aber selbst für medikamentös gut eingestellte Radprofis anspruchsvoll. Genießen Sie ihn mit motorgetriebener Unterstützung.

Alpen-Beauty: Das Bergdorf Bonneval-sur-Arc zählt zu den schönsten Frankreichs.

Im Bergdorf Moutiers zurück im Isèretal haben Sie dann die freie Wahl: Möchten Sie via N 90 im Eiltempo retour zum Ausgangspunkt fahren oder über die Pisten rechts und links des Tales in ungezählten Kurven ganz gemütlich heimwärts nach Bourg-Saint-Maurice?

Als Sozia ist die schöne Unbekannte nahe Val d'Isère ungeeignet, als Fotomotiv perfekt.

Col du Galibier

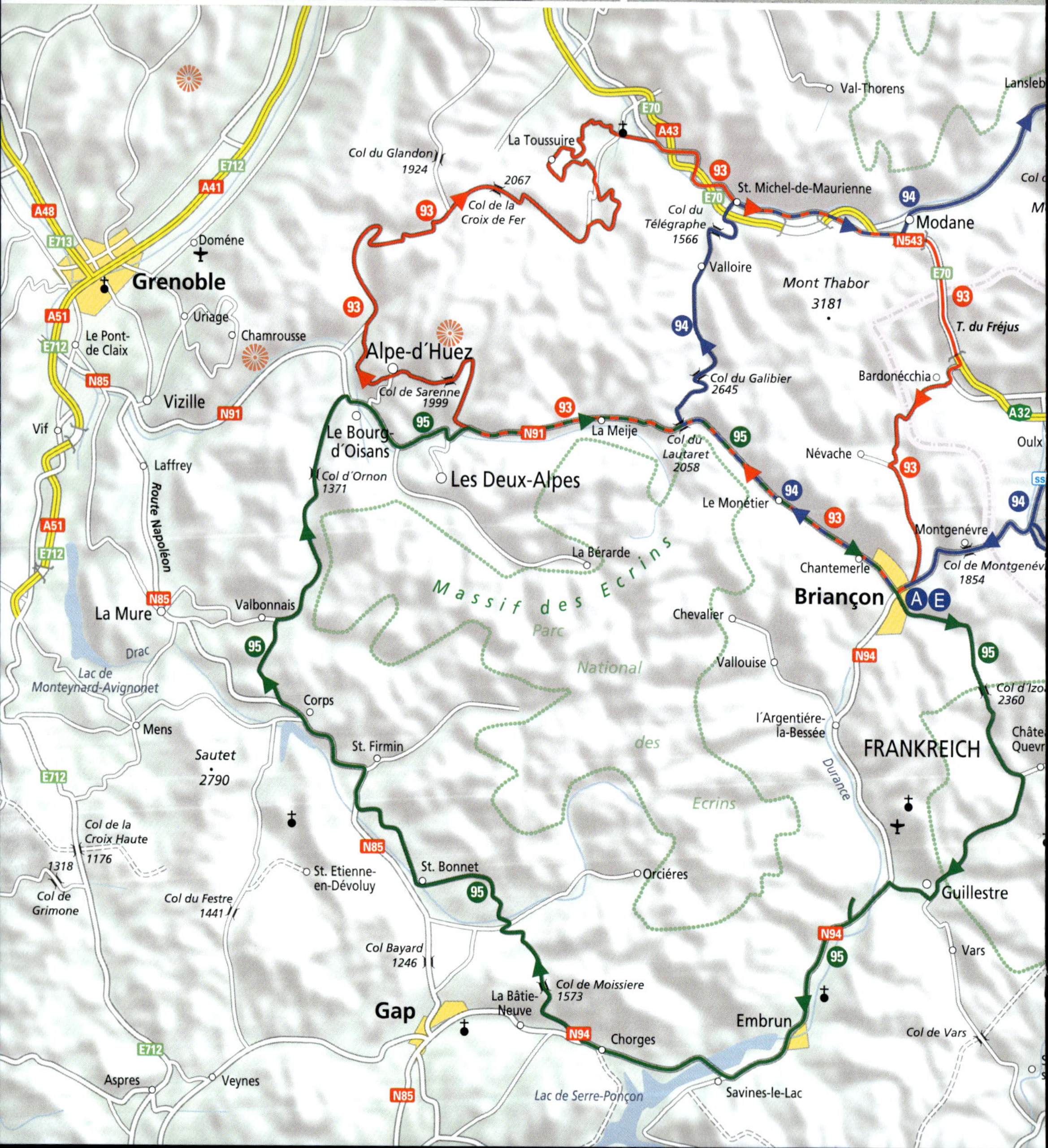
Val-Thorens
Lansleb
E70
A43
La Toussuire
Col du Glandon
1924
2067
Col de la
Croix de Fer
93
St. Michel-de-Maurienne
94
Modane
Col du
Télégraphe
1566
E70
N543
A48
E712
A41
Doméne
E713
Grenoble
Valloire
Mont Thabor
3181
E70
93
T. du Fréjus
A51
Uriage
Chamrousse
93
Alpe-d´Huez
94
E712
Le Pont-
de Claix
N85
Vizille
N91
Col de Sarenne
1999
93
Col du Galibier
2645
Bardonécchia
A32
Vif
95
Le Bourg-
d´Oisans
N91
La Meije
Col du
Lautaret
2058
95
Oulx
Laffrey
Col d´Ornon
1371
Les Deux-Alpes
Névache
93
Route Napoléon
94
Le Monétier
93
94
A51
E712
La Bérarde
Montgenévre
Massif des Ecrins
Chantemerle
Col de Montgenév
1854
N85
La Mure
Valbonnais
Briançon
A
E
Chevalier
Parc
National
des
Ecrins
95
Drac
95
N94
Vallouise
Lac de
Monteynard-Avignonet
Col d´Izo
2360
Corps
Mens
l´Argentiére-
la-Bessée
Châte
Quevr
Sautet
2790
St. Firmin
Durance
FRANKREICH
E712
Col de la
Croix Haute
1176
1318
Col de
Grimone
N85
St. Etienne-
en-Dévoluy
St. Bonnet
Orciéres
Col du Festre
1441
95
Guillestre
N94
Col Bayard
1246
95
Vars
Col de Moissiere
1573
La Bâtie-
Neuve
Gap
Embrun
N94
Chorges
Col de Vars
E712
Aspres
Veynes
N85
Lac de Serre-Ponçon
Savines-le-Lac

AUSGANGSORT

BRIANÇON

Die winzige Altstadt Briançons kann man bequem zu Fuß erkunden. Parken Sie das Motorrad an der Stadtmauer auf einem der zahlreichen Plätze und schlendern Sie gemütlich durch die historischen Gassen, blicken Sie hinauf zur Zitadelle von Vauban und atmen Sie französische Geschichte in vollen Zügen. Europas dritthöchst gelegene Stadt ist berühmt für ihr außergewöhnliches Klima. Dank der geografischen Lage wird sie an 300 Tagen im Jahr mit mehr als jeweils sechs Stunden Sonnenschein pro Tag verwöhnt.

Mit Briançon haben wir ein perfektes Basislager – mit dem Galibier ein perfektes Trainingscamp.

Für Rennradler ein Traum, für mich einer der schönsten Pässe im Abseits: der Col de Sarenne

WARM-UP FÜR DEN GALIBIER

Bevor wir uns dem Col du Galibier, einem der berühmtesten Pässe der Seealpen, widmen, lassen Sie uns diesen echten Promi erst einmal kehren- und kurvenreich umrunden. Denn im »Schatten« des Galibier liegen einige Pässe, deren Namen von seinem Klang komplett überlagert werden. Zu Unrecht.

Ja okay, der Col du Lautaret gleich im Nordwesten unseres Tourenstandortes ist jetzt nicht das beste Beispiel für obige These. Denn seine Rampe gleicht nicht nur einer Bundesstraße, sie ist es auch: die Route National 91. Fünf Kehren auf 40 Kilometern Länge sind auch nicht wirklich spektakulär, dennoch macht die forsche Hatz über die Strecke sicherlich auch Ihnen Spaß.

Am malerischen Speicher Lac du Chambon zweigt dann die Piste hinauf zum Col du Sarenne rechts ab, hier endet zunächst einmal der leichte Teil unserer Fahrt, es geht endlich ab in die Schräglage. Aber bitte mit Vorsicht, gleicht die Straße doch abschnittsweise eher einer üblen Schlaglochpiste. Sie wird vor allem im Frühjahr »typisch französisch« mit Bitumen und viel Rollsplitt geflickt. Aufpassen, bitte.

Über Alpe d'Huez anschließend noch viele Worte zu verlieren, ist eigentlich unnötig. Nicht nur Wintersportfans kennen das Bergdorf, auch die Tour de France

TOUR-CHECK

Tourenlänge: 260 km

Reine Fahrzeit: 6 Stunden

Kehren: 132

Schwierigkeit: mittelschwer

Hotel Basisort: Le Petit Randonneur, www.lepetitrandonneur.com

Weitere Hotelempfehlung: TF Chalet Solneige, Vaujany, www.chaletsolneige.com

Einkehrtipp: Restaurant Le Gavroche, Place du Marché, F-73300 Saint-Jean-de-Maurienne, www.restaurant-le-gavroche.com

sorgt alljährlich für enorme Aufmerksamkeit. Vor allem die Westrampe in den Ort mit 14 Kehren auf engstem Raum, aber auch der Weg nach Allemond im Westen begeistert mit Spitzkehren und grandiosen Ausblicken.

Am Col du Glandon (1925 Meter) mit seinem riesigen Rennrad gabelt sich unser Weg, wir nehmen den Col de la Croix de Fer ins Visier und stehen bereits nach einer Minute auf der Passhöhe auf 2070 Metern. In herrlich weiten Bögen windet sich unsere Straße dann hinab in den Weiler Saint-Jean-d'Arves, an dessen Ortsausgang bereits der Anstieg zum Col du Mollard auf uns wartet. Gemütlich pendeln wir durch eine Alpenlandschaft, wie sie schöner kaum modelliert werden konnte. Hier eine Berghütte zu besitzen, das wär eines meiner noch unerreichten Lebensziele. Über Albiez-Montrond, Villarembert und Fontcouverte-la-Toussuire erkunden wir die Landschaft, huschen auf anspruchsvoller Piste bergab nach Saint-Jean-de-Maurienne und Saint-Michel-de-Maurienne. Knurrt Ihnen jetzt auch der Magen?

Statt nachmittags den ausgeschilderten Col du Télégraphe als Einstieg in den Galibier zu wählen, suchen wir uns heute den weiteren Weg durch das Arc-Tal Richtung Modane, Tour 92 schließt hier gen Norden nahtlos an. Wir wenden uns Richtung Süden und fahren durch den mautpflichtigen Tunnel du Fréjus nach

Noch eine Reisewarnung: Auch der Lac de Grand Maison ist nix für Warmduscher.

Bardonecchia auf italienischem Territorium. Das verlassen wir aber rasch wieder, wählen die Piste hinauf zum Col de l'Echelle oder Colle della Scala auf 1765 Höhenmetern, der uns mit vielen Kurven und sieben Kehren zurück nach Briançon leitet. Die Grenzstation oben auf dem Pass hat wohl auf ewig geschlossen, ich habe jedenfalls in all den Jahren noch keinerlei Kontrollen über mich ergehen lassen müssen.

Apropos: Am Col du Glandon stehen Rennräder bereit für echte Sitzriesen.

Höhepunkt der Seealpen: Bereits die Anfahrt zum Col du Galibier ist einzigartig.

MAJESTÄT DER SEEALPEN

Dass selbst die Besten der Tour de France einen höllischen Respekt vor dem Col du Galibier haben, muss uns nicht abschrecken. Ganz im Gegenteil, haben wir doch deutlich mehr Pferdestärken unter dem Sattel.

Gestatten Sie mir eine Anmerkung vorweg: Auf dieser pässereichen Runde versammeln sich hochalpine »Leckereien«, die fahrerisch deutlich anspruchsvoll sind. Bringen Sie unbedingt eine ordentliche Portion Erfahrung im Mopedsattel mit.

Über den Col du Lautaret erreichen wir gleich frühmorgens die Südrampe zum Col du Galibier, eine der unbestrittenen Majestäten der Seealpen. Ja, seine bis auf 2650 Meter führende Rampe ist immerhin der fünfthöchste Straßenpass der Alpen. Die unspektakuläre Passhöhe mit Parkplatz wird im Sommer leider immer wieder von Wohnmobilisten tagelang mit Beschlag belegt, dennoch sollte ein Plätzchen für das Motorrad irgendwo am Straßenrand zu finden sein. Denn der Ausblick in alle Himmelsrichtungen ist ein Genuss: Im Norden liegen die Grandes Rousses, im Osten die Felslandschaften der Rochers de la Grande Puré und ganz fern am Horizont ist sogar der Montblanc zu erkennen. Und im Süden ragen die Felsen der Alpes-Dauphine aus dem Gipfelmeer.

Da hat es der blumengeschmückte Col du Télégraphe nördlich des Galibier echt schwer, nicht vollkommen übersehen zu werden. Seine gut ausgebaute Straße bildet die Hauptverbindung des Ferienortes Valloire mit dem Arc-Tal, namensgebend war das nahe liegende Fort du Télégraphe aus dem 19. Jahrhundert, das damals in ein landesweites Netz mit sogenannten

»Flügeltelegraphen« eingebunden war. Heutzutage zieren unzählige Hightech-Antennen die für die Öffentlichkeit nicht zugänglichen historischen Gemäuer.

In Modane pendelt die Passstraße aus, wir setzen den Blinker rechts nach Lanslebourg-Mont-Cenis und zu unserem nächsten Pass, den Col du Mont Cenis mit seinem bildschönen Pausenplatz am gleichnamigen See auf knapp 2000 Metern Höhe. Geübte Offroader schwören an dieser Stelle natürlich auf die Weiterfahrt zum winzig ausgeschilderten Col du Petit Mont Cenis, einer Feldweg-Sackgasse mit Geröllleinlagen. Mit leichten Enduros ein Genuss, mit schweren Dampfern oder gar Choppern ein schweißtreibendes Wagnis. Entscheiden Sie bitte selbst, die Piste ist weitgehend legal befahrbar.

Im italienischen Susa können wir unsere heimlich zitternde Gashand bei einem ausgiebigen mittäglichen Einkehrschwung wieder beruhigen. Bevor wir bei Cesana Torinese wieder nach Frankreich wechseln, lassen Sie uns den nahe liegenden Pässen noch Guten Tag sagen: dem Colle di Sestriere (2035 Metern) sowie dem Colle Basset, dem südlichen Einstieg zur Assietta Grenzkammstraße, einer legendären 35 Kilometer langen Schotterpiste mit prächtigen Ausblicken, die allerdings längst kein Geheimtipp mehr ist und deshalb an Wochenenden oftmals tagsüber gesperrt ist. Via Col de Montgenevre (1855 m) und seiner recht gut ausgebauten, durchgehend asphaltierten Strecke erreichen wir abends wieder Briançon.

TOUR-CHECK

Tourenlänge: 245 km

Reine Fahrzeit: 6 Stunden

Kehren: 81

Schwierigkeit: mittelschwer

Hotel Basisort: Le Petit Randonneur, www.lepetitrandonneur.com

Weitere Hotelempfehlungen: TF Christiania Hotel, Valloire, www.christiania-hotel.com; TF Hotel Le Crêt Rond, Valloire, www.hotelcretrond.com

Einkehrtipp: Osteria della Marchesa, Via Montenero 4, I-10059 Susa, www.osteriadellamarchesa.it

Guck mal freundlich: Sozia Kirsten vertreibt jedes Unwetter – sogar in den Bergen.

Verfolgungsfahrten: Die Rampen am Col d'Izoard sind überraschend gut in Schuss ...

RUND UM DAS PELVOUX

Der Nationalpark Écrins in den Französischen Seealpen ist nicht nur ein Natur- und Bergsteigerparadies. Auch Biker finden hier ein einzigartiges Terrain aus asphaltiertem – und auch nicht asphaltiertem – Spaß.

Bis zu 4100 Meter ragen die höchsten Gipfel des Pelvoux oder auch Écrins in den Himmel und bilden damit nicht nur die Kernzone des Nationalparks Écrins, sondern stellen auch die höchsten Berge der südlichen Seealpen. Natürlich in erster Linie ein grandioses Bergsteigerparadies, in dem auch wir Biker voll auf unsere Kosten kommen.

Dazu verlassen wir das gastliche Briançon diesmal Richtung Südosten auf der D 902 nach Cervières und weiter direkt zum Anstieg der Nordrampe des Col d'Izoard. Die Straße verbindet Briançon mit dem Örtchen Château-Ville-Vieille und besitzt verkehrstechnisch kaum Bedeutung, da die durch das Tal der Durance führende Alternativroute kürzer und besser ausgebaut ist. Das aber ist unser Glück, denn damit gehören die sage und schreibe 33 Kehren und ungezählten Kurven über den Col d'Izoard viele Sommertage im Jahr uns ganz allein.

Die Scheitelhöhe des Passes ziert das Refuge Col de l'Izoard oder auch Refuge Napoleon, eine bewirtschaftete Berghütte mit großem Parkplatz. Auf der Südrampe geht es in zahlreichen Kurven auf mittelmäßig gepflegter Piste bergab nach Château-Ville-Vieille und weiter nach Guillestre, einem typisch französischen Alpenstädtchen. Malerisch gelegen auf einem gut 1000 Meter hohen Plateau, ist es nicht nur bei Gleitschirm- und Drachenfliegern beliebt.

Anschließend widmen wir uns dem Nordufer des malerischen Lac de Serre-Ponçon, einem der schönsten Wasserspeicher der Alpen. Errichtet um das Jahr 1961, staut er die Durance zum größten künstlichen See Frankreichs auf. 20 Kilometer lang und bis zu 120 Meter tief, dienen seine Wasserreserven sowohl der Stromerzeugung als auch der Versorgung des nahe liegenden Gap. Rund um den gewaltigen Speichersee mit seinem einsam mitten im See dümpelnden Kirchlein führen zahlreiche winzige Landstraßen, die wir uns auf den folgenden Touren noch intensiv gönnen werden.

Auch dem Alpenstädtchen Gap widmen wir uns auf Tour 97 noch intensiver, heute geht es über den unscheinbaren Col de Moissiere (1575 Meter) in unzähligen Kurven nach Saint-Bonnet-en-Champsaur. Wir folgen der legendären »Route Napoleon« – übrigens neben der Route des Grandes Alpes eine der wohl schönsten Themenstraßen der Seealpen! – einige Kilometer, bevor uns der Wegweiser nach Le Bourg-d'Oisans gen Norden führt.

1375 Meter hoch liegt der Col d'Ornon dann vor unserem Windshield, entlang seiner unauffälligen Scheitelhöhe drapiert sich ein bekanntes Skigebiet, die gut ausgebaute Landstraße führt uns schließlich wieder bis an die Westrampe des Col du Lautaret. Von dort ist unser Basislager inmitten seiner grandiosen Alpenkulisse nicht mehr weit. Genießen Sie nochmals einen Abend in Briançon, bevor wir anderntags ein letztes Mal den Standort wechseln.

TOUR-CHECK

Tourenlänge: 285 km

Reine Fahrzeit: 6 Stunden

Kehren: 103

Schwierigkeit: mittelschwer

Hotel Basisort: Le Petit Randonneur, www.lepetitrandonneur.com

Weitere Hotelempfehlungen: TF Mon Hôtel à Gap, www.monhotelagap.com; TF Hotel La Neyrette, Saint Disdier, www.laneyrette.com

Einkehrtipp: L'Auberge des Tounes, 13 Rue Lesdiguières, F-05500 Saint-Bonnet-en-Champsaur

... und sein Gipfelstein ist zweifelsohne einmalig im gesamten Alpenraum.

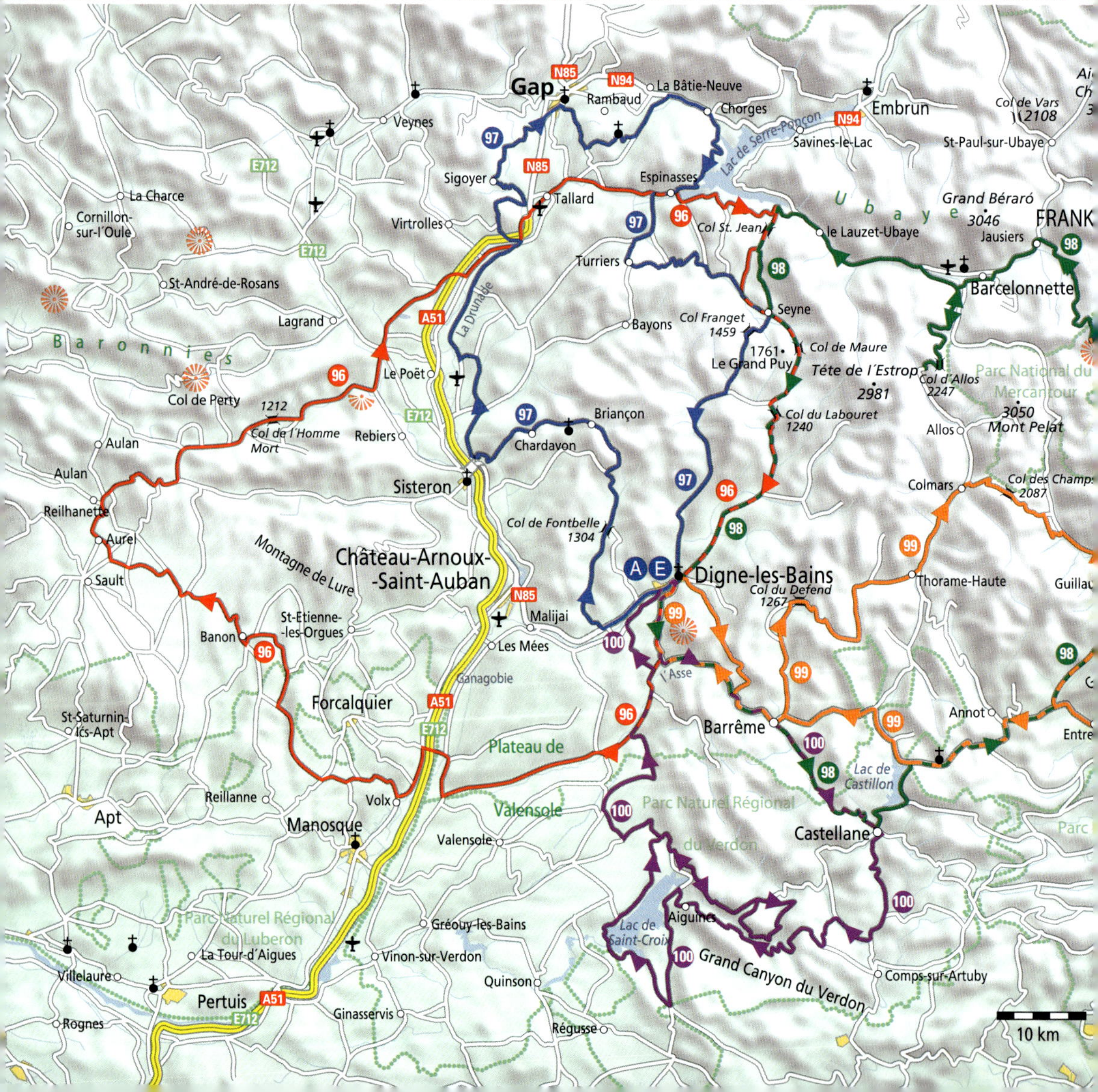
Gap
N85
N94
La Bâtie-Neuve
Rambaud
Chorges
Embrun
Col de Vars
2108
Lac de Serre-Ponçon
N94
Savines-le-Lac
St-Paul-sur-Ubaye
Veynes
E712
97
Sigoyer
N85
Espinasses
Tallard
Ubaye
Grand Béraró
3046
Jausiers
FRANK
98
La Charce
Cornillon-sur-l'Oule
Virtrolles
97
96
Col St. Jean
le Lauzet-Ubaye
E712
Turriers
98
Barcelonnette
St-André-de-Rosans
Seyne
Lagrand
A51
La Drunade
Bayons
Col Franget
1459
Baronnies
1761
Col de Maure
Le Grand Puy
Tête de l'Estrop
2981
96
Le Poët
Col d'Allos
2247
Parc National du Mercantour
Col de Perty
1212
Col de l'Homme Mort
E712
97
Briançon
Col du Labouret
1240
3050
Mont Pelat
Aulan
Rebiers
Chardavon
Allos
Aulan
97
96
Colmars
Col des Champs
2087
Reilhanette
Sisteron
Aurel
Col de Fontbelle
1304
98
99
Montagne de Lure
Château-Arnoux-Saint-Auban
Sault
A
E
Digne-les-Bains
Thorame-Haute
Col du Defend
1267
N85
Guillau
St-Etienne-les-Orgues
Malijai
99
Banon
96
Les Mées
100
98
Ganagobie
L'Asse
99
Forcalquier
A51
96
Annot
St-Saturnin-lès-Apt
Barrême
99
E712
Plateau de
100
Entre
98
Lac de Castillon
Reillanne
Volx
Apt
Valensole
100
Parc Naturel Régional du Verdon
Manosque
Parc
Valensole
Castellane
Parc Naturel Régional du Luberon
100
Gréoux-les-Bains
Aiguines
Lac de Saint-Croix
La Tour-d'Aigues
Vinon-sur-Verdon
100
Grand Canyon du Verdon
Villelaure
Comps-sur-Artuby
Quinson
Pertuis
A51
E712
Rognes
Ginasservis
Régusse
10 km

AUSGANGSORT

DIGNE-LES-BAINS

Direkt an der legendären Route Napoleon gelegen, erstreckt sich die beschauliche Kleinstadt in einem weiten Talkessel. Dignes alpines Klima ist anerkannt erholsam und zählt gut 300 Sonnentage pro Jahr. Auch bei Côte-d'Azur-müden Franzosen wird es inzwischen als Geheimtipp gehandelt. Zur Blüte des Lavendels zwischen Juni und August liegt ein oftmals betörender Duft über dem ganzen Land. Die Altstadt von Digne-les-Bains ist gesegnet mit zahlreichen historischen Bauten rund um die imposante Kathedrale.

Hier wohnten einst Napoléons Soldaten – unser letztes Basislager ist deutlich komfortabler.

Beginnen wir noch einmal ganz gemütlich – im Hinterland von Digne-les-Bains.

DAS LAND SENKT SICH

Die Berge werden kleiner, die Gipfel grüner und das Land um uns herum ist nicht mehr so hochalpin wie auf den letzten Touren. Wir nähern uns sukzessive dem Mittelmeer, der prächtigen Côte d'Azur.

Die berühmte Cote d'Azur soll diesmal gar nicht unser Thema sein, sondern vielmehr die prächtigen Landstraßen und Pässe der Südalpen, genauer gesagt der Haute-Provence. Denn hier gibt es noch sehr viel zu entdecken. Und falls Sie sich ganz am Ende dieses Buches die »Blaue Küste« als Urlaubsdomizil für ein paar Tage gönnen möchten – ich kann diese Wahl empfehlen. Nur nicht im Juli und August zur Hauptreisezeit der Franzosen.

Lassen Sie uns nun von den provenzalischen Landstraßen eine ordentliche »Prise« nehmen. Über Châteauredon und Estoublon schwingen wir hinab in das Tal der Durance, schauen uns in Oraison, Villeneuve und Volx in Ruhe um. Nach derart vielen Felsen, Bergen und höchsten Pässen der letzten Touren haben auch Sie vermutlich mächtig Lust auf einen dieser typisch französischen Wochenmärkte, die an allen Ecken und Enden herrlich nach den Kräutern der Provence duften. Mein Geheimtipp für Take-away-Food: Poulets grillés – frisch, heiß und würzig.

Aber auch der Fahrspaß soll nicht zu kurz kommen, über Dauphin und Banon schwingen wir zum Col de Macuégne auf 1070 Metern Höhe. Eine fahrerisch einfache Strecke mit einem Abzweig zum Col de l'Homme Mort, dem Pass des toten Mannes. Das klingt dramatisch, ist es aber nicht. Ganz im Gegenteil, die liebliche Landschaft bietet herrliche Pausenplätze, an denen man das mitgebrachte Poulet grillé vernaschen kann. Und im quirligen Laragne-Montéglin gibt es dazu garantiert einen leckeren Café crème oder Café au Lait.

Dann widmen wir uns dem Südufer des bereits erwähnten Lac de Serre-Ponçon, huschen über Espinasses nach Saint-Vincet-les-Forts und zum Nordaufstieg des Col Saint-Jean. Der Pass ist mit gerade einmal 1350 Höhenmetern fahrerisch nicht unbedingt spektakulär, aber dennoch ein schräglagenreicher Genuss. Via Montclar und Selonnet erreichen wir dann Seyne-les-Alpes mit seinem winzigen, aber erlebenswerten Wochenmarkt, der jeden Dienstag und Freitag stattfindet.

Jetzt heißt es eine Entscheidung treffen: Richtung Le Vernet (ostwärts) geht die Runde über den Col de Maure (1348 Meter) sowie Labouret (1240 Meter) – Richtung Auzet (westwärts) führt der Weg über den Col Franget mit 1460 Metern sowie weiter nach Barles.

TOUR-CHECK

Tourenlänge: 295 km

Reine Fahrzeit: 6–7 Stunden

Kehren: 26

Schwierigkeit: mittelschwer

Hotel Basisort: Auberge Marie, F-04270 Bras-d'Asse, Digne-les-Bains

Weitere Hotelempfehlungen: TF B&B Gites Les Glycines, Mison, www.les-glycines.com; TF Domaine de Fombeton, Sisteron, www.fombeton.de

Einkehrtipp: Restaurant La Chaumière, 33 Grand Rue, F-04140 Seyne-les-Alpes, www.facebook.com/la.chaumiere.seyne.les.alpes

Beide Routen treffen kurz vor unserem Ausgangsort Digne-les-Bains wieder zusammen. Mein Tipp: Dem Col Franget widmen wir uns auf der nächsten Tour, wählen Sie heute doch das Doppelpack Col de Maure und Labouret als perfekten Tourenausklang. Vor allem der letzte Pass führt nochmals hoch hinaus zu schönen Aussichtsplätzen.

Nutzen Sie unseren GPS-Download: Ohne Navi geht es auch – aber deutlich beschwerlicher.

Wirklich nett: der Col de Moissière im Hinterland von Gap

BESUCH IN GAP

Auch die Pässe dieser Runde gehören allesamt zum erlebenswerten Beiwerk der legendären »Route des Grandes Alpes«. Und deshalb gehören sie mit Fug und Recht auch in dieses Mega-Roadbook.

Das Gute am typisch französischen Hotel-Frühstück ist, dass es mit Café, Croissant und Konfitüre in der Regel überschaubar karg ausfällt. Es hindert uns also nichts daran, recht früh in den Mopedsattel zu klettern. Über Aiglun, Mirabeau und Thoard erreichen wir kurz nach dem Start bereits Pass Nummer eins, den Col de Fontbelle auf 1305 Metern Höhe. Unmittelbar darauf folgt der Col d'Hysope auf 1236 Metern, beide Pässe sind leicht zu übersehen, vor allem, wenn man sich auf die schmale Straße und die grandiosen Ausblicke konzentriert.

Über das Bergdorf Saint-Geniez senkt sich die Piste dann hinab in das Tal der Durance sowie nach Sisteron, dessen quirliges Zentrum sich für einen kurzen Boxenstopp anbietet. Mein Tipp: die Brasserie des Arcades am Hauptplatz.

Danach folgen wir der Durance ein Stück gen Norden nach La Saulce. Dort bitte den Blinker links setzen und über Lardier, Sigoyer und Pelleautier durch ein prächtiges Kurvengemenge schwingen, an dessen Ende das Alpenstädtchen Gap auf uns wartet.

Vor allem dessen bunte, historische Altstadt bietet viel Erforschenswertes: Schlendern Sie doch eine Runde

TOUR-CHECK

Tourenlänge: 260 km

Reine Fahrzeit: 6 Stunden

Kehren: 86

Schwierigkeit: leicht

Hotel Basisort: Auberge Marie, F-04270 Bras-d'Asse, Digne-les-Bains

Weitere Hotelempfehlungen: TF Maison Saint Georges, La Motte-du-Caire, www.st-schorsch.de; TF La Batie, Clamensane, www.la-batie.de

Einkehrtipp: Restaurant Le Tourton des Alpes, 1 Rue des Cordiers, F-05000 Gap, www.letourtondesalpes.fr

Noch so ein erinnerungswürdiger Picknickplatz: diesmal am Lac de Serre-Ponçon

durch die engen Gassen mit ihren Cafés, Kneipen und Shoppingmöglichkeiten oder besuchen Sie einen der zahlreichen Wochenmärkte mit diesem typisch französischen Savoir-vivre. Ist Ihnen jetzt nach einer ausgiebigen Stärkung? Mein Einkehrtipp steht im Tour-Check. Anschließend widmen wir uns dem Westufer des malerischen Lac de Serre-Ponçon. Mein Tipp dazu: Überall entlang der Uferstrecken liegen herrliche Pausenplätze, teilweise sogar mit »Möblierung« für ein ausgiebiges und aussichtsreiches nachmittägliches Picknick.

Nachdem wir dieses landschaftliche Highlight genossen haben, wenden wir das Bike Richtung Espinasses und Col de Garcinets (1254 Meter). Mit immerhin 14 Kehren zwischen seinen Basisorten gelingt es ihm problemlos, unseren Gleichgewichtssinn zu entzücken. Das gilt auch für den folgenden Col du Fanget, dessen Kurventanz gleich hinter dem Dorf Seyne beginnt. Der höchste Punkt unseres Tourentages liegt direkt oben auf der Passhöhe auf 1460 Metern, und in der Ferne können wir bereits unser abendliches Ziel Digne-les-Bains am Horizont erblicken. Dazwischen liegen aber noch einige herrliche Kurvengemenge, denen wir uns nun gemütlich widmen. Viel Spaß dabei!

Verhungern muss auch hier niemand:
die »Fressgass« in der Altstadt von Gap

Für viele der schönste Pass der Seealpen: Aufstieg zum Col d'Allos

PRÄCHTIGES ABSEITS

Warum der berühmte Col de la Bonette bis heute nur auf einer Nebenstrecke der »Route des Grandes Alpes« liegt, werde ich wohl nie verstehen. Hier kommt meine Art der »Wiedergutmachung«.

Diese fahrerische Wiedergutmachung führt uns sowohl zum Col de la Bonette als auch zum Col d'Allos, zwei Pässen, mit denen wir am Stammtisch ordentlich Eindruck schinden können. Ganz früh am Morgen verlassen wir Digne-les-Bains auf der N 85 nach Castellane. Wir winden uns am Lac de Castillon entlang zur N 202 und düsen weiter Richtung Entrevaux. Einige Kilometer vor dem Ort zweigt das Kurvengetümmel Richtung Guillaumes linker Hand ab, wir nähern uns jetzt dem Südeinstieg zum Col de la Bonette.

In Saint-Ètienne-de-Tinée ist es dann so weit, bitte Knie an den Tank und mit voller Konzentration den Gasgriff betätigen. Die Südseite des Bonette führt durch ein verfallenes Militärlager, in dem napoleonische Soldaten unter unmenschlichen Bedingungen überwintern mussten. Kurvenreich windet sich die gut ausgebaute Straße durch die hochalpine Landschaft des Parc National du Mercantour. Unmittelbar auf der Scheitelhöhe des Bonette zweigt die Höhenstraße Cime de la Bonette links ab und führt als Einbahn-Schleife zum höchsten Punkt. Spätestens hier nimmt die Diskussion mit anderen Bikern dann ihren Lauf: Ist der Col de la Bonette nun der höchste befahrbare Alpenpass oder der Col de l'Iseran (2760 Meter). Rechnet man die Cime de la Bonette dazu, so gehört das Prädikat dem Bonette, denn er erreicht mit ihr 2802 Meter.

Über eine tadellos ausgebaute Passstraße erreichen wir dann Jausiers, wo wir uns westwärts nach Barcelonnette wenden. Dort erwartet uns der Einstieg in ein weiteres Highlight der »Route des Grandes Alpes« – der Nordeinstieg zum Col d'Allos (2250 Meter), dessen Gipfelregion ein prächtiges alpines Trainingsgelände für die Hohe Kunst des Motorradelns darstellt. Ja, für manchen Biker ist der Allos sogar der landschaftlich schönste Pass der Alpen. Ich bin mir da nicht ganz so sicher, entscheiden Sie selbst. Über die RN 94 geht es dann weiter zum Lac de Serre-Ponçon sowie am Ostufer des Stausees entlang zu unserer wohl verdienten mittäglichen Einkehr.

Der Rest dieses noch einmal gewaltigen Tourentages gehört nun dem genüsslichen Auspendeln inmitten der herrlichen Haute-Provence. Via Montclar erreichen wir Seyne, wo wir uns entscheiden müssen, ob wir nun über den Col de Maure oder den Col Franget heimwärts düsen wollen. Beide Varianten kennen wir aus den Touren 96 und 97.

Fensterschau: unterwegs im Umland des Col de la Bonette …

TOUR-CHECK

Tourenlänge: 370 km

Reine Fahrzeit: 8 Stunden

Kehren: 131

Schwierigkeit: mittelschwer

Hotel Basisort: B&B Chambre d'hôtes Les Noisetiers, www.noisetiers.gite.free.fr

Weitere Hotelempfehlungen: TF L'Escale en Ubaye, Saint-Pons, www.chambres-hotes-escale-ubaye.fr; TF Châlet les Blancs, nahe Barcelonnette, www.chalet-hotel-lesblancs.fr; TF La Mexicaine, Jausiers, www.lamexicaine.com

Einkehrtipp: Restaurant Le Sosthène Bacchus, Le Village, F-05160 Le Sauze du Lac, www.sosthenebacchus.e-monsite.com

… und ganz oben am Scheitelpunkt der Cime de la Bonette

Die letzten Höhepunkte: Auch der einsame Col de Champs zählt ohne Zweifel dazu.

IM HERZEN DER PROVENCE

Wir nähern uns unvermeidlich dem Finale dieses Tourenbuches. Damit das erinnerungswürdig ausfällt, folgen zwei Touren, wie sie genüsslicher kaum sein können. Und zwar für Anfänger ebenso wie für alte Hasen im Sattel.

Die letzten beiden Touren sind nochmals ein tagesfüllendes Kilometerpensum über kurvenreiche Pisten durch herrliche Landschaften, garniert mit einigen Pässen, die uns fahrerisch fordern, aber niemals überfordern. Dazu verlassen wir Digne-les-Bains frühmorgens Richtung Entrages und Chaudon auf einer kurvenreichen Piste, die uns mit 21 Kehren auf 25 Kilometern Länge umgehend die letzte Müdigkeit aus den Knochen treibt. Nur kurz nutzen wir die RN 85, bereits hinter Barême geht es Richtung Norden wieder ab in die Schräglage. Der Col du Defend ist unser erster Pass des Tages, seine 1230 Höhenmeter sind purer Fahrspaß.

Auf der gleichen, kaum mehr als lenkerbreiten Piste geht es dann gen Osten, durch verschlafene Weiler wie Lambruisse und Thorame erreichen wir Beauvezer und Colmars. Übrigens: Hier zweigt der Südanstieg zum Col d'Allos linker Hand ab. Falls Sie möchten, bauen Sie diesen Abstecher ganz spontan in die Tour ein. Der nächste »reguläre« Pass bildet gleichzeitig den höchsten Punkt dieser Fahrt, der Col des Champs inmitten der lieblichen Hügel der Haute-Provence. Er gehört für mich zu den schönsten Pässen der Provence und das nicht nur aufgrund der 35 waschechten Kehren zwischen seinen Basisorten.

In Saint-Martin-d'Entraunes zweigt dann die Rampe zum Col de la Cayolle gen Norden ab, die komplette Tour 98 schließt hier ebenfalls nahtlos an. Alle Kombinationsmöglichkeiten finden Sie detailliert in der Tabelle am Anfang dieses Buches. Wir erreichen Guillaumes und gönnen uns auf einem linker Hand abzweigenden Rundkurs noch einen Blick hinüber nach Valberg sowie hinauf auf den gleichnamigen Pass (1670 Meter), bevor wir uns über Enriez meinem mittäglichen Einkehrtipp nähern. Der liegt mitten im sehenswerten Festungsstädtchen Entrevaux, das – wie auch Briançon – vom legendären Festungsbaumeister Vauban um 1690 herum befestigt wurde. Zwar ist das Restaurant nur zu Fuß mit wenigen Schritten erreichbar, Parkplätze für das Bike gibt es aber am Ufer des Flüsschens Var zuhauf.

Der anschließende Rückweg nach Digne-les-Bains führt über die N 202 sowie N 85 und erlaubt uns ein durchaus flottes Vorankommen. Aber bitte nicht zu schnell, denn einerseits gilt auch in Frankreich inzwischen Tempo 80 auf Landstraßen, andererseits sollten wir im Ort Saint-Julien-du-Verdon nochmals den Seitenständer ausklappen und den Blick über den malerischen Lac de Castillon schweifen lassen. Der lang gestreckte Stausee am Oberlauf des Verdon begeistert vor allem beim Abendsonnenschein mit seinem leuchtend türkisfarbenen Wasser, das auf reiches Mineralien- und Planktonvorkommen schließen lässt. Da hat es der letzte Pass des Tages, der kleine Col de Robine auf 1000 Metern, gar nicht so leicht, unsere Begeisterung nochmals zu wecken. Schauen Sie sich dennoch in Ruhe um, nach Digne ist es nicht mehr weit.

TOUR-CHECK

Tourenlänge: 245 km

Reine Fahrzeit: 5 Stunden

Kehren: 80

Schwierigkeit: leicht

Hotel Basisort: B&B Chambre d'hôtes Les Noisetiers, www.noisetiers.gite.free.fr

Weitere Hotelempfehlungen: TF Hotel Le Chastellan, Valberg, www.le-chastellan.com; TF Hôtel Restaurant Le Martagon, Villars-Colmars, www.le-martagon.com

Einkehrtipp: Restaurant L'Ambassade, Place du Marché, F-04320 Entrevaux, www.facebook.com/ambassade.entrevaux

Die Landschaft ändert sich: Auf den letzten Kilometern an die herrliche Cote d'Azur

Typisch Haute-Provence: die Berge sanfter, die Pisten breiter – das Vergnügen ohne Grenzen

DER ALPEN-GRAND-CANYON

Die 100. Tour dieses Buches ist noch einmal etwas ganz Besonderes. Sie führt uns einmal um den Grand Canyon du Verdon, die schönste und spektakulärste Schlucht der Seealpen. Auch die An- und Rückfahrt sind ein Genuss.

Morgens wählen wir erneut die N 85, die Route Napoleon südlich aus Digne-les-Bains hinaus, bleiben aber in Barême diesmal konsequent auf den Spuren des kleinen Franzosen und schwingen durch das erste landschaftliche Highlight, die Clue de Taulanne, eine höchst imposante Felsenschlucht. An deren Ausgang erwartet uns dann das hübsche Felsenstädtchen Castellane, ein höchst sehenswerter Boxenstopp.

Über Trigance sowie ein prächtiges Kurvengemenge später erreichen wir die linke Uferseite der imposanten Verdonschlucht. Über sechs Millionen Jahre benötigten der Fluss Verdon, um diese atemberaubende Landschaft zu formen. Die ausgeschilderten »Balcons de la Mescla« bieten die wohl spektakulärste Aussicht auf dieses Schauspiel der Natur. Die Panoramastraße um den Grand Canon du Verdon

TOUR-CHECK

Tourenlänge: 260 km

Reine Fahrzeit: 5–6 Stunden

Kehren: 99

Schwierigkeit: leicht

Hotel Basisort: B&B Chambre d'hôtes Les Noisetiers, www.noisetiers.gite.free.fr

Einkehrtipp: Restaurant Rive Gauche, Place de la Fontaine, F-83630 Aiguines

wurde in den 1950er-Jahren erbaut. Sie führt in spektakulären Kehren und durch pechschwarze, unbeleuchtete Tunnel einmal um die gewaltige Schlucht. Zwar sind knöcheltiefe Schlaglöcher auf Bikers Ideallinie keine Seltenheit, doch die Ausblicke hinunter in das tief eingeschnittene Tal des Verdon entschädigen für jegliches fahrerische Ungemach. Bei Aiguines mündet der Verdon in den gewaltigen Lac de Sainte-Croix, bevor wir uns diesen aus der Nähe anschauen, sollten wir uns stärken.

Anschließend gönnen wir uns die Umrundung des Lac de Sainte-Croix sowie ab dem Aussteiger-Bergdorf Moustiers-Sainte-Marie den lohnenden Abstecher hinüber zum felsigen Nordrand der Verdonschlucht – inklusive ausgeschilderter Einbahnstrecke »Corniche sublime« bei La-Palud-sur-Verdon, wenn Sie mögen. Retour in Moustiers heißt es dann die Landstraßen der Provence noch ein letztes Mal in all ihren Facetten genießen. Mit viel Zeit pendeln wir nach Puimoisson und Estoublon gen Norden und folgen der Beschilderung nach Digne-les-Bains. Alternativ können Sie an jedem Abzweig aber auch ganz spontan den schönsten Ausblick wählen, denn jede Piste hier besitzt das berühmte »grüne Band«.

Eigentlich ist es ein echter Frevel, dieser Region nur wenige Tage zu gönnen. Verlängern Sie doch Ihren Aufenthalt hier einfach um ein, zwei Wochen. Es gibt noch unendlich viel zu entdecken. Wenn Sie weitere Touren »erfahren« wollen, empfehle ich Ihnen meinen Band »Die schönsten Motorradtouren Frankreich«.

Die Route Napoléon ist mein Tipp für eine abwechslungsreiche Rückreise – wenn's denn sein muss.

REGISTER

Verantwortlich: Claudia Hohdorf
Lektorat: Anne Köhler
Layout: BUCHFLINK Rüdiger Wagner
Umschlaggestaltung: Ralph Hellberg
Repro: Cromika
Kartografie: Heidi Schmalfuß
Herstellung: Anna Katavic
Printed in Slovenia by Florjancic

★★★★★

Sind Sie mit diesem Titel zufrieden? Dann würden wir uns über Ihre Weiterempfehlung freuen.
Erzählen Sie es im Freundeskreis, berichten Sie Ihrem Buchhändler, oder bewerten Sie bei Onlinekauf. Und wenn Sie Kritik, Korrekturen, Aktualisierungen haben, freuen wir uns über Ihre Nachricht an Bruckmann Verlag, Postfach 40 02 09, D-80702 München oder per E-Mail an lektorat@verlagshaus.de.

Unser komplettes Programm finden Sie unter www.bruckmann.de

Alle Angaben dieses Werkes wurden vom Autor sorgfältig recherchiert und auf den neuesten Stand gebracht sowie vom Verlag geprüft. Für die Richtigkeit der Angaben kann jedoch keine Haftung übernommen werden, weshalb die Nutzung auf eigene Gefahr erfolgt. Insbesondere bei GPS-Daten können Abweichungen nicht ausgeschlossen werden. Sollte dieses Werk Links auf Webseiten Dritter enthalten, so machen wir uns die Inhalte nicht zu eigen und übernehmen für die Inhalte keine Haftung.

In diesem Buch wird aus Gründen der besseren Lesbarkeit das generische Maskulinum verwendet. Weibliche und anderweitige Geschlechteridentitäten werden dabei ausdrücklich mitgemeint, soweit es für die Aussage erforderlich ist.

Bildnachweis: Alle Bilder stammen von Heinz E. Studt., mit Ausnahme von: Shutterstock: S. 34 (Karl Allen Lugmayer), S. 144 re. (Andrea Vicentini), S. 150 li. (Fabio Lotti), S. 180 (Mor65_Mauro Piccardi)
Umschlagvorderseite: Am Mangart
Umschlagrückseite: Im Defereggental

Die Deutsche Nationalbibliothek verzeichnet diese Publikation in der Deutschen Nationalbibliografie; detaillierte bibliografische Daten sind im Internet über http://dnb.d-nb.de abrufbar.

Dieser Titel ist eine Neubearbeitung des Tourenbildbands »Das Motorradbuch Alpen« (ISBN 978-3-7654-6044-9).

ISBN 978-3-7343-1876-4